土地管理三维思维
——土地立体化利用管理技术

罗 平 罗婷文等 著

科学出版社

北京

内 容 简 介

　　本书是对"十二五"国家科技支撑计划课题"城市土地空间立体化利用管理技术研究"的成果总结，是一本介绍土地管理三维思维的基本认识，以及三维思维下土地立体化利用管理技术与实践探索的专著，是土地管理三维思维的一次展示，是土地立体化利用管理技术的系统介绍。本书主要立足于土地立体化利用的趋势性与三维特征，在对土地立体化利用的驱动力、适宜性等根源性问题进行辨析的基础上，提出土地管理三维思维，进而探索了涵盖"调查-评价-调控"多个环节的土地立体化利用管理技术，并以深圳市为示范对象进行实践总结与技术应用。

　　本书适合土地利用、土地管理、城市规划与管理、地理信息技术等专业的科研人员、专业技术人员，以及高校相关专业的本科生、研究生阅读。

图书在版编目（CIP）数据

　　土地管理三维思维：土地立体化利用管理技术 / 罗平等著. —北京：科学出版社，2018.9

　　ISBN 978-7-03-058582-0

　　Ⅰ. ①土… Ⅱ. ①罗… Ⅲ. ①土地管理–研究–中国 Ⅳ. ①F321.1

　　中国版本图书馆 CIP 数据核字（2018）第 194384 号

责任编辑：杨帅英　赵　晶/责任校对：何艳萍
责任印制：徐晓晨/封面设计：图阅社

科 学 出 版 社 出版
北京东黄城根北街 16 号
邮政编码：100717
http://www.sciencep.com

北京虎彩文化传播有限公司 印刷
科学出版社发行　各地新华书店经销

*

2018 年 9 月第 一 版　　开本：787×1092　1/16
2019 年 6 月第二次印刷　　印张：14 1/2
字数：344 000

定价：139.00 元
（如有印装质量问题，我社负责调换）

主 编 简 介

罗平，男，1974 年 8 月生，湖北荆州人，博士后，教授级高工，武汉大学兼职教授，国土资源部城市土地资源监测与仿真重点实验室执行主任，广东省土地学会副理事长，国土资源部科技创新领军人才，深圳市地方级高层次领军人才。曾获国土资源部"十一五""十二五"先进科技个人、省部级科技进步奖 4 项，主持国家"十二五"科技专项、国土资源部公益性行业科研专项等国家级课题 3 项，出版专著和发表学术论文 40 余篇。主要研究领域为智慧城市、土地管理和城市规划，曾主持深圳市土地利用总体规划修编（2006～2020 年）、统筹深圳市土地管理制度改革研究和深汕特别合作区智慧城市顶层设计等多项有重大影响的课题。

罗婷文，女，1980 年 10 月生，湖南衡阳人，博士，副研究员。毕业于中国科学院生态环境研究中心，曾以国家公派访问学者的身份留学英国。历任深圳市规划国土发展研究中心副总规划师，国土资源部城市土地资源监测与仿真重点实验室实验办负责人。兼任深圳市宜居城市建设专家库成员、深圳市政府重大行政决策咨询专家库成员。曾获国土资源部科技进步奖二等奖（部级）。研究领域重点集中在土地管理、城市规划、生态保护、地理信息技术应用，主要参与国家科技支撑课题、中国工程院重大咨询项目、国家 973 计划项目等纵向课题 10 余项，主持深圳城市发展决策技术支撑类课题 30 余项，参与编制的多项规划及政策已颁布实施。公开发表论文逾 20 篇（含两篇 SCI 论文），参与出版专著 1 部，参与申请专利 2 项，获取专利 1 项，参与开发系统软件并成功申请软件著作权 1 项。

《土地管理三维思维——土地立体化利用管理技术》
编 写 组

主　编　罗　平　罗婷文

编　委　（按姓氏汉语拼音排序）

丁　楠　杜茎深　贺　彪　李晓明

沈少青　孙语晴　文楚君　肖　琳

徐志搏　姚　尧　应　申　游　朋

序

土地管理的三维思维源于土地的立体化利用。

2005 年，深圳市首次公开出让了一宗地下空间土地使用权，这也是深圳市第一次以分层方式立体化出让土地使用权。这一方式不仅是土地管理实践的一次突破，也向传统的地籍管理技术提出了挑战，因为地下空间无法以传统的二维地籍（宗地图）表达权属空间范围。这促使我们开始了三维地籍研究。

随着研究的深入，我们逐步认识到，三维地籍不仅仅涉及土地管理技术和制度问题，还涉及规划、建设、管理的方方面面，需要思维模式的全面转换和相关领域的系统创新。2015 年，本人在第六届全国土地资源管理博士生论坛上以"土地问题的三维视角"为题作了演讲，随后，与本书的主要著者罗平和罗婷文就该问题进行了较为深入的探讨，并共同发表了题为《土地管理三维思维与土地空间资源认知》的论文，系统地提出了土地管理三维思维的思想，将土地的表层资源认知拓展至土地的空间资源认知，希望推动土地管理领域在理念、制度和技术上进行三维思维化的发展，促进土地科技创新，支撑土地实践问题解决。

从发展的角度看，土地立体化利用是人类城市化进程中自我演变与路径选择的结果，其背后有着蔓延模式下日渐难以负荷的成本、资源匮乏下的形势倒逼、人本原则下的自我转变等诸多驱动因素，是一种历史的必然。然而，土地管理三维思维是一个认知层面的创新性凝练与提升，是对支撑人类快速城市化进程的秉承二维思维的土地管理理论方法的拓展，涉及认识角度、理论方法等系列内容的转变，是思维方法和认知体系的一个主动创新。

该书的研究团队是一群具有土地管理理论、技术和制度创新情怀与追求的年轻精英，他们在土地管理三维思维认知的基础上，聚焦土地立体化利用活动，开展相关管理技术的系统探索，既因应现实需求，又具有长远意义。基于此次研究成果，继续延展、深化关于土地立体化利用适宜性、实践模式、标准规范、规划管理等方面的内容，对于助力我国乃至世界的城市化进程，解决城市的土地空间资源问题，建设未来美好城市均具有较大的科学价值和实践意义，也是对土地科技事业的一份贡献。

郭仁忠

2018 年 6 月

前　言

　　土地是人类生产生活的基本载体，随着生产力水平的提升，其物质形态、内涵属性、利用方式、功能表象等不断演进与发展。在工业化及城市化进程中所伴随的社会经济要素集聚、土地资源日益紧缺的背景下，以地表、地上、地下分空间开发与多功能利用为主要特征的土地立体化利用行为由此出现，其利用规模不断增加、利用形式不断丰富。据不完全统计，截至 2016 年全球已有逾 200 个城市开展土地立体化利用，纵观世界城市发展的历史和启迪，其已成为资源紧约束形势下城市发展与土地利用的主要路径选项。

　　秉承二维思维的土地管理理论方法支撑了人类快速城市化进程并将继续发挥其作用，但当面临土地立体化利用活动时呈现出诸多不适应性，其以土地平面表层资源及所衍生的人权地管理为主要对象的相关技术及制度，难以描述、分析、管理土地立体化利用活动所产生的不同地表的三维空间存在。发展土地管理三维思维既是符合社会发展与土地利用的现实需求，也是土地认知的一次演绎发展与探索突破，引发土地管理领域在理念、制度和技术上进行三维思维化的重构与创新，具有重要的科学意义和实践价值。在谨慎认识与权衡二、三维利用与管理的前提下，深化土地管理三维认知，系统研究土地立体化利用管理技术，对于实施节地发展战略、促进新型城镇化建设具有重要意义。

　　本书是一本介绍土地管理三维思维的基本认识，以及三维思维下土地立体化利用管理技术与实践探索的专著，是土地管理三维思维的一次展示，是土地立体化利用管理技术的系统介绍。本书主要立足于土地立体化利用的趋势性与三维特征，在对土地立体化利用的驱动力、适宜性等根源性问题进行辨析的基础上，提出土地管理三维思维，进而探索了涵盖"调查-评价-调控"多个环节的土地立体化利用管理技术，并以深圳市为示范对象进行实践总结与技术应用。土地立体化利用呈现了一种不同于传统认知的利用形态，并向更加丰富的方向发展。土地管理三维思维是土地认知在三维思维下的演绎发展，具有重要的理念性创新意义，需要系统性研究与发展。本书仅为三维思维下土地利用管理技术的一次尝试，并阐述了关于土地管理三维思维及土地立体化利用管理技术的价值与挑战。全书共包括 10 章，按照土地管理三维思维的提出、认知、探索、实践的逻辑顺序进行阐述。第 1 章介绍城市立体化发展与土地立体化利用趋势，提出土地管理三维思维，并对其内涵进行简要解析。第 2 章介绍土地立体化利用的集约性及驱动力，从宏观认识层面解析土地立体化利用的产生背景与时代价值。第 3～第 8 章分别介绍三维思维下土地立体化利用调查、评价、优化调控、管理的认识创新与技术尝试。第 9 章介绍土地立体化利用的案例及三维思维的管理技术示范。第 10 章展望土地管理三维思维的价值、挑战。

　　第 1 章 "土地立体化利用与土地管理思维转变" 由罗平、罗婷文、徐志搏撰写，罗平统稿；第 2 章 "城市土地立体化利用的宏观分析" 由罗婷文、徐志搏、游朋撰写，罗婷文统稿；第 3 章 "土地立体化利用调查与数据管理" 由姚尧、李晓明、贺彪撰写，罗婷文统稿；第 4 章 "土地立体化利用评价" 由罗婷文、徐志搏、姚尧、文楚君、肖琳、沈少青撰写，罗婷文统稿；第 5 章"立体化利用模式下智能规划技术"由徐志博、沈少青、罗婷文撰写，罗婷文统稿；第 6 章"土地立体化利用权属管理与三维地籍"由应申、罗平撰写，罗平统稿；第 7 章"空间建设用地使用权与权利冲突管理"由丁楠、杜茎深撰写，罗平统稿；第 8 章"土地立体化利用管理系统构建"由姚尧、罗婷文撰写，罗婷文统稿；第 9 章"深圳市土地立体化利用与管理实践"由罗婷文、徐志博撰写，罗婷文统稿；第 10 章"土地管理三维思维的展望"由罗婷文撰写并统稿。

本书能够顺利出版，一路上得到了许多前辈、领导、同事、朋友的帮助和支持。首先，非常感谢深圳大学、国土资源部城市土地资源监测与仿真重点实验室郭仁忠院士的指导与支持，郭院士的学术思想对本书的定位与方向起到了非常重要的引领性作用。其次，感谢"十二五"国家科技支撑计划课题"城市土地空间立体化利用管理技术研究"的资助，感谢课题组全体成员的帮助与付出。感谢深圳市数字城市工程研究中心、国土资源部城市土地资源监测与仿真重点实验室的领导、同事们的关心与帮助。感谢深圳大学丁楠教授、武汉大学应申教授、中国科学院地理科学与资源研究所李红旮副研究员的协助。其他为本书撰写及在出版过程中提供帮助的人员，在此一并表示感谢。

罗　平　罗婷文

2017 年 12 月 30 日

目　录

第1章 土地立体化利用与土地管理思维转变

1.1 土地立体化利用的趋势与特征

1.1.1 城市发展的空间轨迹

纵观全球城市发展历史进程，分散发展和集中发展是现代城市发展的两种主要趋势（图 1.1）。城市分散发展理论出现的时间较早，已形成比较完整的理论陈述。城市分散发展理论起源于霍华德田园城市理论（1898 年），并先后提出有机疏散理论、卫星城理论、广亩城理论、新城理论等，强调通过疏散城市布局缓解城市拥挤问题（何舒文，2008）。事实上， 20 世纪 60 年代美国普遍出现的郊区化特征正是赖特广亩城思想的一种体现。然而，扩张式的城市发展模式的弊端逐渐显现，功能重复建设、新城活力低下、城市生产效率下降等问题日益凸显。

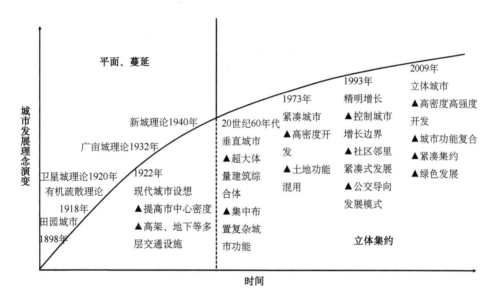

图 1.1 城市发展理念演变

工业化、城市化进程的快速推进，使城市发展逐渐从平面蔓延向空间集约转变，将城市视为立体空间并进行生产生活要素组织的理论思想不断涌现。

勒·柯布西耶首先提出现代城市设想，指出通过提高市中心密度、改善交通等方式全面改造城市地区，并指出采用高层建筑和高效率城市交通等技术手段解决城市拥挤问题，设想建筑物用地面积只占城市用地面积的 5%，其余 95% 的开阔地布置公园和运动场，同时主张采用规整的棋盘式道路网，采用高架、地下等多层的交通系统，以获得较高的运输效率，各种工程管线布置在多层道路内部。其在"300 万人口现代城市规划设想草图"中提出，以铁路、航空和汽车交通的汇集点为城市中心，站屋广场采用多层空间方案，并在城市中心区建造 24 幢 60 层的摩天办公楼，实现人口密度达到 3000 人/hm^2 的设想（勒·柯布西耶，2009）。

20 世纪 60 年代，西方国家、日本等掀起关于垂直城市（vertical city）的讨论，主张超大体量建筑综合体的建设和复杂城市功能的集中布置，逐渐将都市的要素流动方向由横向转为纵向（Weisman，1953），这恰好形成了垂直城市的两种不同的表述，即作为建筑的垂直城市和作为城市的垂直城市。前者是指将居住、工作、生活、休闲及社会服务等城市要素共同集成于一幢巨型建筑，意味着作为容纳空间的建筑需要具备超大的体量、超高的高度和容积率、超大的人口密度及少量的占地空间，力图实现系统的自给自足，尽量较少对外界环境的影响，但直到今天，限于技术条件，这种理想的、作为建筑的垂直城市仍然无法实现；后者则是指由摩天大楼作为城市主要的建筑类型的大都会城市，是城市高强度、高容量土地开发的必然结果，同时通过垂直分区的功能配置方法实现城市的垂直发展。

20 世纪 70 年代，紧凑城市（compact city）理念被提出，其主张高密度、结构紧凑的城市形态，强调城市土地功能的混合使用。以欧洲为代表的紧凑型模式主张在有限的城市空间布置较高密度的产业和人口，节约城市建设用地，提高土地的配置效率。George B. Dantzig 和 T. L. Saaty 在专著《紧凑城市——适于居住的城市环境计划》中阐述了采用紧凑城市理念的原因、紧凑城市的要点等内容。欧洲共同体委员会是紧凑城市的积极倡导者，于 1990 年发布的《城市环境绿皮书》再次提出"紧凑城市"这一概念，并将其作为"一种解决居住和环境问题的途径"，认为紧凑城市对于有效遏制城市蔓延、保护郊区开敞空间、减少能源消耗并提供多样化而充满活力的城市生活十分重要（Commission of the European Communities, 1990）。

20 世纪 90 年代，美国提出精明增长（smart growth）理念，主张兼顾社会、经济、环境综合效益的城市集约发展，通过控制城市增长边界、限制低密度开发、社区邻里紧凑式的发展，以及保护自然用地等手段，来促进城市的精明增长，并提出公交导向发展模式（TOD）。2000 年，美国规划协会（APA）联合 60 家公共团体组成了"美国精明增长联盟"（Smart Growth America），确定精明增长的核心内容是用足城市存量空间，减少盲目扩张；加强对现有社区的重建，重新开发废弃、污染工业用地，以节约基础设施和公共服务成本；城市建设相对集中，空间紧凑，混合用地功能，鼓励乘坐公共交通工具和步行，保护开放空间和创造舒适的环境，通过鼓励、限制和保护措施，实现经济、环境和社会的协调（Daniels, 2001）。在美国，精明增长的实践行动包括联邦政府、州和地方政府 3 个层面。在联邦政府层面，美国规划协会于 2002 年制订关于精明增长的立法指导手册（APA Growing Smart Legislative Guidebook），以促进各州规划和分区的现代化。在州层面，1997 年马里兰州通过 5 项立法提案促进马里兰州精明增长（Knaap and Frece, 2007），包括《精明增长地区法 1997》《农村遗产法 1997》《棕地复兴计划》《创造就业机会税收鼓励计划》和《就近工作居住计划》。在地方政府层面，《波兰地区规划 2040》提出，"严格控制城市增长边界，规划预测到 2017 年将会新增人口 40%，但城市范围将只增加 2%；将城市用地需求集中在已有中心和公交走廊周围；增加既有居住密度，减少每户住宅的占地面积；增强对绿色空间的保护；迅速扩大轻轨系统和公交系统的服务水平和能力"的发展策略（诸大建和刘冬华，2006）。

21 世纪初，在哥本哈根世界气候大会上，冯仑提出立体城市（GREAT city）的概念，提倡城市"竖向发展、大疏大密、产城一体、资源集约、绿色交通与智慧管理"。其主要内容是在大约 1km^2 的土地上，打造一个建筑面积约为 600 万 m^2、可容纳 8 万～10 万人的中密度建筑群，与传统模式相比，其占用的土地空间仅为传统模式的 1/7，但投资密度却是传统模式的 3～5 倍（冯仑，2013）。冯仑设想，将城市的发展从"摊大饼式"向"三维立体式"转变，城市核心区集中紧凑、密度适中，实现产业复合、规模适当、职住平衡、服务配套的空间组织方式，基于可持续城市设计框架建设，以步行环境为宗旨，以绿色代步工具为辅助，在立体城市管理中嵌入前沿智能管理系统，为城市提供交通、电力、建筑、安全等基础设施和医疗健康等支柱产业，以及为城市居民生活提供全域性智能化服务，从而提升城市生产、管理、运行的现代化水平。立体城市空间特性的改变导致了空间与时间分布的独特性，其与常规城市在二维平面上蔓延不同，立体城市高效的空间组合是其独特的优势。

1.1.2 土地立体化利用实践

伴随工业化、城市化过程的快速推进，粗放扩张的城市发展模式引发了资源匮乏、交通拥堵、环境恶化、内城衰落等一系列问题，与此同时，在土地资源紧缺、社会经济要素集聚及产业结构转型升级的宏观背景下，垂直城市、紧凑城市、精明增长、立体城市等城市发展理论应运而生，立体化的城市空间形态逐渐在现代城市中得到发展。随着城市发展模式的演变，在城市紧凑化、枢纽化、绿色化和有机化等发展理念的引导下，城市土地利用实践也逐渐呈现立体化趋势，逐渐从平面外延式扩张的粗放利用模式向"地上空间高强度"的集约利用模式，再到地上、地下空间综合开发、分层利用的土地立体化利用模式转变。通过对地表、地上和地下空间合理增加劳动、资本、技术等要素，不断提高土地空间的利用效率，从而较好地实现良好的经济、社会、生态效益。

1. 城市土地立体化利用发展情况

据不完全统计，截至 2016 年全球共有 63 个国家、217 个城市开展了土地立体化利用。通过对比 1960 年和 2016 年两期世界各国开展土地立体化利用的城市数量分布可以发现，1960 年以前，土地立体化利用行为主要出现在欧洲、北美、澳大利亚，其中美国是开展土地立体化利用最多的国家，世界土地立体化利用城市分布格局相对集中且基本处于起步或尚未开始阶段，其后 50 余年，世界各国陆续开展土地立体化利用实践，亚洲、南美和北非国家逐渐在其主要城市开展土地立体化利用，土地立体化利用在世界范围内开始蔓延，中国、德国、美国、日本成为世界上拥有较多开展土地立体化利用实践城市的国家。

1868 年，第一条高架铁轨出现在纽约格林尼治街，并在十几年间在纽约街道上空延伸，轨道交通成为支撑这个城市的动脉。钢结构和电梯技术为高层建筑扫清了技术和功能障碍，19 世纪末高层建筑开始在纽约出现，1902 年建成的熨斗大厦是纽约早期高层建筑的代表。纽约城市发展在不断向周围伸展的同时，高楼大厦拔地而起，不断改变着城市天际线。20 世纪 20 年代美国垂直化达到高潮。在纽约的十大最高建筑中有 5 座是在

1930～1933 年建成的，包括克莱斯勒大厦（1930 年）、帝国大厦和洛克菲勒中心（1931 年）等（赵炳时，1997）。通过开发建筑综合体，推进立体交通，在地面上建高层建筑的同时兴建地下商业娱乐中心，纽约的土地立体化利用实践日益丰富完善[图 1.2（b）]。

东京土地立体化利用起步于 20 世纪 20 年代城市发展初期的地下轨道交通，1927 年东京开通亚洲第一条地铁线，地铁建设带动形成了地下行人通行网络，1930 年东京上野火车站地下步行通道开设商业柜台，开启"地下街之端"（颜勤和潘鉴，2012）。第二次世界大战战后复兴带动了城市化进程飞速推进，地下空间建设进入大规模发展时期，并且产生了高架立交、高层建筑、城市综合体等不同形态的立体开发行为，土地立体化利用规模持续扩张。1961 年东京开始试行"特定街区制度"，1963 年在此基础上增加容积率地区制度，取消对建筑物绝对高度的限制，容积率地区制度促进了东京超高层建设（肖军，2015），霞关大厦等超高层建筑就出现在这一时期。70 年代，以私人汽车为主的交通模式给东京带来诸多社会问题，迫使东京重新考虑城市交通发展战略，以促进城市健康发展。在新的城市交通发展战略中，东京明确主导发展城市公共交通，在发展城市有轨电车、地下铁路等方面做出一系列努力。从 90 年代末到 21 世纪，以促进高效土地利用带动周边地区发展为目的的城市建设项目快速增加，紧凑型开发、多功能建设促进地区发展，成为城市建设的主导[图 1.2（a）]。

香港土地立体化利用起步于 20 世纪 50 年代城市发展低速增长阶段的立体步行系统，其后产生高层建筑。1956 年颁布，建筑物高度出现飞跃，从原来的 70～80ft（21.3～24.4m）近乎增长一倍。在某些地区，介于 18：1～20：1 的容积率均有可能，其几乎是世界上最高的容积率。1966 年，新的《建筑条例》提出更多改变，允许建筑物建成体积虽大但仍在合理范围之内的形式，或是又高又窄，但不允许同时在体积和高度上都超过一定规模，因此"基座+塔楼"的样式变成最主要的建筑新形式，并且主导了香港的城市发展。在快速城市化进程中，70～90 年代城市发展高速增长阶段涌现出了地下通道、城市综合体、轨道交通等类型更多、体量更大的立体开发项目，土地立体化利用的深度和广度不断增加。1973 年，康乐大厦突破性地以 178m 的建筑高度成为香港的新地标。自此以后，香港最高的建筑高度在整整 30 年里不断稳定地持续攀升，最终在 2003 年达到 415m。新城区及与老城区相邻的新开发地区的铁路车站不仅是车站和商铺，而且是超大型建筑或建筑群的一部分。90 年代初兴建的从湾仔地铁站到出入境大楼的人行天桥与周边建筑相连通。21 世纪城市发展步入新阶段，经济的再次腾飞伴随着各种类型的立体开发建设，土地立体化利用呈现成熟态势，这一时期城市建设中涌现出许多大体量、综合型立体开发项目，紧凑开发、多功能建设成为土地立体化利用的主导（林燕，2007）。此外，香港特区政府实施了"高空绿化"计划，包括屋顶绿化、垂直绿化、空中花园、平台种植等[图 1.2（c）]。

新加坡土地立体化利用始于 20 世纪 30 年代末城市发展初期的高层建筑，经过 20 年城市的缓慢发展，其规模有所增加。60 年代中后期城市开始加速发展，城市化推进伴随着空中绿化、高架立交、轨道交通、城市综合体等新的立体开发行为。1982 年开工建设首条地铁线路，土地立体化利用的规模不断扩大；90 年代末城市发展又一次迎来高速增长，与此同时产生了许多大体量、种类各异的立体开发项目，土地立体化利用进入成熟发展阶段。在城市开发过程中，新加坡逐步探索交通与城市同步发展的新模式，大量采用车站周边高密度、高强度的住宅-商业混合开发模式。新加坡地铁车站与其他设施较好地整合，为乘客提供多功能服务。在新加坡最大的地铁换乘站——多美歌站，地下五层为地铁站台层和营运大厅，而地上十层作为商业开发（钟辉等，2013）。新加坡还在组屋区和市中心建设大量立体停车库，通过空间利用，最大限度地减少交通设施对土地资源的占用，同时发展地下公路，如中央高速公路入城段即采用隧道形式，而加冷-巴耶利巴（KPE）高速公路则是东南亚最长的地下高速公路。进入21世纪，新加坡强制推行屋顶绿化、天桥绿化、墙体绿化、阳台绿化等，"平面花园"已经转变为"立体花园"，空中绿化成为绿城建设的要素[图1.2（d）]。

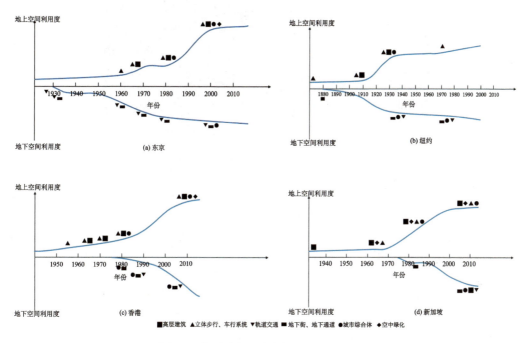

图 1.2 典型城市土地立体化利用实践发展

2. 不同类型的土地立体化利用实践

随着城市开展土地立体化利用规模的不断扩大，其形式种类也日益丰富，不断完善城市土地立体化发展格局是城市立体化发展的重要组成元素，对于改善城市空间、提高城市运行效率具有重要意义。

1）立体建筑

勒·柯布西耶的代表作"马赛公寓"是立体化综合开发项目的典型代表（图1.3）。不同的居住单元共337户，可供1500～1700名居民居住，提高了居民选择的自由度，突破了承重结构的限制。大楼的7层、8层是商店和公用设施，其包括面包房、副食品店、餐馆、酒店、药房、洗衣房、理发室、邮电所和旅馆。为了满足居民的各种需求，幼儿园和托儿所设在顶层，通过坡道可到达屋顶花园。在第17层设有幼儿园和托儿所，屋顶上设有小游泳池、儿童游戏场地、一个300m长的跑道、健身房、日光浴室，还有一些服务设施，它们被勒·柯布西耶称为"室外家具"，如混凝土桌子、人造小山、花架、通风井、室外楼梯、开放的剧院和电影院，所有一切与周围景色融为一体，相得益彰（雅克·斯布里利欧，2006）。

图 1.3 马赛公寓[①]

汐留位于日本东京市中心，与东京湾邻近，占地 31hm²，分为 5 个区 11 条街道。各街区的建筑形态多为较具规模的综合商业大楼，包括商业、公寓、办公楼、酒店等类型。汐留地区的超高层通过连续的空中走廊、地下广场与通道连接，行人通过连廊在各个建筑之间穿越，无需穿越街道，车辆、轨道交通和行人都在各自的层面上活动，互不干扰。结合功能与交通的分布，汐留地区通过巧妙的立体分化，很好地实现了交通疏散、人流引导及商业集聚等功能。区域内的交通立体分化分为五层（图 1.4）：地下二层为地铁运行层；地下一层为连接各个地铁出口的连通层，也是引导和汇集商业人流的主要空间，区域内的商业功能主要通过这个层面进行组织和展示；地面层主要解决车行交通，梳理车流的往来，减少人们穿行；地上二层通过连廊将各个建筑串联起来，并将一般布置在地面层的城市景观提升到这个层面；地上三层为轻轨交通。这几层的交通功能互相错落、互不干扰，不仅提升了交通便利性，而且大大改善了商业、办公区域的可达性（白韵溪等，2014）。

PATH 是位于多伦多中心区的大型地下空间，其不仅拥有世界上最大的地下商业综合体，商业设施服务整个多伦多，而且其四通八达，是多伦多中心区的地下疏散通廊。其秉持的规划原则如下：改善地面交通的拥挤状况，为商务中心区提供必要的商业、文化等辅助服务设施；引入阳光与绿色，使地下地上空间融为一体；地下空间的格局不拘泥于地面的方格街区，而是更注重人行的便捷和连通，并辅以明显的标志；为未来扩展预留接口，PATH 规划扩展至 60km²。在交通组织上，PATH 超过 125 个接口可通往中心区任一地点，连接 50 多个商务楼，20 个停车场，2 个百货公司，6 个酒店，

①网易博客. 2014. 柯布西耶与城市建筑设想. http://giantarchi.blog.163.com/blog/static/240747034201492554622981/ [2014-04-25]

以及铁路、码头、多伦多重要景点，最大程度上拓展了城市连通性（图 1.5）（张中华，2015）。

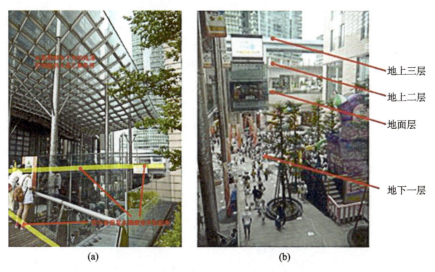

图 1.4　东京汐留立体连通①

枢纽站联合站，共5条相对独立的通道引导人流，平均每条宽6m，百米内到达公交枢纽、铁路、有轨电车

图 1.5　加拿大多伦多 PATH 地下空间基本网络②

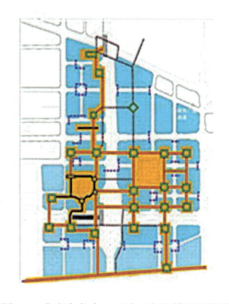

图 1.6　北京商务中心区地下空间利用规划图③

①赢商网.2014.左文生：综合体商业立体连通的典型案例——东京汐留.http://news.winshang.com/ html/039/8807.html [2014-10-15]

②社会科学网. 2014. 美国、加拿大规划建设学习考察报告. http://lit.cssn.cn/zt/zt_xkzt/zt_jjxzt/jjxzt_czh/czh_gjjj/201403/ t20140311_1025520.shtml [2014-03-11]

③北京商务中心区建设管理办公室.2001.北京商务中心区规划方案成果集.北京：中国经济出版社

北京商务中心区位于北京城东朝阳区内，西起东大桥路、东至西大望路，南起通惠河、北至朝阳路，其核心地区规划用地规模约 4km²。为使北京商务中心区，尤其是公共设施最集中的区域形成有机整体，规划要求在东三环路两侧的核心地带，各地块的地下公共空间要相互连通并形成系统。其主要将地下一层连通作为人行系统，主要通道的宽度不小于 6m。有条件的地段地下车库尽可能连通，以减少地面交通压力，同时进一步研究建设地下输配环的可能性，地下商业开发规模约为 30 万 m²（图 1.6）（北京商务中心区建设管理办公室，2001）。

碧桂园的森林城市位于马来西亚经济特区（图 1.7），其采用分层立体城市规划设计理念，二十几平方千米的城市，地面是公园和活动场地，车辆在地下穿行；地上规划轨道交通，地下两层为道路、立交和停车空间，人车分流；森林城市引入生态的垂直绿化理念，全城搭建垂直绿墙、空中花园和屋顶花园系统。

图 1.7 森林城市效果图[①]

2）立体交通

拉德芳斯（La Defense）交通枢纽位于巴黎拉德芳斯副中心，包括地铁 1 号线、有轨电车 T2 线、区域快速铁（RER）A 线、郊区铁路线和多条公共汽车线路，是集轨道交通（高速铁路、地铁线路）、高速公路、城市道路于一体的综合交通枢纽，目前已形成了高架道路交通、地面交通和地下交通三位一体的交通系统（图 1.8）。这一公共运输服务系统日接待乘客达 50 万人次以上，超过 80%的人选择乘坐公共交通进出拉德芳斯副中心。拉德芳斯枢纽设计得非常先进，其巧妙地将多个车站整合在一个 4 层的大型建筑内，乘客不用出站就可以换乘各种交通方式。公交车站层，在枢纽的东侧，公交线路包围了小汽车停车场，设有大量清晰的道路标志，引导车辆快速通过，有序停放；中央为售票和换乘大厅，有商业及其他服务设施；西侧为郊区铁路和有轨电车 T2 线（邱丽丽和顾保南，2006）。乘客通过地面出入口和换乘大厅的换乘楼梯，可以很方便地到达商业中心，以及地下三、四层的地铁 1 号线和区域快速线 A 线。通过地铁线路，将拉德芳斯区域与巴黎

①新浪博客.2016. 蜗居深圳，不如安家碧桂园森林城市. http://blog.sina.com.cn/s/blog_148df9ce60102x2oa.html[2016-10-28]

市中心区紧密联系起来。

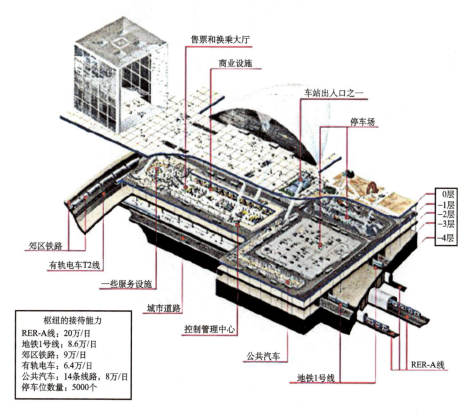

图 1.8 立体交通综合体典型案例——法国拉德芳斯枢纽（叶斌，2012）

　　香港九龙站交通城整体规划是以三维立体方式设计的，近地面楼层共同构成一个平台，在该平台上建造不同功能的高层建筑（图 1.9）（薛求理等，2010）。地面层及所有地下层均为公共交通设施、道路及停车场。交通层上设第一、第二层为人行通道和购物层，借以开设商业及小型商业广场。在购物层上是一个高出街面 18m 的平台，它包含开敞空间的露天广场、花园，以及建立在平台上的大厦入口，以人行天桥的方式与覆盖西九龙的人行路网相连。九龙站在车站及周边地区的总体规划过程中，将密集复杂的基础设施、多层立体的交通系统，以及以城市为一个巨型空间的构想融汇到车站这个超大型的建筑工程中，使之成为一个多向连接点和新的城市副中心。

　　3）立体绿化

　　意大利建筑师 Stefano Boeri 提出"垂直森林"的理念（图 1.10），并将其作为城市高密度居住区发展和城市中心绿化相结合的一种途径（Boeri and Insulata，2009）。垂直森林项目作为城市环境再生的新增长模型，旨在缓解城市化进程中的环境问题，将数百公顷的植物生命汇集在 $1\sim2$ km^2 的城市空间中，设计创造了一个总面积为 40000 m^2 的生物栖息地。垂直森林项目高 27 层，沿着外墙体，层层共种下 730 棵乔木、5000 株灌

图 1.9　立体交通综合体典型案例——香港九龙站综合体①

图 1.10　意大利米兰垂直森林（网易新闻，2011）②

木和 1.1 万株草本植物。如果将这幢大楼拆分成独立的房屋，将需要 5 万 m^2 的地基，另外还需要 1 万 m^2 来种植树木。

湘湖污水处理厂在污水处理池、相关功能房等建筑之间建设万余平方米的绿化休闲空间，其中仅绿地就超过 7000m^2；在好氧池、鼓风机房、配电间等建筑物屋顶上盖上青草皮，或是用爬山虎等攀爬植物营造绿壁景观。在草坪空地间，在高大乔木下栽种红枫、红叶李等小乔木及彩色灌木，在休闲空间内设置多处精美花架，广种藤类植物，营造立

①搜铺资讯.2015.交通枢纽型商业综合体业态规划与建筑设计. http://www.soupu.com/ uinews/detail.aspx?id=621282 [2015-03-18]

佛山新城.2011. 东平新城考察组赴香港考察学习. http://www.fsnewcity.gov.cn/xwzx/ dpyw/201109/t20110916_2976947. Html [2011-09-15]

②网易新闻.2011. 意大利米兰两座"空中森林"公寓初具规模. http://news.163.com/11/1028/12/7HF2BTAI00014JB5. html [2011-10-28]

体绿化景观（图 1.11）。

(a)   (b)

图 1.11　湘湖污水处理厂立体绿化景观休闲公园改造①

4）立体市政

立体停车场可充分利用城市空间，最早的立体停车场出现在欧洲第二次汽车工业革命时期。根据资料统计，传统停车场停 50 辆车需要 1650 m²，而采用露天电梯塔式立体停车只需 50 m²（何敏，2012）。立体停车设施在我国有着巨大的市场潜力，沈阳着力推进"3+N"模式建设公共停车场，即利用自有用地、闲置土地、出让土地的同时，充分挖掘交通枢纽站周边、市政立体空间、公园绿地广场等资源，用于公共停车场建设。以沈阳首个立体停车场为例，立体停车场共分五层，为东西走向，全长 60m，宽 6.5m，高 9.5m，占地面积 390 m²，有 104 个停车泊位，原来该区域只有 24 个停车泊位，现在车容量是原来的 4 倍还多（图 1.12）。

图 1.12　沈阳首家景观式立体停车场②

针对目前污水处理厂建设占地面积大，建、构筑物集约性不高，环境卫生条件差，池体渗漏造成严重土壤污染，环境风险大等问题，一种多层立体化室内污水处理厂应运

①新浪家居.2014. 金鸿环境助万科企业公馆实现"森林中办公". http://jiaju. sina.com.cn/news/20141204/393846.shtml [2014-12-04]

新浪博客.2015.湖南长沙:湘湖污水处理厂提质改造, 或将变身休闲公园.http://blog.sina.com .cn/s/blog_d6264a440102 w58p.html[2015-07-30]

②网易汽车.2013.沈阳首家景观式立体停车场亮相. http://auto.163.com/13/1202/07/9F2SHUK300084IK9_all. html [2013-12-02]

而生（图 1.13）（许海亮等，2016）。污水处理厂的所有建、构筑物合建为一幢整体建筑，形成包括储水区域、功能性处理区域、配套区域的多层立体格局，无地埋管道、无分体不均匀沉降，可完全避免管道渗漏、池体渗漏带来的土壤污染。该污水处理厂外立面与现代化综合体建筑相似，打破了现有污水处理厂工业建筑的模式，解决了污水处理厂占地大、环境风险大、美观度低等问题，可建成一个兼备功能性与美观性的污水处理厂。

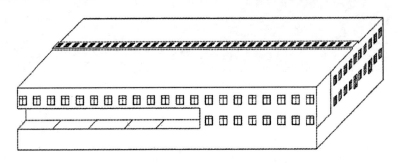

图 1.13　多层立体化室内污水处理厂立体图（许海亮等，2016）

城市地下管线是指城市范围内供水、排水、燃气、热力、电力、通信、广播电视、工业等管线及其附属设施，是保障城市运行的重要基础设施和"生命线"（王恒栋，2016）。巴黎当前使用的下水道系统建造于 19 世纪下半叶（图 1.14），因其系统设计巧妙而被誉为现代下水道系统的鼻祖。巴黎的下水道总长 2484 km，拥有约 3 万个井盖、6000 多个地下蓄水池，每天有超过 1.5 万 m^3 的城市污水通过这个庞大的系统排出城市，如今，巴黎人的饮用水系统、日常清洗街道及城市灌溉系统、调节建筑温度的冰水系统及通信管线也从这里通向千家万户，综合管廊的建设大大减少了施工挖开马路的次数[①]。1926 年，日本在关东大地震以后的东京复兴建设中，完成了包括九段坂在内的多处长约 1.8 km 的共同沟建设。采用盾构法施工的日比谷地下综合管廊建于地表以下 30 多米处，全长约 1550m，直径约 7.5m。日比谷地下综合管廊的现代化程度非常高，几乎承担了该地区所有的市政公共服务功能[②]。我国第一条较具规模的运营地下管廊是上海 1994 年建造的浦东张杨路人行道地下管廊，两条宽 5.9m、高 2.6m、双孔各长 5.6km，共计 11.2km 的支管综合管廊，收容煤气、通信、上水、电力等管线。横琴综合管廊建设项目荣获中国人居环境范例奖，工程总长 33.4km，其长度是上海世博园区地下管沟的 5 倍，内设通风、排水、消防、监控等系统，由控制中心集中控制，实现全智能化运行。由于建设综合管沟，总计节约土地 40 多万平方米，结合当前横琴的综合地价及城市容积率，直接经济效益超过 80 亿元[②]。2014 年，《国务院办公厅关于加强城市地下管线建设管理的指导意见》就提出，我国计划用 10 年左右的时间，建成较为完善的城市地下管线体系，使地下管线建设管理水平能够适应经济社会发展的需要，应急防灾能力大幅提升。

---

① 人民网.2015. 地下管道系统升级，让城市功能更完备. http://qh.people.com.cn/n/2015/0818/c182778-26023246. html [2015-08-18]

② 搜狐网.2016.综合管廊|全球城市地下综合管廊经典一览. http://www.sohu.com/a/79051509_242704[2016-06-01]

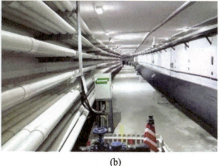

(a)	(b)

图 1.14　巴黎、珠海地下管线①

5）片区综合立体发展

在一些土地立体化开发备受称道的城市实践中，普遍的做法是大量开发建筑综合体、推进立体交通，在地面上建高层建筑的同时，兴建地下商业娱乐中心，如纽约的曼哈顿区、费城的市场西区、芝加哥的中心区、慕尼黑城市中心、加拿大蒙特利尔、东京新宿中央商务区（CBD）及香港中环 CBD 等。

东京新宿（Shinjuku），素有东京副都心之称，今已成为东京重要的商业和办公中心。由于土地资源稀缺、地价高企等因素，新宿围绕交通枢纽开展片区的立体开发，建有高层建筑群、地下交通、地面交通、地下广场、地面广场、地下车库、高架步道系统等，形成集商务办公、商业经营、立体交通等为一体的片区综合开发局面（图 1.15）。其中，高架步道系统将周边主要商业设施连接在一起，提供便捷的通行空间；此外，设置步道广场，将交通空间的通行功能与城市居民的活动需求结合起来，提升区域活力，提高空间的有效利用率。

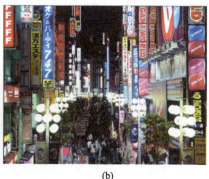

(a)	(b)

图 1.15　东京新宿 CBD②

---

① 中国建设科技网.2016. 全球城市 8 大地下管廊经典案例. http://www.build.com.cn/Item /7802.aspx[2016-03-24]

② 新浪博客.2013.【全球大都会顶级 CBD 扫描】（二）东京新宿，不到 1 km² 区域中近 90% 是金融机构. http://blog.sina.com.cn/s/blog_ae21ac640101cpp6. html [2013-12-26]

香港中环 CBD 是世界著名的中央商务区,位于香港岛中部的核心区域,北临维多利亚港,地理位置优越,并有高效的交通系统和健全的基础设施（图 1.16）。中环 CBD 高楼林立,建筑面积已达到 400 万 m² 以上,绝大部分的土地用于商业和综合开发、政府机构及社区用房、公共空间。目前,香港中环 CBD 已经发展为成熟的城市综合体,呈现出多样化的功能,实现了商务办公、居家生活、休闲娱乐、旅游购物的平衡发展（王晓红,2011）。

(a)　　　　　　　　　　　　　　　　　(b)

图 1.16　香港中环 CBD[①]

深圳拟将前海打造成为立体都市,计划中前海的总体开发量与伦敦 CBD 相当,是纽约曼哈顿 CBD 开发量的 1.5 倍,将打造从地上百米至地下 30m 的立体城市（图 1.17）。根据规划,前海将打造多达 780 万 m² 的地下空间,以弥补地面空间的不足。在某些位置,地下负四层还可以看到天空。《前海综合交通规划》显示,前海以 TOD 为理念,以高密度轨道交通线网与站点布局为基础,采用高强度、高度聚集的用地开发模式,在 15km² 的规划面积上,建筑面积达 2600 万～3000 万 m²,同时强调开发密度差异化,围绕轨道站点高度集聚,向周边地区逐渐递减,空间开发涉及空中连廊、地面与下步行系统、轨道系统、地下道路系统、地下车库等[②]。

图 1.17　前海——立体都市[③]

①景观网.2013. 贝聿铭作品 中银大厦.http://design.cila.cn/sheji11564.html[2013-07-02]

阿拉丁新闻.2014.【光看 CBD】NO.4 简洁大气的香港中环地标建筑. http://www.alighting.cn/xifen/201417/n947059432.htm[2014-01-07]

②深圳商报.2015. 前海将成立体都市. http://szsb.sznews.com/html/2015-10/02/ content_3351834.htm[2015-10-02]

③前海在线.2016. 前海综合发展规划概况.http://www.qianhaie.com/news/.fazhanguihua/2016/0117/52.html[2016-01-17]

1.1.3 土地立体化利用特征

土地立体化利用的基本特征是土地空间垂直方向上利用的多元化，即地上、地表、地下空间的分层开发和多功能利用，这一基本特征充分反映在土地立体化利用的形式、功能、权利主体、效益等方面。

首先，土地立体化利用通过将不同利用形式的空间在地表、地上和地下进行合理安排，实现要素的水平配置向垂直配置的转变。依据不同垂直层面差异化的条件禀赋，选择开展最适合的土地立体化利用形式（表1.1），如在地下修建地铁、停车场、地下商城，铺设地下管线；在地表修建立交桥、轻轨等交通设施，提供学校、医院等公共服务设施，搭建高压线走廊等；在脱离地表的地上部分主要的土地利用形式则为住宅或商业写字楼等。

表 1.1　土地立体化利用的地上、地表、地上形态

地下 （−30~0m）	交通设施	地铁、地下停车场、地下道路、隧道等
	公共服务设施	地下街、地下商城、地下文化娱乐设施等
	市政设施	市政管线、综合管沟等
地表 （0~15m）	交通设施	轻轨、立交桥、天桥、停车场等
	公共服务设施	商铺、商城、住宅、学校、医院等
	市政设施	高压线走廊等
地上 （15m以上）	公共服务设施	住宅、商业写字楼等

其次，土地立体化利用不只是各种形式要素的垂直配置，更重要的是单一地块上各种土地利用形式的科学配置实现的有效功能复合。土地立体化利用突破土地平面上的功能布局，产生垂直方向上的要素配置，同一宗地的上、下空间可具有居住、工作、通勤等多种功能需求，各类要素在纵向上呈现异质性并相互影响（图1.18），土地功能混合度的提升和功能组织联动效率提升是土地功能复合的核心体现。

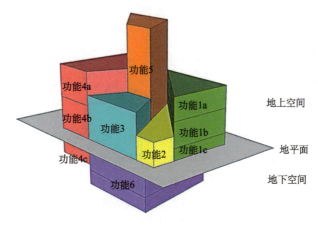

图 1.18　土地立体化利用复合功能垂直配置

再次，在土地立体化利用背景下，同一地块上不同空间的权利主体可以是不同的。我国《中华人民共和国物权法》第 136 条规定："建设用地使用权可以在土地的地表、地上或者地下分别设立。新设立的建设用地使用权，不得损害已设立的用益物权。"2008年国务院下发的《关于促进节约集约用地的通知》则明确提出鼓励开发利用地上地下空间。分层出让建设用地使用权时，不同层次的权利人在法律上的权利和义务是相同的，只是其所占用的空间范围不同。由于同一地块涉及不同的产权人，因此一方面需要对空间的界定、归属及权利等进行明确的规定，另一方面需要通过统一规划协调各个产权主体所有土地空间的功能衔接。

最后，土地立体化利用相比于土地平面利用效益提升明显，集约、高效是土地立体化利用的关键目标。一方面，土地立体化利用通过提升建设用地开发强度、提高建筑物容积率、开展立体空间混合利用提高土地利用效率等手段，提升土地的使用效率；另一方面，土地立体化利用通过缩小不同单元间的平面距离，或连通不同单元，以提高人文、经济要素的流通效率。面向效益提升的土地立体化利用，即通过打造"疏密有致"的城市空间结构，改善城市低密度分散化倾向，提升城市密集度，提高城市土地使用效率，实现节地、节能、集约高效、生态宜居的城市。

总之，土地立体化利用，即通过科学的结构安排与功能组织，将具有相同或不同权利主体的城市要素按照一定的衔接关系在一定的空间范围内进行合理的配置，最终实现土地利用效益的提升。

1.2　三维思维的基本认知

1.2.1　转换思维的必要性

在城市平面蔓延及土地平面利用的历史阶段，秉承二维思维的土地科学理论方法迅速发展成熟，有效支撑了农业社会向工业社会的过渡，以及向现代社会的发展，而随着城市发展理念及土地利用的三维转变，该理论方法已不足以继续支撑如土地立体化利用等彰显三维特征的土地利用行为的实践管理。

现行土地管理理论是在土地平面资源属性衍生的人权地关系认知的基础上形成的，重点关注的是土地表面的自然、社会、经济要素及内部机制。而土地立体化利用产生了脱离土地表层的要素存在，并在不同位置之间发生有形或无形的流动，这种三维存在及运行机制已超出二维的土地认知。深圳湾口岸港方管理区是一个实际案例（图 1.19），该区位于深圳，由港方管理和使用，对于该区域适用的法律类别及其对应的空间范围的确定，需要三维的理论支撑。

现行土地管理技术旨在描述、分析和管理地表平面位置、关系、状态等信息，如土地平面宗地及用途的调查统计、土地表层资源的评价规划、基于面积的地价核算等。而土地立体化利用所呈现的、对土地表层之外的三维延伸空间的利用，其用途、价值、权属、效益等可能不同于地表部分，需要纳入三维体系进行描述、分析和管理。

(a)　　　　　　　　　　　(b)

图 1.19　深圳湾口岸港方管理区①

现行土地管理制度主要是面向地表土地利用活动等设计的，如基于平面多边形宗地的地籍管理、基于平面指标及线的规划管理等，在面向土地立体化利用时均呈现诸多不适应性。一是平面多边形的宗地管理难以描述、管理与地表不一致的空间产权信息以及脱离于地表的产权关系。以深圳市某一依托轨道站点建设的地下车库为例，其产权在地面土地产权人与地下空间开发者之间存在强烈争执。二是，基于面积指标与平面布局的规划管理制度难以管理不同于地表用途的地上地下空间。

土地立体化利用涉及土地对象的发展理念、空间形态、要素流动等系列变化，形成了具有典型三维特征的客观存在，如何认识、描述、组织、管理此类存在，迫切需要拓展蕴含三维内涵的土地思维模式，从三维视角审视土地、以三维思维管理土地，发展秉承三维思维的土地科学理论与技术方法（郭仁忠等，2018）。

1.2.2　管理对象的三维认知

关于土地的概念较多、平面及立体之分，其内涵随着时间推移和科学技术发展不断拓展（王万茂，2003；黄贤金，2009）。部分观点认为土地系指地球表面的陆地部分或整个地球表面，也有观点认为土地则涵盖地球表层及其上、下空间（王万茂，2003）。中国著名学者于光远先生也曾提出，虽土地通常所指的是地球表面上垂直投影的部分，但土地本身是立体的（于光远，1994）。空间是与时间相对的一种物质客观存在形式，是事物存在或发生的三维区域，具有相对的位置和方向属性②。总体而言，土地具备空间性，土地的物质客观存在本质上为空间的物质客观存在。

资源是指一切可被人类开发和利用的物质、能量和信息的总称，包括自然资源和社会资源。土地资源是自然资源，是指在一定技术条件和一定时间内可为人类利用的土地，具有稀缺性、可利用性等特征。土地立体化利用体现了土地可利用的部分不仅是地表部分，地表上下的三维延伸空间也将随着人类技术的进步而得到一定程度的利用，在同一地表的上下不同位置呈现出与地表相同或不同的功能，体现出该三维延伸空间的资源属性。而即使对于土地的平面利用，其土地利用的实质功能反映在空间之中，如建设用地

---

①房天下. 2008. 荣超滨海大厦深圳滨海 CBD 时代. http://m.fang.com/newsinfo/sz/1576974.html?all=all[2008-03-13]

② The Editors of Encyclopædia Britannica. 2004. Encyclopædia Britannica: Space（Physics and Metaphysics）. https://global. britannica. com/science/space-physics-and-metaphysics[2004-07-25]

的功能实为建筑空间提供的商业、居住、公共服务等功能，农用地的功能实为农作物的物质及经济功能等。对土地的利用本身是对空间的利用，土地成为资源的本质是空间的可利用性，就空间而言，其在一定技术条件下和一定时间内可被人类利用的部分即资源，空间也是资源的一种（郭仁忠等，2018）。

基于土地的空间特质与空间的资源特征的辨识，为有效支撑土地立体化利用等三维式利用行为的组织管理，有必要构建基于三维思维的资源认知，将体现表层要素的土地资源外延至涵盖地表、地上、地下各类要素的土地空间资源，由土地的表层资源认知提升至土地的空间资源认知。土地空间资源是以土地表层为基底或脱离土地表层的可利用的三维空间存在，是自然资源的一种，是土地资源的三维拓展与延伸，是从人类可利用与支撑人类生产生活功能角度所界定的包括土地表层、地上、地下范围内的自然经济综合体，不同于土壤资源、气象资源、矿物资源、太空资源等，其体现的是资源对于人类的承载、使用功能（郭仁忠等，2018）。例如，土壤资源突出的是土壤对于人类的种植开垦等功能，气象资源和矿物资源强调的是为人类生产生活提供原材料及能源的功能，太空资源体现的是针对人类航空航天活动的可利用功能。

1.2.3 管理技术的三维认知

土地管理三维思维蕴含了视角、内涵、思维的全新转变，需要创新有关理论认识及科技方法，进行系统性研究与发展。本书尝试以土地立体化利用活动为对象，解析三维思维下管理技术的内容。

总体而言，现有土地利用管理技术难以支撑土地立体化利用管理，其关键问题在于缺乏在三维立体空间中对土地立体化利用活动的表达与管理能力。因此，构建土地立体化利用管理技术体系，核心是研究如何在三维空间中准确合理地感知、描述、组织与管理土地立体化利用活动，即研究土地立体化利用所产生的三维空间关系表达技术与运行机制，并对其进行科学管理，具体而言，就是对土地立体化利用的空间特性进行三维表达，对其三维空间关系进行分析与操作，实现三维视角下的土地立体化利用管理。

面向土地立体化利用的三维土地空间管理技术体系以界定三维物理边界和产权边界为基础和突破口（图1.20），围绕功能规划、项目设计、工程开发、审批监管等管理需求，基于现行管理技术与需求的不适应性，从基础技术、决策技术、应用技术3个层面，提出需重点探索的三维地籍技术、立体空间评价规划技术、三维规划设计与立体开发技术、三维国土管理支撑技术等五大技术，从而以土地立体化利用为对象，实现三维思维下空间资源调查、登记、配置、审批、开发、监管等管理支撑技术的探索与实践。

1）三维地籍技术

主要探索以三维产权单元为核心的调查、登记、统计等技术，以及二、三维关联融合技术，具体包括在三维仿真技术界定与表达三维物理边界及形态的基础上，界定三维产权边界，探索三维产权单元的构建、编码、测量、绘制、建模、分析技术，实现三维产权单元的定位、表达、空间分析与操作；探索面向立体空间的三维扫描、探测等信息感知技术，构建综合航空航天遥感、卫星定位、激光扫描、地下探测等调查方式的立体综合调查技术体系，实现三维空间单元内属性信息的快速获取与更新；探索人口经济等

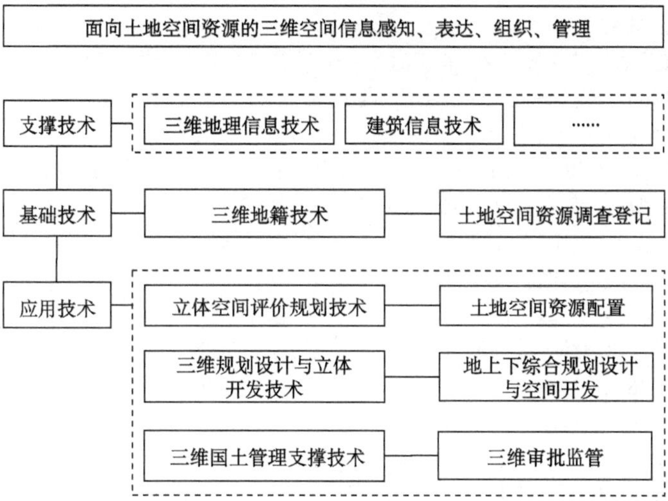

图 1.20 土地立体化利用管理理论技术体系

非空间信息与立体空间的关联融合技术，探索地上、地表、地下多源异构数据的融合技术，实现三维物理单元和三维产权单元内属性信息的统一表达与登记。

2）立体空间评价规划技术

在思考关于二、三维利用与管理的权衡与选择问题的基础上，探索从土地平面资源配置向土地空间资源配置转变的支撑技术，主要包括分析立体空间发展模式下城市要素运行机制与空间机理，研究城市立体开发模式下土地空间资源配置的管理要点与技术需求、与土地平面资源配置的衔接等，探索土地空间资源禀赋评估与承载力分析技术、展现三维空间异质性的立体利用效益评估技术、土地空间资源立体化配置与优化调控技术等，发展以三维空间为基本单元的空间规划指标及标准规范。

3）三维规划设计与立体开发技术

基于土地空间资源配置与利用规划，探索地上地表地下空间深度、精细化、协调的三维规划设计与立体开发技术，主要包括探索融入装配式建筑及节地交通等先进理念、适用于功能纵横交织叠加的三维规划设计支撑技术，研究三维规划设计方案仿真模拟与可视化技术，构建适用于立体化利用特征的规划设计标准；探索地上地表地下、多产权主体协同开发技术，研究地上离地、地下深度开发技术，构建立体开发技术标准规范。

4）三维国土管理支撑技术

探索构建适应于土地立体化利用的三维国土管理支撑技术，主要包括探索混合利用情景下三维产权单元供应方案及支撑技术，研发工程建设项目三维审批、报建、监管技术，构建二、三维一体化土地空间资源供应监管平台。

参 考 文 献

白韵溪, 陆伟, 刘涟涟. 2014. 基于立体化交通的城市中心区更新规划——以日本东京汐留地区为例. 城

市规划, 38(7): 76-83

北京商务中心区建设管理办公室.2001.北京商务中心区规划方案成果集.北京：中国经济出版社

陈保荣, 曾昭奋. 1980. 东京新宿副都心的规划与建设. 世界建筑, (1): 45-50

冯仑. 2013. 用立体城市实践新型城镇化. 中国房地产业, (7): 58-61

郭仁忠, 罗平, 罗婷文. 2018. 土地管理三维思维与土地空间资源认知. 地理研究, 37(4): 649-658

何敏. 2012. 一种新型立体停车场. CN 202249033 U. 2012. 05. 30

何舒文. 2008. 分散主义: 城市蔓延的原罪?——论分散主义思想史. 规划师, 24(11): 97-100

黄贤金. 2009. 土地经济学. 北京: 科学出版社

勒·柯布西耶. 2009. 明日之城市. 李浩译. 北京: 中国建筑工业出版社

林燕. 2007. 浅析香港建筑综合体与城市交通空间的整合. 建筑学报, (6): 26-29

邱丽丽, 顾保南. 2006. 国外典型综合交通枢纽布局设计实例剖析. 城市轨道交通研究, 9(3): 55-59

王恒栋. 2016. 标准规范为地下综合管廊建设保驾护航. 工程建设标准化, (5): 22-23

王万茂. 2003. 土地资源管理学. 北京: 高等教育出版社

王晓红. 2011. 香港和新加坡城市综合体建设的启示——以中环和 ION Orchard 购物中心为例. 江南大学学报(人文社会科学版), 10(5): 52-57

肖军. 2015. 论城市规划法上的空中空间利用制度. 法学家, 1(5): 72-83

许海亮, 吴玉华, 张妮妮, 等. 2016. 一种多层立体化室内污水厂. CN105442881A, 2016. 03. 30

薛求理, 翟海林, 陈贝盈. 2010. 地铁站上的漂浮城岛——香港九龙站发展案例研究. 建筑学报, (7): 82-86

雅克·斯布里利欧. 2006. 马赛公寓. 北京: 中国建筑工业出版社

颜勤, 潘崟. 2012. 国内外地下街开发与建设的差异性分析. 昆明: 中国城市规划年会

叶斌. 2012. 国内外轨道交通综合枢纽案例分析. 城市建设理论研究: 电子版, (16): 1-14

于光远. 1994. 土地的定义. 中国土地科学, 8(5): 20-23

张中华. 2015. 地下空间开发利用模式研究. 建筑经济, (12): 67-70

赵炳时. 1997. 美国城市标志性超高层建筑发展历程. 世界建筑, (zj): 18-21

钟辉, 佟明明, 范东旭. 2013. 新加坡交通体系评述及启. 青岛: 2013 中国城市规划年会

诸大建, 刘冬华. 2006. 管理城市成长: 精明增长理论及对中国的启示. 同济大学学报(社会科学版), 17(4): 22-28

Boeri S, Insulata F. 2009. The vertical forest and new urban comfort. Harvard Design Magazine, 31: 60-65

Commission of the European Communities. 1990. Green Paper on the Urban Environment. Brussels: Commission of the European Communities

Daniels T. 2001. Smart growth: a new American approach to regional planning. Planning Practice & Research, 16(3): 271-279

Dantzig G B, Saaty T L. 1973. Compact City : A Plan for a Liveable Urban Environment. San Francisco: W. H. Freeman

Knaap G J, Frece J W. 2007. Smart growth in Maryland: looking forward and looking back. Idaho Law Review, 43(2): 445-473

Weisman W. 1953. Vertical city. American Heritage, 5(1): 40

第2章 城市土地立体化利用的宏观分析

2.1 理 论 基 础

2.1.1 土地资源稀缺论

随着人类对自然资源的不断消耗，逐渐减少的资源逐步显示出其稀缺性，由此产生了资源稀缺理论。18 世纪晚期马尔萨斯提出自然资源绝对和相对稀缺论，他在《人口原理》（托马斯·罗伯特·马尔萨斯，1992）、《政治经济学原理》（托马斯·罗伯特·马尔萨斯，1962）中，以人口增长力量远远超过土地所能提供的人类生存所需的生活资料力量这一对矛盾或不平衡力量为基点，建立起他的自然资源绝对稀缺论和人口理论，他指出资源具有物理数量上的有限性和经济上的稀缺性，并且不会随着科技进步与社会发展有所改变。穆勒指出土地数量及其生产力的有限性，真正限制了生产增加，资源相对稀缺的效应会在自然资源极限到来之前有所表现，但社会进步和技术革新不仅会拓展这一极限，还会无限推迟这一极限。

19 世纪 70 年代，新古典经济学派将研究重心从注重研究资源的稀缺程度与经济增长的关系转向关注资源稀缺条件下,实现不同资源配置状况下达到帕累托最优状态的途径。马克思的劳动价值理论也对环境资源稀缺性理论进行了发展，论述了资源的使用价值与交换价值的转化。

2.1.2 地租价格理论

地租理论起源于英国古典政治经济学创始人威廉·配第，后来的亚当·斯密、詹姆斯·安德森、大卫·李嘉图等对地租理论进行了进一步的研究和补充。马克思与恩格斯在批判和继承古典地租理论的基础上，以全新的角度研究了级差地租，创造性地提出了绝对地租并全面分析了地租产生的条件、原因和来源，从而创立了科学的地租理论体系。

威廉·配第（2006）认为，地租等于市场价格减去生产成本后的余额，其实质是剩余劳动的产物，并首次提出级差地租的概念，认为同等面积的土地因土地的丰度不同投入在等量土地上的简单劳动比例有差别而发生级差地租；同等丰度的土地因与市场的距离远近不同而产生级差地租。亚当·斯密（2015）则把地租视为土地私有垄断的结果，并阐述了绝对地租的中心思想，认为地租是土地所有权的结果，是农产品垄断价格的结果。James Anderson（1777）发现了土地肥沃程度差异形成的级差地租，但他否认土地私有权垄断的存在，从而从源头上否认了绝对地租的存在。大卫·李嘉图（2013）对地租理论最突出的贡献就在于在劳动价值论的基础上，从分配的角度阐明了地租问题，但是否认绝对地租的存在，认为自然条件是产生级差地租的原因，而忽视了土地所有权的存在对地租产生的影响。

马克思对古典经济学地租理论进行了批判和承袭，批判了大卫·李嘉图对于地租的定义，他认为土地是自然历史的产物并不具有不可摧毁的生产力。马克思以劳动价值论、生产价值论和剩余价值论为理论基础，明确指出了资本主义地租的 3 种形式：级差地租、绝对地租和垄断地租，并分别对它们进行了分析（卡尔·马克思，2009）。

马克思认为，资本主义地租是直接生产者在生产中所创造的剩余价值被土地所有者占有的那部分，其实质是产品个别生产价格高于社会平均生产价格所获得的差额，产生的原因是基于土地所有权和经营权的双重垄断。同时，任何社会只要存在土地所有者和不占有土地的直接生产者，就有产生地租的社会基础。因此可见，地租既存在于奴隶社会、封建社会、资本主义社会，也存在于社会主义社会。但是地租是一个历史范畴，在不同的社会形态下，由于土地制度的不同，地租的性质、内容与形式也各不相同，所体现的社会生产关系也有所不同。

马克思从社会资本有机构成入手对绝对地租进行分析，他认为，"如果一个生产部门的资本有机构成低于社会平均资本有机构成，也就是说，该资本中投在工资上的可变资本与投在物质劳动条件上的不变资本的比率大于社会平均资本中可变资本和不变资本的比率，那么它的产品价值必然高于它的社会生产价格"。垄断地租不是资本主义正常的地租形式，它作为一种特殊的地租形式，只产生于具有某种独特自然条件的土地，是资本主义生产关系中一种特殊的现象，这个垄断价格带来的超额利润不归租地资本家占有，而由资本家转交给土地所有者，形成垄断地租。

随着土地上劳动生产率的提高，该优等土地上单位产品的个别生产价格下降，形成与劣等地决定的社会生产价格的差额增大，即级差地租增加。绝对地租量是劣等地必须缴纳的租金，不受劳动生产率影响，其量值为产品价值与价格的差量。垄断地租指垄断价格高于市场价格带来的超额利润，同等条件下垄断有可能形成最高租金。

2.1.3 土地报酬递减理论

土地报酬递减规律是指在技术不变、其他要素不变的前提下，对相同面积的土地不断追加某种要素的投入所带来的报酬的增量（边际报酬）从某一时刻开始逐渐下降。土地报酬递减规律理论是优化土地利用投入产出关系与经营方式的根本依据。单位土地面积上使用高比率的要素投入（劳动、资本）通常被称为土地的集约利用，而在大量土地上投入较少要素的利用方式通常被称为土地的粗放利用。土地的集约利用与粗放利用的实质在于可变比例生产要素组合的选择。

威廉·配第（2006）最早注意到这一现象，即一定面积土地的生产力有一最大限度，超过这一限度后，土地生成物的数量就不再随着劳动的增加而增加。其后，杜尔哥和安德森进一步阐述了"土地报酬递减规律"的内涵，如安德森指出在一定的科学技术条件下，土地生产率的提高是有限的，从而引证出土地肥力递减的规律，然而他并未注意到边际产量的问题。直到 1815 年，威斯特在其《论资本用于土地》一书中正式提出"土地报酬递减规律"，指出劣等土地之所以必须日渐耕垦，就是由"土地报酬递减规律"支配的，他认为在耕作改进的过程中，原生产物数量的增加将耗费日益增大的费用，即在农业生产中投入到土地中的每一份资本增量所带来的收益增量与投入的资本相比趋于减少。技术改良可以使较多的资本能有效地利用，但不论技术怎样发展，在一定阶段追加的投资最终仍然要不可抗拒的递减（West，2004）。

因此，从理论上讲，边际报酬递减规律成立的原因在于对于任何产品的短期生产而言，可变要素投入和固定要素之间存在最佳数量组合比例。在没有达到最佳比例之前，投入增加导致边际报酬增加，达到最佳比例之后，投入增加则导致边际报酬递减。上述规律成立的重要前提假设是，除了生产要素的配合比例外，其他条件，如生产技术、自然条件等保持不变。

2.1.4 空间集聚理论

空间聚集是指在发展过程中，处在一个特定领域内相关的企业或机构，由于相互之间的共性和互补性等特征而紧密联系在一起，形成一组在地理上集中的相互联系、相互支撑的集群的现象（May et al., 2001）。

早在古典政治经济学时期，亚当·斯密（2015）就根据绝对利益理论，从分工协作的角度，通过产业聚集对聚集经济进行了一定的描述，他认为产业聚集是由一群具有分工性质的企业为了完成某种产品的生产联合而组成的群体；大卫·李嘉图（2013）根据比较利益学说，研究了生产特定产品的区位问题，也指出了产业聚集所形成的聚集经济问题。

马歇尔首次提出了产业聚集及内部聚集和空间外部经济的概念，并阐述了存在外部经济与规模经济条件下产业聚集产生的经济动因。他指出，所谓内部经济是指有赖于从事工业的个别企业的资源、组织和经营效率的经济；而外部经济则是有赖于这类工业产业的一般发达的经济（阿尔弗雷德·马歇尔，1964）。

聚集能够促进专业化投入和服务的发展；企业聚集于一个特定的空间能够提供特定产业技能的劳动力市场，从而确保工人较低的失业概率，并降低劳动力出现短缺的可能性；产业聚集能够产生溢出效应，使聚集企业的生产函数优于单个企业的生产函数，企业从技术、信息等的溢出中获益。马歇尔进一步指出，同一产业越多的企业聚集于一个空间，就越有利于企业所需生产要素的聚集，这些要素包括劳动力、资金、能源、运输，以及其他专业化资源等。而空间内诸如此类的投入品，或者说生产要素的供给越多，就越容易降低整个产业的平均生产成本，而且随着投入品专业化的加深，生产将更加有效率，该空间企业也将更具有竞争力。

新古典区位论建立在完全竞争与规模报酬不变的基础上，其核心观点在于区域之间地理环境、资源禀赋及技术水平等初始条件的差异是产生空间集聚的根本原因。但新古典区位论却不能解释两个重要的经济现象：第一，工业集聚的中心出现在一些在纯自然条件方面并不一定非常有优势的地方；第二，两个自然条件非常相近的地方却可能在工业集聚方面具有差异化的表现。因此，新古典区位论无法解释所有的空间集聚现象，它只是在完全竞争框架下对空间集聚问题进行局部均衡分析。

迪克西特-斯蒂格利茨模型（Dixit-Stiglitz model）指出，市场的规模效应都是通过厂商的个数变化起作用的，运输成本越小，厂商数量越多，空间集聚现象越易于产生；收入水平越高、厂商数量越多、需求越大的国家，越易于产生空间集聚现象。新经济地理学派在此基础上构建了中心-外围模型及中间产品模型等新空间集聚模型，通过报酬递增、运输成本、产业联系及市场外部性之间动态、非线性的相互作用，可内生出经济活动沿地理空间遵循倒 U 形轨迹演化的规律，推导出即使初始条件非常相似的国家、地区或城市也可以产生空间集聚现象，回答了传统经济地理学不能解释的问题。

2.1.5 土地可持续利用理论

1980 年，《世界自然保护大纲》（IUCN，UNEP，WWF，1980）初步提出可持续发展的思想，强调"人类利用对生物圈的管理，使得生物圈既能满足当代人的最大需求，又能保持其满足后代人的需求能力"。可持续发展强调整体、综合、内生的内涵认知，其内涵体现在揭示了"发展、协调、持续"的系统本质，反映了"动力、质量、公平"的有机统一，创建了"和谐、稳定、安全"的人文环境，体现了"速度、数量、质量"的绿色运行（牛文元，2012）。可持续发展理论的关键问题在于如何处理"人与自然"和"人与人"之间的关系，包括系统的平衡、时间的公平和空间的正义。

土地可持续利用是可持续发展思想在土地科学领域的延伸，1993 年联合国粮食及农业组织（FAO）颁布的《持续土地管理评价纲要》提出了土地可持续利用的概念、基本原则、评价标准和评价程序，将土地可持续利用定义为通过将技术、政策和能够使社会经济原则与环境融为一体的行为结合起来，以同时实现保持或提高生产性、安全性、保护性、可行性和可接受性。其后又于 1999 年与联合国环境规划署（UNEP）合作出版了《可持续土地资源管理综合规划指南》，将可持续发展思想贯穿始终，以保证土地资源可持续利用。与 FAO 的定义相比，我国学者更注重探讨土地可持续利用的本质内涵，充分认识"可持续性"特征，如傅伯杰等定义土地可持续利用为实现土地生产力的持续增长和稳定性，保证土地资源潜力和防止土地退化，并具有良好的经济效益和社会效益，达到生态合理性、经济有效性和社会可接受性（傅伯杰等，1997）。刘彦随等将其定义为能够满足当前和未来人口的持续增长及对粮食的基本需求，并促使社会经济的协调发展和生态环境质量不断改善的土地利用战略和措施（刘彦随，1999）。

2.2 土地立体化利用的集约性

2.2.1 城市发展角度

城市空间随着城市由外部蔓延式向内部集约式发展转变，也就意味着选择了一条不依赖于土地快速扩张或土地资源快速消耗的发展路径，而土地立体化利用有助于实现有限的土地资源承载城市发展所带来的社会经济要素，由土地的平面扩张向地上地下综合开发转变，其取向必然是集约的（图 2.1）。

城市土地立体化利用活动的开展，在空间形态上呈现不同物质体在纵向上的叠加配置，城市社会经济要素在空间上呈现一定或较强的集聚现象，单位土地面积上将承载更大容量或更丰富多元的要素，人流、物流、信息流等各种城市要素流在横向流动的同时，呈现出典型的纵向流动、交换特征（Coleman，1992）。从功能上看，单位空间将展现出比土地平面利用更多样化的功能，功能之间的融合、支撑特征也更为突出。从运转效率来看，其也会因缩短距离而带来效率的一定提升。立体化的土地利用形态通过对城市内部进行高强度内涵挖潜与复合功能组织，不仅扩大了城市空间容量，而且提高了城市运作效率，与城市发展集约、高效、和谐的理念和需求相适应。

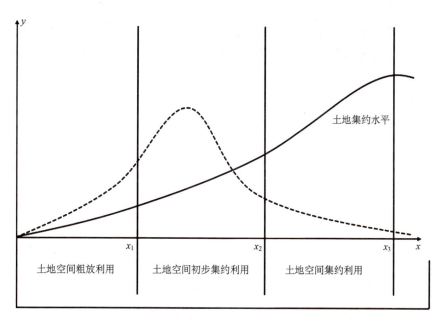

图 2.1　城市土地集约利用的演化规律图

　　具体来讲，土地立体化利用的集约性主要体现在单位空间内要素投入增加和复合功能的垂直配置两个方面（图 2.2）。土地平面利用的要素投入主要依托于地表资源，单位土地投入相对较少，与之相对，土地立体化利用则是综合考虑地表、地上、地下 3 个层面的城市建设，通过合理利用地下空间和增加建筑高度，以及构建脱离对应地表的空中连廊等手段，增加单位空间内的要素投入，开展多层次的空间利用，极大地提升土地资源的利用效率和生产生活空间的集约利用水平。另外，复合功能的垂直配置打破了以往

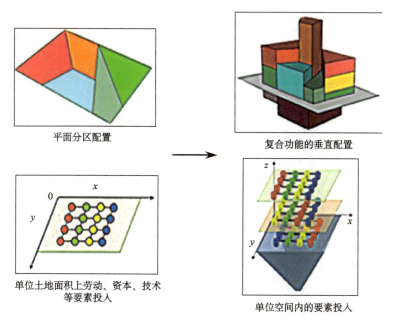

图 2.2　土地的空间集约性

单一地块对应单一城市功能的平面分区配置，通过充分利用立体空间，将不同城市功能在单一地块上叠加并进行空间功能组合，建立多种形式的立体空间布局模式，如工业与商业、商业与居住、生产生活与生态等布局模式，提高功能组织的运行效率，实现集约发展的目标。

2.2.2 经济学角度

传统的土地资源集约利用的评价过程都是以面积为单位进行计量，衡量劳动、资本、技术等要素在单位土地面积上的投入。但是从实践角度来看，劳动、资本、技术等要素是在土地单位空间内进行投入的，传统的土地资源集约利用的评价过程忽视了空间利用的部分，降低了实际的土地集约利用程度。

具体而言，传统的土地利用通过不断增加建设用地面积来实现生产效益，并未改变单位土地上的要素投入比，从而土地单位产出水平相对较低（图 2.3）。图中，L 是指土地要素，NL 是指其他投入要素，C 为成本，Q 为产量。

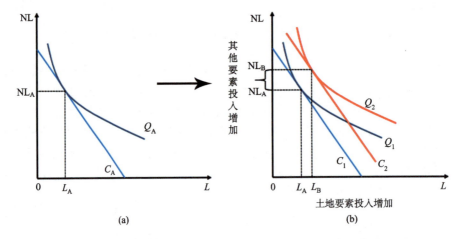

图 2.3　土地和可替代要素投入增加情况下的土地产出变化

相比之下，土地立体化利用的产出要高于土地平面利用的产出。首先，随着土地资源的日益稀缺，土地要素和其他资本、劳动要素之间的替代关系发生变化，通过提高单位土地上的要素投入，能够获得更大的土地产出，从而使等产量线向右上移动（图 2.4）。

其次，随着资源要素在空间的进一步配置，实现功能的进一步混合，尽管此时实际利用地表土地资源面积没有增加，但用于进行功能配置的土地空间增加了，土地利用方式的转变带来土地产出的二次增加（图 2.5）。

根据要素替代规律，土地价格越高，土地要素的投入量就越小；土地价格越低，土地要素的投入量就越大。根据区位理论，经济区位可用时间和空间距离来衡量。距离城市中心越近，土地价格就越高；距离城市中心越远，土地价格就越低。以土地价格为纵轴，以土地要素的投入量和土地距城市中心的距离分别为左右横轴，与两条曲线形成一个三维立体图形，在这个立体图形中，土地价格越高的区域，越靠近城市中心，土地投入量越少，其他要素投入量越多，单位土地面积上技术、劳动、资本、管理等其他生产要素的密集程度也越高（图 2.6）。

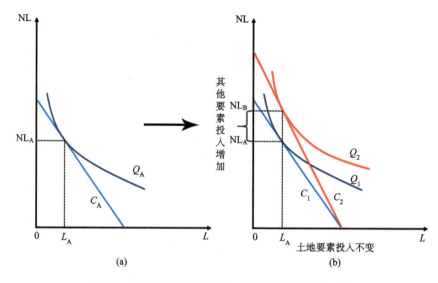

图 2.4　可替代要素投入增加情况下的土地产出变化

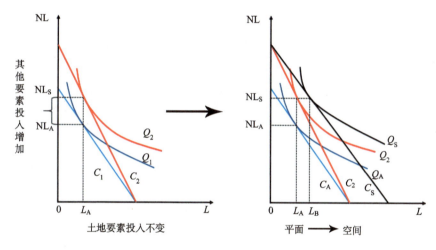

图 2.5　平面视角到立体视角的土地产出变化

　　因此，随着土地资源成本的增加、集聚效应的形成等，城市中心的空间扩展形态从平面拓展至空间，呈现立体开发的态势，越趋向于中心，土地立体化利用程度越高，土地集约程度也越高。随着土地集约水平的提高，土地资源作为稀缺要素，其投入量对于社会经济产出贡献逐渐减弱，取而代之的是经济、技术等要素的投入（乔国华和宋均梅，2010；陶志红，2000）。而经济、技术等要素实质上是在空间上进行聚集，如果从平面土地资源转向空间资源，经济、技术等要素的投入变化实质上是空间资源利用方式的变化。目前，土地集约利用的技术与管理仍然属于"二维模式"，为了适应土地要素投入向空间要素（空间开发强度、经济、技术等）投入转变，从平面拓展至空间，解析土地空间资源集约利用，或许将带来新的视角及结论。

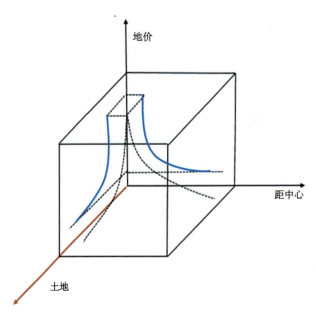

图 2.6　城市土地空间集约利用图

2.3　土地立体化利用的驱动力

从城市发展历史轨迹来看，土地立体化利用呈现出一定的趋势性，是部分城市在土地资源紧约束及经济发展转型背景下的自我选择。土地立体化利用所展现的集约特征较大程度地提升了土地的产出效益，但同时也带来了高建筑成本、高管理要求等现实问题。在土地立体化利用的趋势下，从城市实际情况出发，选择是否开展土地立体化利用或选择何种土地立体化利用模式，从而权衡二、三维土地利用与管理，是城市立体化发展趋势下所应保持的客观辩证态度。因此，本书从城市发展与土地利用辩证关系的角度，系统分析城市土地立体化利用的驱动要素及驱动机制，并将其作为二、三维土地利用管理的权衡思考的一个开始，以为识别不同发展阶段、特点及定位的城市开展土地立体化利用的必要性与适宜性提供支撑，从而有助于深化城市土地立体化利用模式认知，为引导土地立体化利用实践提供有力支撑。

2.3.1　驱动要素分析

1. 背景：土地资源紧缺

土地资源紧缺是城市土地立体化利用的背景性因素，资源匮乏倒逼的程度将影响城市土地立体化利用决策。土地是承载人和人类活动的重要场所（刘彦随，1999），人对土地的利用行为导致土地资源紧缺，这里的紧缺并非针对总量，而是人均土地面积，特别是人均建设用地面积的紧缺。图 2.7 中开展土地立体化利用的典型城市，无论是人均土地占有量还是人均建设用地占有量均低于我国平均水平。其中，新加坡、纽约的人均土地占有量不到我国平均水平的一半，东京人均土地占有量更低，仅为我国的 28%；另外，深圳、东京、香港人均建设用地占有量分别为90m²/人、62m²/人和36.6m²/人，特别是香港，其人均建设用地占有量仅为我国平均水平的29%。

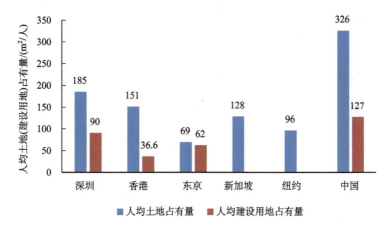

图 2.7 开展立体化利用典型城市的人均土地资源占有量对比

深圳：深圳统计年鉴 2015，统计范围为深圳市市域；香港：香港土地用途 2015，香港统计刊 2015，统计范围为香港全城；东京：东京都统计年鉴 H26，统计范围为东京 23 区；新加坡：新加坡统计 2016，统计范围为新加坡市；纽约：美国统计局，统计范围为纽约 5 个行政区；中国：中国统计年鉴 2015（城区面积/城市人口），全国土地利用总体规划纲要 2016-2020（2020年人均城镇工矿用地指标）

开展土地立体化利用的城市，都在不同程度上存在城市土地资源紧缺的问题，香港是其中的典型，尽管香港的人均土地占有量能够达到 151 m²/人，但由于地理环境和历史政治因素，人均建设用地占有量不足人均土地占有量的 1/4，这导致香港快速城市建设过程中逐渐形成紧凑建筑布局、高容积率和立体化的土地利用模式。香港的很多建筑都较高，大多超过 200m，在建筑物的底层通常建有开放式的开敞或半开敞的公共平台，在平台上建有医疗、卫生、休闲等场所，平台与不同建筑物相连接，将整个社区紧紧连接在一起。公共平台还与地铁、天桥、地面等相连，通过地下建造购物超市和地铁，地表修建城市交通，地上建造学校、人行天桥等公共设施，实现土地的综合立体开发。

2. 问题：城市蔓延

城市蔓延是指城市化地区失控扩展与蔓延的现象，它使原来主要集中在中心区的城市活动扩散到城市外围，城市形态呈现出分散、低密度、区域功能单一和依赖汽车交通的特点，它是制约城市发展的重要因素（Dieleman and Wegener，2004；Ramieri and Cogo，1998）。以城市蔓延出现最早、最典型的国家——美国为例，早期（20 世纪 50～70 年代）主要是经济收入较高、拥有私人汽车的白人中产阶级向郊区扩散，到了 70 年代，伴随经济发展和私人汽车的进一步普及，蓝领阶层等普通民众也有能力迁往近郊，早期郊迁的中产阶级则到更远的郊区寻觅新居，从而加剧了人口和城市空间的进一步扩张。到了 80年代以后，不仅是居住区，新的工厂区、办公园区（office park）也纷纷前往郊区。郊区工作岗位的增加又进一步促进了城市人口，甚至政府税收的外迁（陈明星等，2008）。

蔓延式的平铺发展导致城市运行成本增加和运行效率降低，对经济、社会、环境产生一系列不良影响（Hasse and Lathrop，2003；Irwin and Bockstael，2007）。在经济上，其一方面影响政府提供基础设施和公共服务的效率，由于需要在更大的空间范围配置公共资源，因此导致公共财政压力较大；另一方面也极大地降低了人均劳动生产率；在社会上，大量资金转向新区或郊区进行投资，导致内城发展缓慢或衰退，同时过大的交通规模导致交通拥堵，从而进一步影响居民通勤效率，此外，蔓延区的生活品质相对较低；在环境上，城市蔓延一方面导致自然资源的占用和损坏，如其对森林片段化的支配性影响；另一方面则会产生大气污染、噪声污染及水体污染等严重的环境污染问题。通过土地立体化利用，能够有效应对城市蔓延及其产生的一系列问题，保障城市科学健康发展。

3. 需求：人口增长

在城市化过程中，人口增长及人的生产生活需求的转变促使土地利用方式不断变化。《雅典宪章》提出城市规划的目的是解决居住、工作、游憩与交通四大功能的正常进行，充分体现了以人为本的思想。

城市需要提供就业空间以满足人的工作需求，提供居住空间以满足人的居住需求，而就业空间与居住空间二者之间存在空间上的竞争关系，人愿意为就业空间和居住空间支付租金的意愿和能力的差异，导致城市的就业空间在中心集聚，而城市的居住空间不断向外围扩散，职住分离又进一步增加城市居民的通勤距离，同向的交通流又给城市交

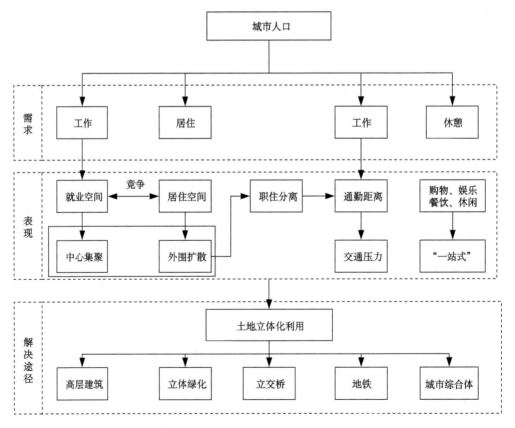

图 2.8　人口增长驱动土地立体化利用模式

通带来巨大的压力。此外，为了满足城市居民"一站式"的游憩需求，购物、餐饮、休闲、娱乐功能逐渐集聚到一起，从而减少城市居民在实现上述需求时的交通成本。土地立体化利用能够有效缓解城市人口增加和流动带来的各种需求，有效提高城市运行能力，如高层建筑能够提高中心区的容纳能力，立体绿化则足以保障中心区的绿化需求，通过建设立交桥和地铁能够有效缓解城市的通勤压力，而城市综合体的出现能够较好地满足城市居民的"一站式"需求（图2.8）。

以东京地铁为例，日本东京都有两大地铁运营系统：东京地铁和都营地铁。东京地铁是亚洲规模最大的地铁运输机构。其属下共有8条线路，长183.2km。东京地铁每天向590万名乘客提供服务，承担地铁客运总量的70.6%。东京地铁早在1927年12月就开通了银座至浅草寺的路段，因而东京是亚洲最早有地铁的城市（马述林，2009）。1955年以后，日本进入工业的高速成长期，都市化迅猛发展，大量的地方人口涌入到城市。为了解决这些人口的出行需求，运输量大的交通工具——轨道交通便成为首选，轨道交通由此发展起来。统计分析结果也表明，第二次世界大战后日本人口数量和地铁里程之间呈显著正相关（图2.9），相关系数达到0.87。

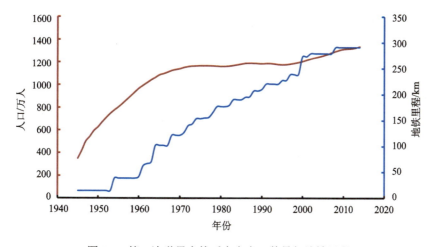

图 2.9　第二次世界大战后东京人口数量与地铁里程

从图2.9中可以发现，第二次世界大战以后东京人口迅速恢复，极大地拉动了地铁建设。到了20世纪70年代，人口增速逐渐放缓，但地铁建设滞后于人口增长，导致同期地铁运营能力难以满足人口对交通运输的需求，因此地铁仍继续经历了一段高速发展的建设期，直到21世纪初，地铁网络达到相对稳定，基本满足东京人口的通勤需求（图2.10）。

4. 需求：经济发展

土地是重要的生产要素，因此经济发展与土地利用之间具有十分紧密的联系。具体而言，经济发展主要表现在经济总量增加和产业结构调整两个方面，同时还会导致土地市场发生变化（图2.11）。经济总量增加一方面提升了城市的投资建设能力，从而为土地立体化利用提供了良好的经济基础，同时，经济的快速增长也需要与之相匹配的承载空间，联合经济要素集聚的规模效益，共同促进单位土地产出的增加。另一方面，产业结构调整使土地空间上各种生产要素投入配置比例发生变化，加之经济发展带来的土地资源供给相对紧张，它们共同使单位土地上的要素投入增加。最终，立体化开发能力的提升、单位土地产出的增加和单位土地要素投入的增加共同推动了土地立体化利用实践的开展。

图 2.10　20 世纪 70 年代的东京地铁[1]

因此，上述分析表明，人口增长是城市土地立体化利用重要的驱动因素之一。

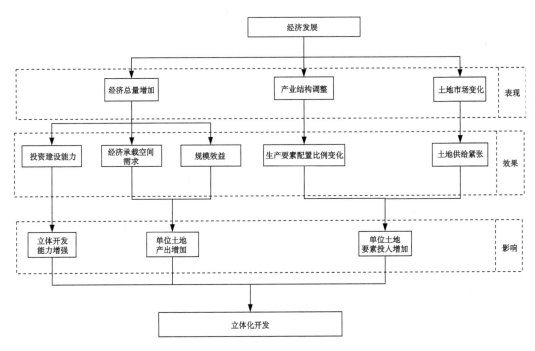

图 2.11　经济发展驱动土地立体化利用模式

考察全球开展土地立体化利用的城市数量与世界 GDP 总量之间的关系发现二者之间存在显著的强正相关性，相关系数达到 0.95，说明随着世界经济的发展，以地铁、城

————————————————
①贯通日本资讯. 2016. 拥挤的日本东京地铁. http://wenhua.kantsuu.com/201605/20160511154545_494881.shtml
[2016-05-11]

市综合体建设等形式开展土地立体化利用的城市数量不断增加（图 2.12）。特别地，考察上述开展土地立体化利用实践的城市，大多数为各个国家的首都或区域的首府，而这些城市又基本上是各个国家经济水平相对较高的城市，说明经济发展对土地立体化利用具有明显的促进作用。

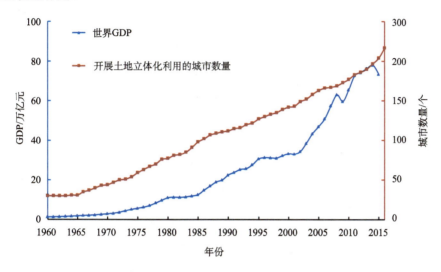

图 2.12　世界 GDP 与全球开展土地立体化利用的城市数量

5. 需求：产业集聚

产业集聚的目的在于加强地区内企业之间的经济联系，为企业发展创造更有利的外部条件（Barkley et al.，1999）。它又分为两种类型：一种是纵向经济联系而形成的集聚。纵向经济联系是指一个企业的投入是另一个企业的产出，这是一种投入产出关联关系；另一种是横向经济联系形成的产业集聚，横向经济联系是指那些围绕着地区主导产业与部门形成的产业集群体之间的关系。产业集聚最主要的特征是生产活动的高度集中，因此提高单位土地开发强度有助于产业集聚，同时区域内企业能够建立起上下游的相互关联，通过"面对面"的交流及时获取信息，这种空间上的毗邻关系为各个产业之间的知识技术外溢提供了空间条件。伴随着区域产业的集聚，基础设施和公共服务水平不断提高，进一步吸引配套产业，加强了区域的土地混合使用强度。产业集聚区域有大量的对外联系需求，这需要靠完善的交通通信条件加以支撑。因此，产业集聚对高层建筑、城市综合体和立体交通等土地立体化利用实践具有较强的促进作用（图 2.13）。

以纽约曼哈顿 CBD 为例（图 2.14），纽约著名的华尔街、帝国大厦、联合国总部等都集中于此，各产业部门集聚形成了不同功能的核心区，从空间布局可以分为两大部分：以华尔街为中心的金融贸易集群和以第五大道为中心的商业服务区。此外，曼哈顿 CBD 通过加强交通运输网建设，把地铁和其他铁路交通的出入口和新建办公机构连接，通过完善外部环境和基础设施建设，为产业集聚提供重要依托。曼哈顿 CBD 通过提高土地利用强度和立体化利用程度，完善对外交通建设，强化了区域内产业的横向和纵向的经济联系，促进了地区的发展。

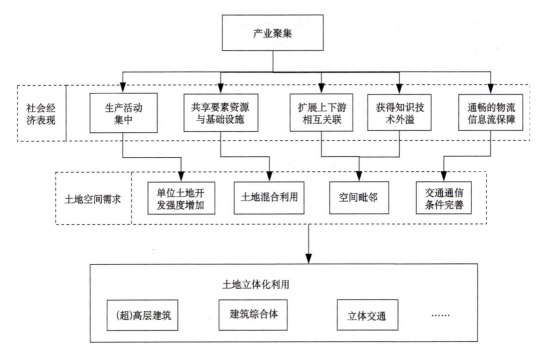

图 2.13　产业集聚驱动土地立体化利用模式

图 2.14　纽约曼哈顿 CBD[①]

　　还有一个典型的产业集聚案例是东京的六本木地区。六本木新城在 11.6hm² 的范围内，集成了办公、住宅、酒店、商场、美术馆、电视台、影院和历史公园等设施，提供了工作、生活、学习、休闲、娱乐等多重功能，几乎涵盖了一个城市应该具备的所有功能。此外，通过超高层塔楼的开发和地下空间的立体使用，完善了铁路和公路等城市基础设施，将城市功能有机结合，形成一个集约型的城中城，是产业集聚与土地立体化利用相结合的范例。其商务区以"森大厦"为核心，"森大厦"是整个六本木新城的中心区域，也是集商业、文化、信息中心于一体的综合性区域（图 2.15）。"森大厦"高 238m，

①新浪博客.2011.纽约曼哈顿掠影. http://blog.sina.com.cn/s/ blog_4c6481df01010k8t. html[2011-11-23]

共 60 层，其中地上 54 层，地下 6 层，总建筑面积约 38 万 m²，由美国 KPF 建筑设计师事务所主持设计。"森大厦" 1~6 层为商业店铺和餐饮空间；7~48 层为写字楼，每个楼层约 4500 m²，是日本国内较大规模的综合租赁物业，目前已入驻企业 2000 多家，拥有工作人员约 2 万人，主要从事金融、IT、医疗、咨询、教育培训等新兴产业，时代杂志、联想、谷歌、百度等知名企业的日本总部就设址于此；49~51 层是森艺术中心；52~53 层为森美术馆。此外，商务区还包括了朝日电视台、东京君悦大酒店等设施（朱丽娜，2013）。

图 2.15　东京六本木 "森大厦"①

此外，深圳市的深圳湾总部基地和前海 "15+19" 单元也反映出产业集聚与土地立体化利用之间的关系（图 2.16）。超级总部基地以各行业门类的产业链最顶端的总部办公为主导功能，辅以服务于总部基地的国际会议、展览、文化传播、信息交互及商业、公寓等功能，形成高端产业集聚区。与之相匹配，需要高强度集约化开发土地空间，控制总量、预留适度弹性空间，鼓励功能混合利用；采用地上地下结合的立体开发模式，规划引导、综合协调，达到缓解区域交通压力、改善景观环境、完善功能结构的目的，形成网络化、综合化、一体化、舒适化的地下空间。前海 "15+19" 单元定位为具备区域生产组织中枢和国际供应链管理中心功能的综合城区，强化现代物流业和生活服务核心的构建是前海三大片区之一的产业服务核心。为此，该片区采用适应性强、经济投入适度，包含建筑、市政、交通等多种绿色的先进技术，构建安全供给、面向未来的基础设施服务网络，开展区域立体化建设。

6. 引导：规划管理与制度约束

规划管理与制度约束是土地立体化利用最直接的指导和约束，用以规范土地立体化利用能否开展、如何开展的问题。其中，规划计划主要起主导作用，而各项制度则以管控约束为主，二者是开展土地立体化利用的直接驱动力。

---

① 新浪博客. 2015. 日本购买房产即可获得签证. http://blog.sina.com.cn/s/blog_7e8dc88d0102w3ls.html[2015-09-22]

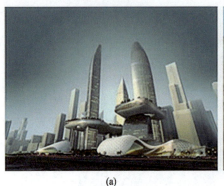

(a)

(b)

图 2.16　深圳湾总部基地和前海"15+19"单元效果图①

　　参考国外城市通过规划引导与制度管控推行土地立体化建设的案例，对我国开展土地立体化利用实践建设具有重要意义。以日本东京为例，1964 年以前建筑容量控制的相关规定是基地覆盖率和建筑高度，作为一个地震多发的国家，其建筑高度一直受到严格的限制，1961 年东京开始试行"特定街区制度"，1964 年日本建筑法规废除建筑高度限制，同时引入了容积率作为建筑容量的限制规定。容积率规定在控制建筑容量的同时使建筑设计具有更多的可能性，有赖于此，首座超高层建筑"霞关大厦"建成。此外，在东京城市交通发展战略宏观规划和大都市圈立体综合交通规划的指导下，汐留立体交通逐渐发展。1970 年日本通过的《建筑基准法》增加了容积率奖励策略，规定建筑区内有效公开空地面积比例不低于 20%，如果高于 20%可依据一定的计算公式获得额外的容积率奖励，并根据规划容积率的不同，提供相同空地面积所增加的容积率也不同。规划容积率越高，奖励的建设量也越多，仍以东京六本木为例，其总建筑基地面积为 11 万 m^2，建筑密度为 64%，公共设施用地面积为 25500 m^2，容积率达到 7.22（朱丽娜，2013）。此外，新加坡的综合交通规划和强制推行垂直绿化的相关规定，以及纽约、巴黎相关规划发展理念的提出和推行也促进了这些城市土地立体化利用实践的发展（表 2.1）。

表 2.1　制度规划与土地立体化利用实践

城市	制度约束与规划管理	城市土地立体化利用实践
东京	日本建筑法规废除建筑高度限制； 实施加入容积率的"特定街区制度"	建成国内第一座超高层建筑"霞关大厦"
	城市交通发展战略宏观规划； 大都市圈立体综合交通规划	汐留城市更新项目（立体交通）
	通过容积率奖励措施在步行区域内 完善充实公共、商业服务设施	六本木城市改造试验项目（公共空间为核心+高密度+综合型+立体化）

　　①中华园林网.2014. 深圳湾"超级城市"国际竞赛作品汇总. http://www.yuanlin365.com/news/266845.shtml?jdfwkey=tw78t1[2014-08-17]

　　新城市.2014. 深圳市前海深港现代服务业合作区 15、19 开发单元规划. http://www.nlt.com.cn/projectinfo_204. html [2014-05-06]

城市	制度约束与规划管理	城市土地立体化利用实践
新加坡	综合交通规划：建设以轨道交通为骨干网络的公共交通系统	城市综合交通枢纽建设；地铁周边高密度、高强度商住混合开发模式
	强制推行垂直绿化；建设"立体花园"城市	滨海湾花园、宾乐雅酒店
纽约	新城市主义发展理念诞生；美国规划协会提出精明增长	洛克菲勒中心城市综合体
巴黎	欧洲共同体委员会提出紧凑城市	列阿莱旧城改造项目（地下综合体）

解读深圳市的城市规划文件可以发现，其在各个层次的规划均对土地立体化利用有所指导。例如，城市总体规划中强调用地集约与产业集聚，到控规修规层面直接提出空间立体化、功能混合利用、地块高强度开发等具有土地立体化开发指向的阐述。专项规划，如交通专项规划则指出推进以轨道交通、常规公共交通为主体的交通体系，产业发展转向规划进一步强调产业集聚等。在城市设计层面，建筑连廊设计、建筑地下空间开发和土地三维立体开发等也写入文本。例如，《深圳市城市绿化发展规划纲要（2012～2020）》就倡导多渠道拓展城市绿化空间，积极推广屋顶、垂直绿化和生态停车场等绿化，强化立交桥护栏绿化和桥体绿化，构建立体化的城市绿化格局，同时对立体绿化建设做出详细控制指引，力争 2020 年市域范围内 30%～50% 的人行天桥挂绿，全部符合建设条件的立交桥披上绿装，中心城区和市域范围屋顶绿化率分别达到 5% 和 1.5%。此外，在前海深港合作区，《前海深港现代服务业合作区综合规划》《前海合作区地下空间规划及重要节点周边地下空间概念方案设计》和《前海合作区单元规划》等规划文本也涉及地下空间总体布局及规模，各地块地下空间类型、面积、容积率、不同功能设施（交通、商业、公共通道）基准规模，涉及地下步行和车行系统、地下公共服务和市政基础设施的系统规划，同时分别以街坊和单位对地下空间规划设计做出详细指引和控制。

7. 技术进步

在快速城市化进程中，科学技术的突飞猛进成为推动土地利用突破表层资源向地上、地下空间资源竖向发展的重要动力。事实上，技术进步是土地立体化利用行为出现的必要条件，缺少相应的科学技术，城市土地立体化利用便无法付诸实践，立体城市的建设也无从谈起。

纵观历史，19 世纪下半叶工业化浪潮带动电力、钢铁等新兴产业发展，欧美国家率先进入快速城市化时期。工业革命中，地下岩土工程勘察与施工、采光照明、环境对策、防灾与环境控制等一系列技术难题得以攻克，使地下空间开发成为可能，在这样的技术背景下，1863 年世界上第一条地下轨道交通——伦敦地铁运行[图 2.17（a）]。随着地下空间利用相关技术的不断成熟，地铁建设开始在世界范围内进入兴盛时期。在日本，地铁建设带动了地下街、地下停车场等其他地下设施建设，1930 年东京上野火车站地下步行通道开设商业柜台，形成了"地下街之端"[图 2.17（b），图 2.17（c）]。

(a) 伦敦地铁

(b) 东京地铁

(c) 东京"地下街之端"

图 2.17 伦敦、东京的城市地下开发[1]（刘皆谊，2007）

另外，工业革命中钢铁、混凝土等建筑材料进步和电梯技术发明还为高层建筑扫清结构和技术障碍。1883～1885 年竣工的芝加哥家庭保险大楼是世界上第一幢按现代钢框架结构原理建造的高层建筑（图 2.18）[2]。随着建筑技术日趋成熟，高层建筑集约高效的特质使其发展为城市紧凑、密集形态下土地立体化利用的广泛实践模式。20 世纪 20～30 年代是美国垂直化达到高潮的标志，纽约十大最高建筑中有 5 座是在 1930～1933 年建成，包括克莱斯勒大厦、帝国大厦和洛克菲勒中心等（赵炳时，1997）。日本作为地震多发的国家在解决了结构抗震这一最为棘手的技术问题后，也开始兴建高层建筑，1968 年日本第一座高层建筑"霞关大厦"在东京落成。仅时隔 10 年，至 1978 年，东京"阳光大厦"便一跃成为亚洲第一高楼[3]。

(a) 芝加哥家庭保险大楼

(b) 迪拜塔

图 2.18 典型高层建筑[4]

①网易新闻.2013.伦敦为地铁 150 岁庆生骄傲讲述曾世界第一. http://news.163.com/13/0111/04/8KTMJC4J00014JB6. html[2013-01-11]

电缆网.2016.http://news.cableabc.com/society/20160808459667.html[2016-08-08]

②新浪博客.2016. 从巴别塔到摩天大楼，150 年的超高层探索史. http://blog.sina.com.cn/s/blog_15c1961490102wx2g. html[2016-12-27]

③筑龙网.2005. 日本的高层建筑. http://bbs.zhulong.com/101010_group_676/detail2345611[2005-11-04]

④新浪博客.2015. 欲与天公试比高——摩天大楼. http://blog. sina. com. cn/ s/ blog_14ca129ae0102vzs1.html[2015-12-08]

昵图网. 2013. 迪拜塔图片. http://www. nipic. com/show/4/100/7836295kb70eb7e8. html[2013-04-10]

总而言之，工业化、城市化进程中现代技术革命使土地立体开发利用成为可能，同时技术的突破与发展是土地立体化利用向地上、地下空间拓展必不可少的技术基础。

2.3.2 驱动机制探索

基于上述分析，本书尝试构建了城市土地立体化利用驱动机制的分析框架（图 2.19）。城市土地立体化利用是在城市土地资源紧缺的背景下，为解决快速城市化、工业化进程和平面土地利用行为导致的一系列问题，在一定经济、技术、政策支持的基础上，满足城市和社会经济发展需求的土地利用方式。城市土地资源现状、发展基础、发展存在的问题和发展需求共同构成了城市土地利用从平面向立体转变的决策系统。

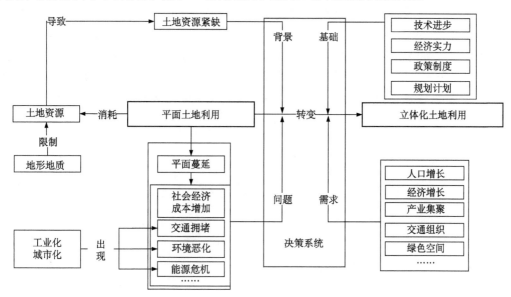

图 2.19　土地立体化利用驱动机制分析框架

上述土地立体化利用驱动机制分析框架清晰地呈现了城市相关的各个要素或环境与城市土地利用方式转变之间的联系，尽管这并非是一种必然联系，但至少提供了一种可能。现实情况表明，在技术条件允许的情况下，在单个要素或若干要素的组合作用下，均有可能产生土地立体化利用行为。事实上，从平面土地利用向立体化土地利用转变是一个概率发生的事件，各个驱动要素的贡献在于增加事实发生的概率。城市管理者与城市规划者的决策设计需要充分考虑上述各个环节的紧迫程度或支持水平，但决策的形成并不仅仅局限于上述讨论的各个要素，现实情况是十分复杂的，因此，我们只能给出一个探讨是否开展土地立体化利用的驱动机制分析框架，其结果对于实际决策过程具有一定参考价值。

2.4　土地立体化利用的形成环境与实施模式

2.4.1　土地立体化利用的形成环境

在形成驱动机制分析框架的基础上，进一步探讨发现土地立体化利用形成环境对土地立体化利用实践具有重要意义。本书讨论土地立体化利用形成的一般环境，某些单一环境形成的土地立体化利用不在考虑之列。

首先，一个贯穿分析始终的真命题是，一定的技术水平是土地立体化利用的必要条件，正如前文所述，地下岩土工程勘察与施工、采光照明、环境对策、防灾与环境控制等一系列技术的突破使得地下空间利用形式出现，同时钢铁、混凝土等建筑材料的进步和电梯技术的发明使超高层建筑的出现成为可能。其次，城市、土地、生态、环境、经济、人口、产业、交通、能源、政策等均是土地立体化利用形成环境的重要因素，这些要素既反映宏观层面的城市规模、资源禀赋、产业特征，又兼顾微观层面的经济原则、社会原则和人本原则。具体的土地立体化利用决策过程需要结合城市现状特征与战略方向确定决策的维度，这一决策的维度可能是二维的、三维的，甚至多维的，每一个维度中包含若干个具体的环境参数指标，通过进一步综合判断决策是否开展土地立体化利用。

以图 2.20 为例，技术进步是贯穿决策始终的驱动要素。在科学技术未达到一定水平之前，土地立体化利用一定不会发生。假设某个城市在其发展过程中重点关注其社会经济维度和城市禀赋维度，据此选择合适的指标构建情景分析框架，各个维度包含但不限于图 2.20 中给出的驱动要素。针对各个维度下的驱动要素，采用综合分析、加权平均、

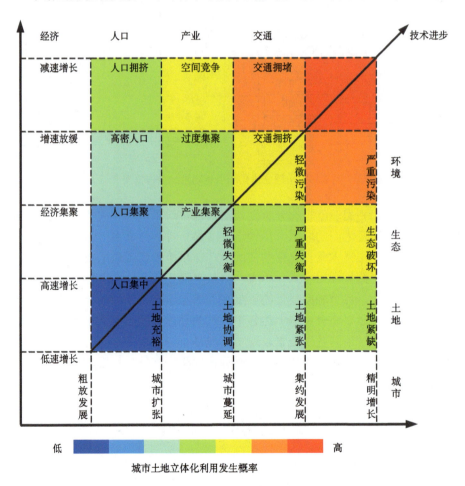

图 2.20　土地立体化利用决策环境概念模型

必要性分析等手段，确定该维度考量的综合结果投影到对应的维度坐标，将各个维度坐标形成的空间交点对应位置上的土地立体化利用发生概率作为决策的环境依据，如在二维空间中，右上方的土地立体化利用发生的概率最高，而左下方土地立体化利用发生的概率最低，即随着各个维度对土地立体化利用的推力和拉力的加大或阻力的减小，土地立体化利用将更可能发生。

2.4.2　土地立体化利用的战略模式

土地资源利用现状、城市发展产生的城市问题、城市经济、城市人口、产业水平及规划制度时刻显著影响着土地立体化利用实践的产生与发展（May et al.，2001）。全球城市由于空间区位、历史基础和发展阶段的差异，其土地资源、城市问题等要素特征不同，因而对土地立体化利用这种利用方式的选择也各有不同。因此，本节搜集了全球 43 个开展土地立体化利用的城市的人均土地占有量、城市发展中产生的各类城市问题、城市经济水平、城市人口总量、产业发展指数、相关规划政策，并以此为基础对 43 个城市进行聚类分析。城市土地立体化利用的产生与发展必然是为了有效支撑城市当前的经济、人口与产业发展，另外，人口、经济的历史数据难以获取，因此本节所用的经济、人口和产业数据均为近期的数据（2014 年左右），包括维基百科土地面积数据、仲量联行全球 300 个城市经济人口数据、科尔尼全球城市指数中城市产业发展指数等，同时将在网络搜集的其他反映城市问题或城市规划政策的文字图片资料作为判断城市问题和城市规划政策的重要参考，判断各个要素促进土地立体化利用的方向性关系，以标准差法将要素划分为 4 个层级，1 表示对土地立体化利用的促进效果最佳，4 表示对土地立体化利用的促进效果最差。

借助 SPSS 软件，选择层次聚类方法，采用欧式距离，对全球 43 个开展土地立体化利用的城市之间的相似性进行计算，聚类方法采用类间平均法，即当两个城市所有指标之间距离的平均值最小时，就将这两个城市进行合并，然后逐级合并，聚类的树状图结果如图 2.21 所示，在类间距离为 12 时，43 个城市共聚为 5 类，概括为综合驱动型、制度驱动型、土地驱动型、人口驱动型和其他驱动型。

对聚类结果进行方差分析，结果见表 2.2，聚类分组之间具有显著性差异。

1）综合驱动型

综合驱动型的城市包括纽约、伦敦、东京、巴黎、香港等全球中心城市，上述城市的经济、人口、产业水平处于世界前列，长期发展不断压缩城市可扩展土地空间，导致土地紧缺问题突出，城市蔓延、交通拥堵等城市问题也最早出现于上述城市，此外，上述城市的城市规划与管理制度水平也相对较高（Lau et al.，2005）。对比来看，经济、产业水平及与之联系密切的土地和城市问题更是综合驱动的主要力量，它们对城市土地立体化利用的促进作用最为明显。上述 6 项要素综合作用，共同驱动全球中心城市的土地立体化利用实践，促进城市的健康、高效、可持续发展。

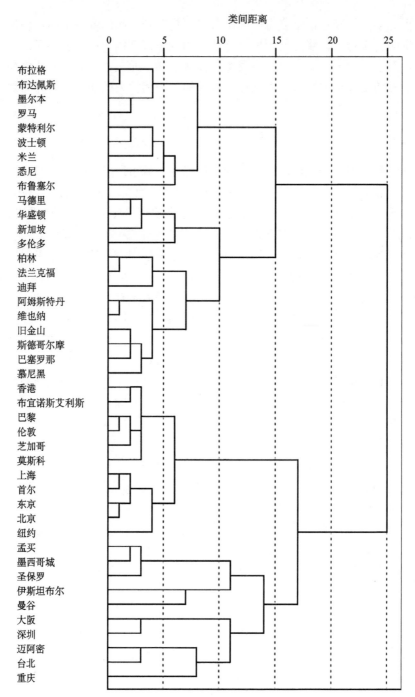

图 2.21　聚类结果树状图

表 2.2　聚类方案的方差分析结果

聚类因子	结果类型	平方和	自由度（df）	均方	F	显著性
	组间	16.643	4	4.161	5.617	0.001
土地	组内	28.148	38	0.741		
	总数	44.791	42			

聚类因子	结果类型	平方和	自由度（df）	均方	F	显著性
城市问题	组间	45.576	4	11.394	39.093	0.000
	组内	11.075	38	0.291		
	总数	56.651	42			
经济	组间	23.368	4	5.842	10.499	0.000
	组内	21.144	38	0.556		
	总数	44.512	42			
人口	组间	43.812	4	10.953	23.988	0.000
	组内	17.351	38	0.457		
	总数	61.163	42			
产业	组间	31.381	4	7.845	17.889	0.000
	组内	16.665	38	0.439		
	总数	48.046	42			
制度	组间	46.830	4	11.707	39.662	0.000
	组内	11.217	38	0.295		
	总数	58.047	42			

2）制度驱动型

制度驱动型的土地立体化利用是指在城市规划与管理制度驱动下开展土地立体化利用的城市，德国柏林、法兰克福等城市，迪拜、新加坡是其中的代表。以迪拜为例，其在缺乏资源禀赋等先天条件的前提下，以规划为主导开展城市立体化建设，在沙漠中建设一座座高楼。新加坡也是规划引导城市建设的典型，土地立体化利用主要体现在立体绿化方面，通过政府推行立体绿化规划及制度建设，使得城市建筑物的屋顶、阳台、墙面等随处可见绿色植物。

3）土地驱动型

土地驱动型的土地立体化利用是指由于可利用土地资源总量限制了城市的横向扩张，进而开展土地立体化利用的城市，这类城市以重庆最为典型。作为中国面积最大的直辖市，重庆全市总面积超过 82300km^2，是北京、天津、上海三市总面积的两倍多。然而，根据《重庆市国土资源和房屋管理公报（2015）》显示，重庆城乡建设用地 14041 km^2，不到市域面积的 20%；根据《中国城市统计年鉴（2015）》，重庆市辖区建成区面积仅为 1231 km^2，而市辖区人口达到 1943.9 万人，人均面积仅为 63.32m^2，土地资源稀缺，因此重庆开展土地立体化利用对于缓解城市土地资源压力具有重要价值。

4）人口驱动型

人口驱动型的土地立体化利用是指由于城市人口的增加，城市为应对就业空间、居住空间、交通压力，以及城市人口游憩的一站式需求等压力而开展的土地立体化利用行为，这种驱动行为对于国际大都市而言效果是明显的。采取聚类方法得出人口驱动作为土地立体化利用主要驱动因素的城市，这一类城市以印度孟买为代表。孟买人口从1951年的不足300万人发展到2011年的超过2000万人，为使城市基础设施满足城市人口需求，印度加大了对市政工程的投入。以交通为例，孟买建设高架高速公路，以缓解城市交通问题。

5）其他驱动型

由于聚类参考指标的局限性，采用聚类方法获得一类城市，上述驱动因素对其的驱动作用均不强烈，如墨尔本、罗马、布鲁塞尔、布达佩斯等。这可能是由于上述城市的土地立体化利用是由本书的研究所涉及的驱动因子以外的其他因子引起的，或者可能是历史偶然事件的产物。限于数据等诸多客观原因，本书的研究对此不再深入探究。

2.4.3 土地立体化利用的实施模式

城市规模无限扩张和土地资源稀缺性的矛盾决定了城市土地立体化利用是当今迫切值得研究的问题，在世界各类相关城市实践的基础上，本书提出了宗地功能混合型、空间功能协同连通型、交通枢纽综合体型、城市片区立体开发型4种模式，并一一阐述了其各自的模式内涵、特点、建设途径（图2.22）。总体说来，本书寄希望于通过对土地利用实践模式的挖掘，为城市建设向着立体化、集约化、高效化模式演进提供路径参考。

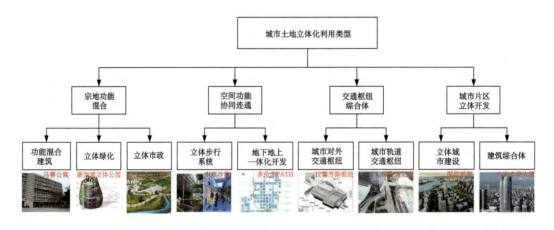

图2.22　城市土地立体化利用四种类型

1）宗地功能混合

宗地功能混合复合模式，是针对单一建设项目，通过建筑混合利用、地上地下综合开发等方式，提高宗地土地空间利用效率，提升用地效益的土地立体化利用实践模式，其特点在于推进独立建设项目的立体化混合利用。与过去用地性质和建筑功能划分清晰不同，其在立体化利用阶段，土地性质混合化的趋势越来越明显，一块用地可以同时包含地下仓储、地下交通、地面商业与各类城市基础和公共设施、中低层办公、中高层住宅、表面绿化的综合功能，概括起来就是多层级建筑功能综合化、点线面多维度绿色立体化、市政与公用服务一体化之"三化"。宗地功能混合复合有功能混合建筑、立体绿化、立体市政等多种表现形式。

功能混合建筑是在城市土地混合使用研究的背景下形成的，通过推进独栋建筑地上地下部分及建筑层与层之间功能混合的方式，赋予了建筑复合形态下的综合功能，促进了城市高效运营，城市空间使用效益得到了提高，城市空间环境也实现了改善。

立体绿化是一种在特殊空间的绿化形式，主要基于在各类建筑物和构筑物的立面、屋顶、地下和上部空间进行多层次、多功能的绿化和美化的手段，通过点线面多维度的绿化建设，打造绿色立体化，实现改善局地气候和生态服务功能、拓展城市绿化空间、美化城市景观的生态建设活动的目标（Anderson，2008）。全面推动城市绿化由平面绿化向立体绿化转型，充分利用不同的立地条件，选择攀缘植物及其他植物栽植，并依附或者铺贴于各种构筑物及其他空间结构上的绿化方式，包括立交桥、建筑墙面、坡面、河道堤岸、屋顶、门庭、花架、棚架、阳台、廊、柱、栅栏、枯树及各种假山与建筑设施上的绿化。

立体市政强调市政与公共服务一体化，在垂直上下空进行复合配置。国内首座大规模、全地下、零污染的深圳布吉污水处理厂，作为深圳四大垃圾综合处理环境园区之一的老虎坑环境园，位于深圳繁华市区的深圳经贸地下式变电所等项目，都是深圳市政设施地下化、土地立体化利用的典型代表，它们为我国市政设施，尤其是厌恶性市政设施在城市生活区的配置提供了参考与借鉴。

2）空间功能协同连通

空间功能协同连通模式，是针对较大面积建设项目，通过对地上、地下空间采取物理连通的方式，提高片区内要素流动效率，促进片区空间功能的协同衔接，增强空间服务功能的土地立体化利用实践模式。其特点在于推进较大面积片区建设项目的多层级立体化连通，从而有利于促进地下、地上空间开发一体化。

地面及地上部分空间的连通，主要通过公共平台、连廊及台阶互联来予以实现。建筑的底层或某一层采用开敞或半开敞的样式，通常建设成公共平台，平台连接不同建筑物、不同用地类型，平台上设有公园、娱乐场所等，从而将整个片区连接起来。平台还与人行天桥、地面交通及地下地铁相连，保证社区与城市周边交通连接起来，融为一体。

地下空间的连通，通常借助各类建筑物和构筑物，将地下空间自身及其与地上空间进行多层次、多功能的立体连通，注重强化地下交通系统与地上建筑物的一体化建设及同水平、垂直维度上外部的连接性，促进与地面、地上功能有机协调。

3）交通枢纽综合体

基于区域及城市重要交通节点，包括机场、铁路站、公路长途客运站与城市轨道站点等，结合地下商业、地下通道等，实施以交通节点为中心的综合开发建设，从而带动交通节点周边的发展，促进城市土地高效开发的土地立体化利用实践模式。其特点在于以交通功能为主导，主要以综合体形态推进交通枢纽及周边的土地立体化利用。其有城市对外综合交通枢纽综合体、城市轨道交通枢纽综合体等多种表现形式。

城市对外综合交通枢纽综合体主要有机场综合交通枢纽、铁路综合交通枢纽、公路综合交通枢纽 3 种独立形态及彼此间集成后的综合体。城市轨道交通枢纽综合体主要依托地铁建设，在地铁站点的上下空间及周边区域开展商业、居住、文化娱乐等活动空间的建设，从而形成不同形态的地铁综合体，以香港尤为典型。城市交通枢纽地区往往是城市土地利用的峰值地区,在城市交通枢纽建设的基础上，同时对枢纽地下、地面土地进行有效地开发和利用，构筑城市交通枢纽综合体，增加土地开发附加值，极大地拓展片区的土地立体化利用程度。

4）城市片区立体开发

片区综合立体发展模式，是针对大面积整片未开发土地，通过全面推进建筑综合体、建设生态廊道、推行立体化交通等方式，综合利用片区地下、地上空间，提高城市功能复合化、服务便捷化，构筑立体城市，打造新的城市增长极的土地立体化利用实践模式，其特点在于塑造城市核心片区立体城市形态。

长期以来，受传统功能分区规划的影响，城市土地利用通常是将不同的使用功能分开布置。例如，单纯的工业区、居住区、商业区、文教区等，其最大的弊端是忽视了城市是一个联系密切的有机整体，忽视了人与产业、生活与生产的相互融合，其结果是给人的生产生活带来不便、影响土地利用价值、降低资源配置效率。

2009 年 12 月，万通集团董事长冯仑在哥本哈根全球气候大会上提出"立体城市"的构想，该构想立刻成为公众和社会关注与思考的一个热点（冯仑，2013）。与传统的城市发展不同，立体城市采用竖向生长的方式，向高空寻发展。其基本模型如下：在 1km^2 的土地上，建筑约 600 万 m^2 的建筑，居住约 8 万人；同时，以核心产业医疗健康、立体农业和教育、研发为先导，几乎聚集所有的城市主要功能，实现居住人口中劳动力人口一半左右在城内就业。立体城市以"1+N"的模式，在都市核心区合理发展立体复合型现代城市功能，在周围田园区低密度发展生态农业，将"绿色、和谐、可持续、全能、科技"的观念融入其中，构成完善可持续的生态系统。立体城市只需要传统用地的 1/7，适度的密集，在节约土地的同时，意味着更多土地可用于优美的环境，也意味着拥有更有效率的城市，其将为工作、生活在这里的人们带来更多便利。一般城市发展的投资是 100 亿元/km^2，而立体城市则在 300 亿元/km^2 以上，且抛开更多就业和更多税收不论，根据测算，立体城市的区域发展引擎作用是传统城市发展模式的 6 倍以上。

参 考 文 献

阿尔弗雷德·马歇尔. 1964. 经济学原理. 朱志泰译. 北京: 商务印书馆
爱德华·威斯特. 1992. 论资本用于土地. 李宗正译. 北京: 商务印书馆
陈明星, 叶超, 付承伟. 2008. 国外城市蔓延研究进展. 城市问题, (4): 81-86
大卫·李嘉图. 2013. 政治经济学及赋税原理. 郭大力, 王亚南译. 北京: 商务印书馆
冯仑. 2013. 冯仑: 用立体城市实践新型城镇化. 中国房地产业, (7): 58-61
傅伯杰, 陈利顶, 马诚. 1997. 土地可持续利用评价的指标体系与方法. 自然资源学报, (2): 17-23
卡尔·马克思. 2009. 资本论. 郭大力, 王亚南译. 上海: 上海三联书店
刘皆谊. 2007. 日本地下街的崛起与发展经验探讨. 国际城市规划, 22(6): 47-52
刘彦随. 1999. 区域土地利用优化配置. 北京: 学苑出版社
马述林. 2009. 东京城市快速轨道交通发展模式及启示. 综合运输, (3): 78-84

牛文元. 2012. 可持续发展理论的内涵认知——纪念联合国里约环发大会20周年. 中国人口资源与环境, (5): 9-14

乔国华, 宋均梅. 2010. 土地集约利用理论内涵阐述. 合作经济与科技, (12): 22-24

陶志红. 2000. 城市土地集约利用几个基本问题的探讨. 中国土地科学, (5): 1-5

托马斯·罗伯特·马尔萨斯. 1962. 政治经济学原理. 厦门大学经济系翻译组译. 北京: 商务印书馆

托马斯·罗伯特·马尔萨斯. 1992. 人口原理. 朱泱, 胡企林, 朱和中译. 北京: 商务印书馆

威廉·配第. 2006. 赋税论. 邱霞, 原磊译. 北京: 华夏出版社

亚当·斯密. 2015. 国富论. 郭大力, 王亚南译. 北京: 商务印书馆

詹姆斯·安德森. 1777. 谷物法本质的研究: 关于为苏格兰提出的新谷物法案.

赵炳时. 1997. 美国城市标志性超高层建筑发展历程. 世界建筑, (2): 18-21

朱丽娜. 2013. 东京六本木新城, 超大型多功能城市现代服务业集合体. 国际市场, (4): 38-41

Anderson M R. 2008. Creating the ultimate greenwall. Buildings, 102(9): 96-98

Barkley D L, Henry M S, Kim Y. 1999. Industry agglomerations and employment change in non-metropolitan areas. Review of Urban & Regional Development Studies, 11(3): 168-186

Coleman T L. 1992. Three-dimensional modeling of an image-based GIS to aid land use planning. Geocarto International, 7(4): 47-53

Dieleman F, Wegener M. 2004. Compact city and urban sprawl. Built Environment, 30(4): 308-323

FAO. 1993. FESLM: an international framework for euluating sustainable land managemert. Rome: World Soil Resources Reports

FAO, UNEP. 1999. The future of our land: fcing the challenge. Guildlines for integrated planning for sustainable management of land resources. Rome: FAO

Hasse J E, Lathrop R G. 2003. Land resource impact indicators of urban sprawl. Applied Geography, 23(2-3): 159-175

Irwin E G, Bockstael N E. 2007. The evolution of urban sprawl: evidence of spatial heterogeneity and increasing land fragmentation. Proceedings of the National Academy of Sciences of the United States of America, 104(52): 20672-20677

IUCN, UNEP, WWF. 1980. World conservation strategy. Switzerland: IUCN

James Anderson. 1777. An enquiry into the nature of the corn-laws; with a view to the new corn-bill proposed for Scotland. Edinburgh: Mrs. Mundell.

Lau S S Y, Giridharan R, Ganesan S. 2005. Multiple and intensive land use: case studies in Hong Kong. Habitat International, 29(3): 527-546

May W, Mason C, Pinch S. 2001. Explaining industrial agglomeration: the case of the British high-fidelity industry. Geoforum, 32(3): 363-376

Nechyba T J, Walsh R P. 2004. Urban sprawl. Journal of Economic Perspectives, 18(4): 177-200

Ramieri E, Cogo V. 1998. Indicators of sustainable development for the city and the lagoon of venice. Ssrn Electronic Journal, 65(6): 1003-1016

West E. 2004. An essay on the application of capital to land. History of Economic Thought Books, 16(9): 2401-2406.

第3章 土地立体化利用调查与数据管理

3.1 土地空间调查现状总结

3.1.1 土地空间调查类型

土地资源调查涉及土地利用调查、地籍权属调查、地价与土地市场调查三大类调查（黄亮和姜栋，2009；李冬梅等，2015），其是从地用、地籍、地价 3 个方面分别组织的系列调查。除此之外，还有基础测绘调查、地理国情普查等。以深圳市为例，土地空间相关调查体系如图 3.1 所示，其中土地利用调查包括土地变更调查、城市建设用地现状更新调查、卫片执法检查、储备土地调查、基本农田调查，基础测绘调查包括地形图修补测、建筑物普查及更新调查、竣工测量、地名普查、地下管线修补测。

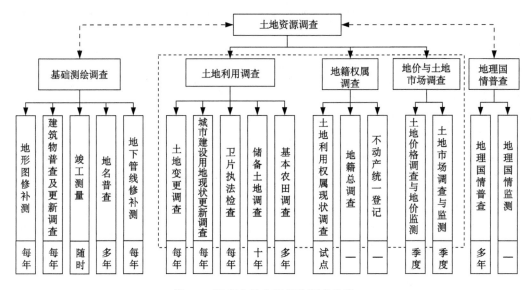

图 3.1　现有土地空间相关调查分类

从任务来源、调查对象、调查目的、调查周期等方面，对土地变更调查、城市建设用地现状更新调查、卫片执法检查、建筑物普查及更新调查、地形图修补测、地名普查、地籍总调查、地理国情普查等几种主要的土地空间相关调查进行分析。各类调查项目开展的背景不同，土地变更调查、卫片执法检查、地名普查、地理国情普查是按照国家相关要求开展的，其他各类调查则是为满足城市发展及规划土地管理需要自发组织开展的。调查周期有每年一次，也有多年一次。调查目的有的是掌握变化情况，有的是清查总体情况（表 3.1）。

表 3.1　现有土地空间相关调查基本情况分析

调查名称	任务来源	调查对象	调查目的	周期
土地变更调查	国土资源部	土地的地类和方位	掌握变化，更新数据	每年
城市建设用地现状更新调查	业务需要	城市建设用地现状	掌握变化，更新数据	每年
卫片执法检查	国土资源部	违法用地行为	发现、查处违法行为	每年
建筑物普查及更新调查	业务需要	建筑物与公共设施	掌握变化，更新数据	每年
地形图修补测	业务需要	地形图、地下管线	掌握变化，更新数据	每年
地名普查	民政部	地名	清查全市地名状况	每年
地籍总调查	业务需要	地籍	掌握全市地籍状况	每年
地理国情普查	国家测绘局	地表自然和人文地理要素	掌握地理国情信息	每年

归纳来看，各种调查的开展相对独立，调查对象、目的、时间安排等各有所异。各项调查成果独立性较强，与其他成果缺少衔接，存在偏差甚至矛盾、冲突等问题。有必要开展面向城市土地空间立体化利用管理的土地资源综合调查，将多种有联系的调查有机结合，形成面向城市土地空间的综合调查技术体系。

3.1.2　土地空间调查技术方法

从早期的人工实地考察、制图、编制调查程序，到人工和低级技术手段的综合运用，再到现在遥感技术、卫星定位技术、地理信息系统等高科技在获取与处理土地利用信息、地籍测量、土地数据管理等方面的全面应用（叶公强和陆红生，1988；Edelenbos et al.，1998），土地空间调查技术方法发展迅速。目前，已初步建立以 3S[①]技术为主体的土地调查与监测的技术体系（樊淑琴和游江南，2007；田春来和张盈，2008；赵永景和刘洋，2015），利用遥感影像直接或间接（经过全数字摄影测量处理）进行野外调绘，再将调绘的成果数字化后导入 GIS 中或在 GIS 软件平台上直接数字化到数据库中。在监测应用上，利用遥感手段主动快速地发现变化区域，应用差分 GPS 技术精确获取土地利用变化的数量和性质，利用 GIS 管理土地利用的图形数据和属性数据（如土地利用类型、权属、图斑号等）（图 3.2）。

除 3S 技术以外，能够支撑土地调查的技术还包括计算机技术、模拟计算技术、空间定位技术、信息网络技术、数据库系统技术等。随着云计算、物联网、大数据等新一代信息技术的兴起，物联网技术将为土地资源的实时监测提供了可能，云计算技术和大数据技术为土地资源数据的高效处理提供了技术支撑。当前兼顾数量、质量、生态的土地资源综合调查与综合监测将成为发展的主要方向，这对土地调查与监测的技术手段提出了更高的要求。

---

① 3S 即遥感（RS）、地理信息系统（GIS）、全球定位系统（GPS）。

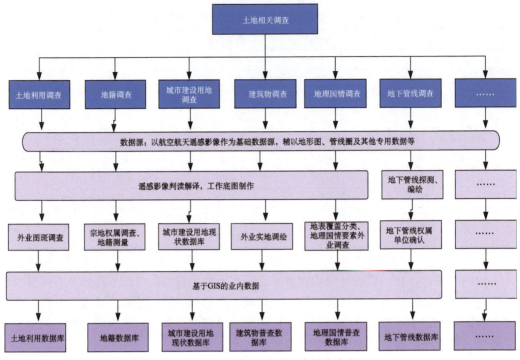

图 3.2　土地相关调查的调查技术流程

3.1.3　土地空间调查标准规范

经过多年的探索总结，已形成了一系列土地调查标准规范，包括数据获取与处理、数据管理与维护、数据应用与服务（表 3.2）。这些标准有助于将分散生产的土地基础数据以统一的数据结构整合起来，对于构建土地信息综合数据库、服务于各类土地资源业务需求是非常重要的，也是构建土地立体化利用数据库的基础。

表 3.2　制度资源数据相关标准规范

类型	法规制度	标准规范
土地基础数据获取与处理	土地基础数据变更（更新）管理办法	土地基本术语（GB/T 19231—2003）
		土地利用现状分类（GB/T 21010—2007）
		第二次全国土地大调查技术规程（TD/T 1014—2007）
		第二次全国土地调查基本农田调查技术规程（TD/T 1017—2008）
		土地利用动态遥感监测规程（TD/T 1010—1999）
		航空遥感摄影技术规程（DZ/T 0203—1999）
		地籍调查规程（TD/T 1001—2012）
		土地勘测定界规程（TD/T 1008—2007）
		城市地价动态监测技术规范（TD/T 1009—2007）
		城镇土地分等定级规程（GB/T 18507—2001）
		城镇土地估价规程（GB/T 18508—2001）
		农用地分等规程（TD/T 1004—2003）
		农用地定级规程（TD/T 1005—2003）
		市（地）级土地利用总体规划编制规程（TD/T 1023—2010）
		县级土地利用总体规划编制规程（TD/T 1024—2010）

类型	法规制度	标准规范
土地基础数据管理与维护	土地基础数据成果检查验收规定 土地基础数据备案与成果汇交办法 土地基础数据管理规定 土地基础数据安全保密规定	国土资源信息核心元数据标准（TD/T 1016—2003） 土地利用数据库标准（TD/T 1016—2007） 县（市）级土地利用数据库建设规范 土地利用动态遥感监测数据库标准 城镇地籍数据库标准（TD/T 1015—2007） 城镇地籍数据库建设规范 城市土地分等定级估价数据库标准 农用地分等定级数据库标准 县（市）级土地利用规划数据库标准 基本农田数据库标准（TD/T 1019—2009） 市（地）土地利用总体规划数据库标准（TD/T 1026—2010） 县级土地利用总体规划数据库标准（TD/T 1027—2010） 第二次全国土地调查数据库建设技术规范 国土资源数据库整合技术要求（金土工程试行） 第二次全国土地调查数据库更新标准及技术规范（试行）
土地基础数据应用与服务	土地基础数据共享与服务管理办法 土地基础数据发布管理办法	网络地图服务（web map service, WMS） 网络要素服务（web feature service, WFS） 网络处理服务（web processing service, WPS） 网络目录服务（catalog service for web, CSW）

3.2 土地立体化利用数据情况

3.2.1 数据特征

基于土地立体化利用在垂直方向上产权主体多元化和地表、地上、地下空间分层开发的特征，土地立体化利用调查不仅需要对地形地貌、地上地下人工建（构）筑物、管线、地质体等进行三维表达，反映三维对象的空间位置、几何形态及空间关系，还需要对土地立体化利用的三维权属、地上地下产权的统一登记等进行三维表达。因此，土地立体化利用调查涉及地上地下广泛、综合、复杂的数据内容，且变化迅速，土地立体化利用调查数据具有多维性、多源性、时空性、类型多样性、空间拓扑特征、关联性与层次性等特点。具体来讲，土地立体化利用调查数据的核心特征主要表现在以下几个方面。

（1）空间立体性，即基于三维空间视角的数据，具有三维特征；

（2）多源性，即数据来源丰富，涉及地面、地上、地下多类空间对象，涉及建筑物、构筑物、人文经济要素等多个载体等；

（3）时空变化性，即因城市建设发展进程加快，导致时空变化频率快；

（4）密集复杂性，即城市土地资源紧缺的约束，以及土地分层立体化使用的现状，使土地立体化利用数据出现某一空间内多源异构数据信息的密集压盖叠加和复杂多样性；

（5）紧密关联性，即不同类别的土地立体化利用数据之间的关联性和耦合性强，蝴蝶效应明显。

3.2.2 数据类型

根据土地立体化利用数据的属性特征，可将其划分为空间特征数据、专题属性特征数据和时间特征数据。空间特征数据是主要记录地理实体、地理要素或地理过程等产生、存在、发展的地理位置、空间边界、空间联系等内容的数据，包括几何数据和关系数据等类型。几何数据描述空间对象的几何位置特征，一般用经纬度或坐标表达；关系数据描述空间对象的空间关系，如包含、邻接等拓扑关系。专题属性特征数据描述地理实体所具有的属性信息，如地形地貌、土壤类型、人口密度等，通常以数字、文本、图像等形式表示。时间特征数据则记录地理实体的时间变化或数据采集时间等内容。

根据土地立体化利用数据的表示对象，可将其划分为类型数据、面域数据、网络数据、样本数据、曲面数据、文本数据、符号数据等（黄杏元和马劲松，2008）。类型数据，如考古地点、土壤类型分布等；面域数据，如行政区划、建筑普查等多边形数据；网络数据，如道路网等网状数据；样本数据指气象台站数据、野外采样数据等；曲面数据，如高程点、等高线等；文本数据主要指地名、道路名称等标注；符号数据，如点状符号、线状符号等。

从数据的空间特征上看，土地立体化利用数据包含用于描述地表状况的二维平面数据，但不局限于平面，而是向垂直空间延伸，体现出发展三维几何数据，以精确表达三维空间地物的需求；从数据获取来源上看，除遥感影像数据、测绘数据等以外，随着新技术的发展，产生了如新型对地观测数据（LiDAR、InSAR 等）、视频数据、建筑信息模型（BIM）数据等类型；从数据的空间位置来看，包括地上、地下、地表空间数据，如地下管线数据、地下构筑物数据、立体绿化数据、建筑三维模型等。

从土地立体化利用管理的业务流程角度，其数据可划分为基础层、调查层、规划层、业务层和专题层 5 个层次。其中，基础层主要包括基础地理信息和城市三维模型两类数据，基础地理信息数据包括数字线划图（DLG）数据、数字高程模型（DEM）数据、数字正摄影像（DOM）数据、数字栅格图（DRG）数据等，城市三维模型包括手工建立的城市三维模型数据、采用倾斜摄影等新技术自动建立的三维建模数据。调查层主要包括土地调查、建筑调查、地名调查、管线调查等现状调查数据。规划层主要包括社会发展规划、土地规划、城市规划和专项规划等。业务层主要包括规划管理业务、土地管理业务和房产管理业务。其中，规划管理业务主要包括规划编制、审批和调整数据；土地管理业务包括土地"批、供、用、补、查"等业务中产生的各种业务数据，以及土地审批数据、土地交易数据、土地登记数据、土地储备整备数据、土地执法监察数据等业务数据；房产管理业务主要是指房地产权登记、市场及行业管理数据。专题层主要是指辅助土地利用评价的其他数据，包括社会经济专题数据、生态环境专题数据、人口法人数据等行业专题数据（图 3.3）。

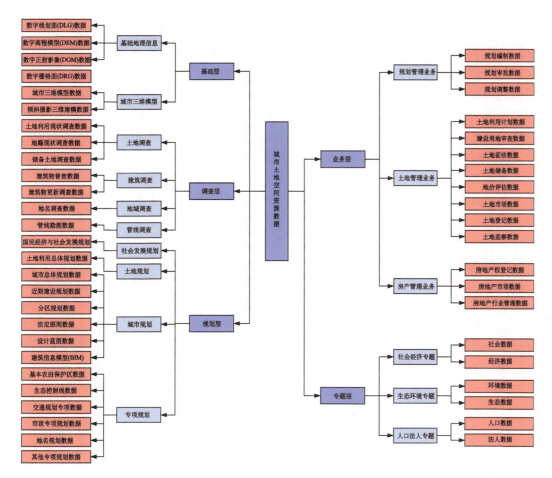

图 3.3　面向城市土地立体化利用的土地空间资源数据分类

3.3　土地立体化利用调查思路

3.3.1　从平面调查到空间调查

1）必要性

土地立体化利用的对象是地表、地上和地下的土地立体空间，需要适用于土地立体化管理的立体空间数据支撑。传统的土地资源平面调查技术一般采用遥感、测绘等摄影测量技术获取空间数据，以统计调查等形式获取土地的属性信息（Lin and Ho，2003）。其应用在土地立体化利用管理中会产生以下问题。

一是传统的土地资源信息获取技术一般仅适用于平面土地信息，难以获取包含地上与地下空间的土地立体化利用的空间数据，无法满足土地立体化管理的应用需求。当前土地空间信息获取主要依赖于遥感、测绘等传统对地观测手段，其服务于二维平面管理，三维空间信息采集技术研究发展尚不成熟。另外，土地立体化利用的典型特征之一是建筑内部的混合利用，当前土地利用调查技术主要调查地物表面的属性信息，少有针对建筑等空间体内部的调查方法，因此难以支撑土地立体化利用精细化的管理方式。

二是缺少适用于土地立体化管理的土地空间资源信息表达方式。现阶段土地资源管理对象主要面向地表平面资源，而地理信息表达和分析技术也以对土地平面的位置、关系及状态等信息处理为主，大多是以平面地图分层管理，叠加显示及分析的方式呈现。而在土地立体化利用管理过程中，需要对三维立体空间对象进行精细化管理，因此需要三维透视化的土地立体空间资源表达及分析技术进行支撑。以地籍管理为例，现行的二维地籍管理技术将三维空间体以投影方式映射为二维平面，通过记录二维图形，表达地物的平面范围及位置。而在土地立体化利用管理过程中，由于宗地地上、地表、地下分层开发形成多个独立的三维产权体，打破了土地空间在垂直方向上的"唯一性"，二维地籍无法准确描述产权体的空间位置等信息，也难以采用平面地理信息技术分析和处理产权体的三维空间关系。

三是土地资源信息调查机制问题。当前的土地资源平面调查体系是在明确调查目标的基础上，由相应的管理部门开展土地资源专项信息调查，国土资源管理、市政交通、城市规划等部门调查目标繁多，导致大量平面专题数据产生，而这些数据又有各自的分类标准、存储格式等，难以进行统一表达和分析。在土地立体化利用管理过程中，需要新型土地资源调查技术提供高精度、全方位的立体空间资源信息，也需要各部门共同协作，建立土地立体化利用联动调查机制，实现土地空间资源的综合调查与统一管理。

2）基本思路

为适应土地立体化利用管理需要，提出土地立体化利用调查思路，实现土地平面信息调查向土地空间信息调查转变。其主要包括调查内容由地表、地上、地下分项调查、分专题管理向综合调查与统一管理转变，调查方法由基于定点定位的平面测绘扫描等向三维扫描与探测等转变，表达方法由二维地图分类分层表达向三维立体透视等转变。

为实现上述目标，需要构建土地空间综合调查机制，探索土地立体化利用调查技术。其主要包括探索土地空间数据的融合技术，以实现地上、地表、地下多源异构数据的集成与统一表达；探索基于语义的数据关联技术，以实现非空间数据与空间数据的关联；探索三维仿真技术及其与 BIM 技术的集成，研究其与现行土地空间数据的关联技术，以实现土地空间数据的三维表达；探索土地立体化利用数据的三维获取技术，如立体探测等，最终从源头实现土地空间数据的三维获取与表达（图 3.4）。

3.3.2 土地空间综合调查体系与机制

现有土地各项调查独立开展，规范标准不一，导致各项调查成果独立性较强，与其他成果缺少衔接，存在偏差甚至矛盾、冲突，影响了数据成果的有效性和权威性，难以发挥作用。因此，需把多种内容有联系的土地调查有机结合，并协调土地调查与其他调查，如水利调查、住房调查、人口普查、经济普查之间的关系，建立土地立体化利用综合调查机制，构建土地立体化利用综合调查技术体系。

土地立体化利用综合调查技术体系框架如图 3.5 所示。在土地空间综合调查技术手段上，将综合运用空间、空中、地面、地下四位一体的测绘调查技术手段和基于物联网、移动互联的传感网，实时感知调查技术手段，实现空天地一体化的测绘调查技术与实时

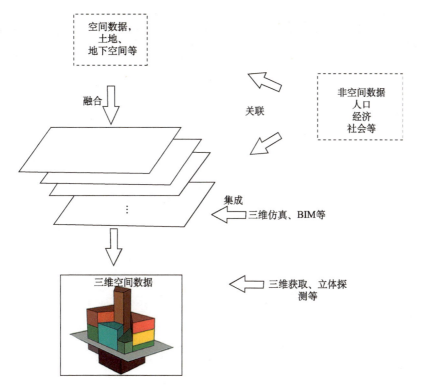

图 3.4   土地立体化利用调查基本思路

感知的传感器感知技术有机结合，为土地立体化利用综合调查提供全方位的调查手段。在土地立体化利用综合调查内容上，以基础测绘调查为基础，重点实现以土地权籍调查、土地利用调查等为核心的土地资源调查，获取地上地下空间专题数据，并与生态调查、经济调查等其他专题调查建立有机联系，形成城市土地立体化利用综合调查内容体系。

通过建立土地立体化利用联动综合调查机制，形成土地立体化利用联动综合调查制度和规范，通过多种内容有联系调查的有机结合，统一调查统计口径，逐步梳理土地调查与其他多层次专题调查，如住房调查、人口普查、地下空间普查之间的关系，从而能够最大限度地避免调查内容交叉、多头管理，提高调查效率，降低调查成本，对于土地立体化利用管理多尺度、大数据的数据需求具有重要意义。

具体来讲，土地立体化利用联动综合调查机制是面向城市土地立体化利用综合调查的需求，针对土地变更调查、土地权属调查、城市建设用地现状调查等相关土地调查，建立土地综合调查的整合机制，通过统一调查内容、统一调查规范、统一调查队伍等建立土地立体化利用综合调查的工作机制，通过统一的数据标准建立土地空间资源调查数据库，并建立不同调查数据的空间关联，最终实现土地立体化利用分析评价等各种应用所需的土地立体化利用现状图、三维产权图等各类成果数据的生产（图 3.6）。

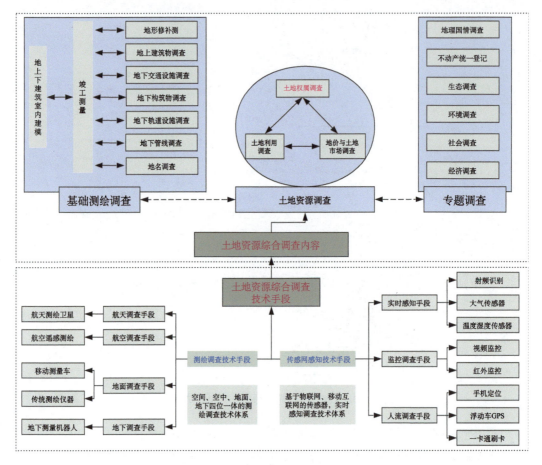

图 3.5 土地立体化利用综合调查技术体系框架

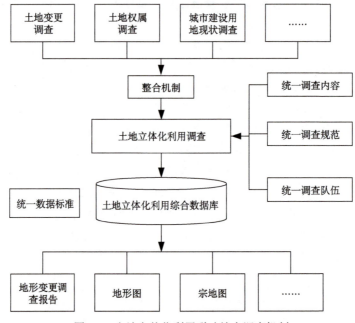

图 3.6 土地立体化利用联动综合调查机制

3.4　土地立体化利用数据集成

土地立体化利用数据集成是土地立体化利用调查的重要环节，将各类土地空间资源数据通过各类处理集成到统一的平台框架下，为开展土地立体化利用数据表达及空间分析提供平台支撑。土地立体化利用数据集成主要包括数据处理及框架构建。首先，数据集成是数据分类分级、数据模型和空间基准的统一技术；其次，通过数据集成的常用方法，将不同来源的空间数据转入到统一的平台上，这些常用的集成方法包括格式转换、数据互操作、数据直接访问和基于本体的数据集成。

3.4.1　数据一致性统一技术

土地空间资源数据之间普遍存在着多种数据不一致的问题，包括坐标基准不一致、表达尺度不一致、空间拓扑关系不一致及语义不一致等。对于相同业务类型数据之间存在的不一致，主要通过基准转换、尺度转换、拓扑一致等方法来消除；对于不同业务类型数据之间存在的不一致，主要使用对象匹配、语义映射等方法处理。

1）基准转换

基准转换具体涉及大地坐标转换、高程转换及投影转换。空间基准分为平面基准和高程基准。在深圳地区，平面以深圳地方局部坐标系为基准，高程以黄海高程系为基准。卫片违法用地一般是利用卫星影像，基于 WGS84 地心球面坐标，要统一到深圳地方局部平面坐标，就会涉及大地坐标转换（如布尔莎七参数转换）和投影转换。地下管线的埋深对于城市地下空间的继续开发利用至关重要，其他高程系统一到黄海高程系的高程转换一般只是简单地加常数（图 3.7）。

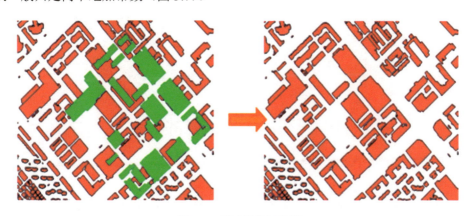

图 3.7　基准转换示意图

2）尺度转换

不同的土地资源调查目的通常基于不同的空间和时间尺度。例如，建筑竣工测量图和地形图之间存在空间尺度不一致，建筑物土地空间资源的调查数据时间尺度主要包括年、月、周及天。以调查更新周期为依据，尤其是以土地权属数据调查更新周期为土地空间资源的调查数据时间尺度整合的基准。土地空间资源的调查数据空间尺度主要包括城市、区、街道及宗地。以宗地为整合最小尺度、城市为最大尺度进行多空间尺度土地空间资源调查数据整合。

3）拓扑一致

由于缺乏合理的建模方式和有效的检查方法，拓扑不一致问题时有发生。以下举例说明现有的拓扑不一致，以及经过拓扑一致性处理后的结果。

不同年度建筑物普查数据存在范围不一致问题的处理结果如图 3.8 所示。

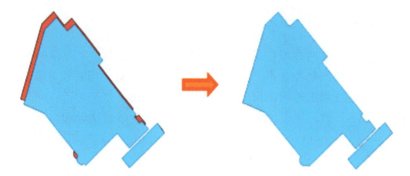

图 3.8 不同年度建筑物普查数据存在范围不一致整合示意图

地籍权属数据存在两块宗地有重叠区域问题的处理结果如图 3.9 所示。

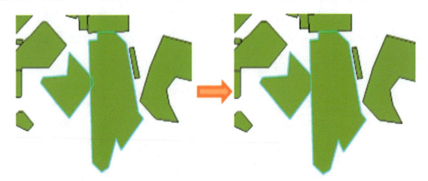

图 3.9 两个宗地存在重叠区域整合示意图

地籍数据存在宗地大小不一致问题的处理结果如图 3.10 所示。

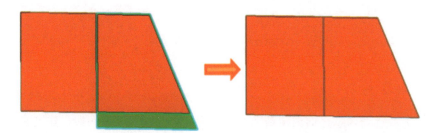

图 3.10 地籍数据宗地大小不一致问题的整合示意图

3.4.2　数据集成框架

针对不同异构数据集成模式的实际应用，集成框架归纳起来可以分为以下 3 种：基于数据格式转换模式的集成框架、基于数据直接访问模式的集成框架和基于数据互操作模式的集成框架。

1. 基于数据格式转换模式的集成框架

数据格式转换模式是把其他数据格式的数据通过数据转换程序转换为系统的数据格式，并复制到当前系统的数据库或文件中（图 3.11）。

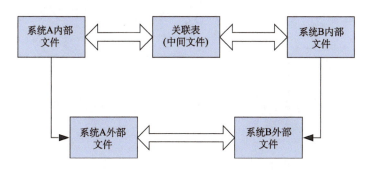

图 3.11　基于数据格式转换模式的集成框架

其主要体现在以下两个方面。

（1）系统内部文件格式的转换，主要表现为数据结构的转换，通常使用关联表建立字段关联的方式或者通过建立中间文件进行二次转换的方式；

（2）系统外部数据文件的交互，主要表现为数据属性的交互，通常是通过直接转换方式或者使用 XML 建立外部文件的对应关系的方式。

2. 基于数据直接访问模式的集成框架

一个应用系统集成多个空间数据格式时，需要开发一个支持这类数据格式的空间数据引擎，并通过这类数据接口实现异构地图数据的集成访问。其可分为以下 3 个部分。

（1）数据层，包括空间数据、属性数据、元数据等。它们必须是明码格式的数据文件，明码格式是指它们的空间数据结构必须是公开的。

（2）数据引擎层，包括对应数据格式的访问接口（interface）与该数据格式的操作方法（method）。它是基于二次开发语言构建的，在实际应用中，只需要应用系统加载对应的空间数据接口，就能集成相关的空间数据信息。

（3）应用系统层，对应不同的应用系统环境。应用系统根据自己的需求有针对性地开发并加载对应数据格式的数据引擎，数据集成方式具有一定的灵活性。

3. 基于数据互操作模式的集成框架

数据互操作模式是指在一个 GIS 系统中，通常基于统一的空间数据交互规范（如 OGC 的 WMS、WFS、WMTS 等），通过构建公共数据接口的方式，支持多种格式空间数据的数据交互，实现多源异构地图数据的共享与集成。其数据集成框架如图 3.12 所示。

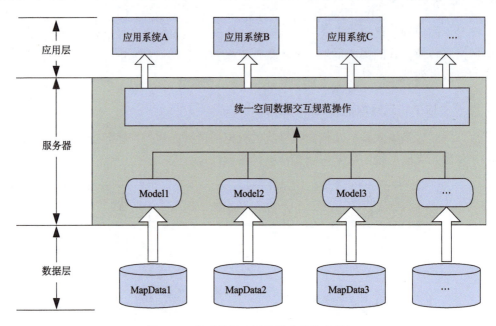

图 3.12 基于数据互操作模式的集成框架

基于数据交互模式的集成框架可以分为数据层，服务层和应用层。

（1）数据层是分布式存储于不同地图数据服务商的服务器上的异构地图数据源；

（2）服务层是基于异构地图数据建立起来的数据模型和操作这些数据模型的统一数据交互规范；

（3）应用系是这些空间数据需要进行集成的系统环境，通常是浏览器，也可以是应用系统软件。

3.4.3 多源土地空间资源数据的三维集成

基于多源异构土地空间数据多层次的整合，将土地利用现状数据、土地权属数据、建筑物普查数据等各种土地空间数据进行一致性统一、关联关系构建之后，将不同类型数据集成在统一的三维场景中可视化表达（王丽丽等，2009）。首先，通过基准转换、尺度转换、拓扑一致等方法来消除不通过数据之间的不一致性；然后，通过增强数据关联性挖掘数据间的关联关系，服务于更高层次的数据分析；最后，在统一的三维 GIS 场景中进行地上地下城市土地立体化利用数据的一体化可视化表达（图 3.13）。

土地立体化利用涉及了地上地下空间的立体开发，精细程度高，包括几何、物理、规则等丰富的建筑空间和语义信息的 BIM 成为重要的数据源之一。将 BIM 与 GIS 进行集成，并通过 GIS 实现 BIM 数据与土地空间数据的集成，从而为土地立体化利用的土地数据和建筑模型数据的集成分析提供技术支撑（李晓明等，2016；汤圣君等，2014）。首先，通过基础数据格式转换技术，将 BIM 实体三维模型转换为三维表面模型，提取丰富的语义信息，以及 BIM 模型内部要素间相互关联关系，同时基于语义信息实现复杂三维模型的简化。然后，分析 BIM 局部多时空基础参考系和 GIS 世界坐标系统的特征与区别，将局部坐标系下的 BIM 三维模型批量转换到对应地形、影像地理坐标系统中。最后，通过宗地号与建筑编码，对三维建筑模型与土地数据建立关联关系，并建立三维建筑模型室内部件与立体化利用权属关联关系，实现 GIS 三维建筑模型与土地数据的整合集成（图3.14）。

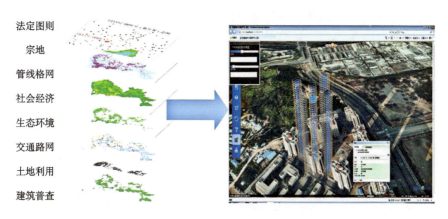

图 3.13　多源数据统一表达技术

图 3.14　BIM+GIS 的统一表达技术图

3.5　基于语义的数据关联技术

3.5.1　土地空间数据语义时空数据模型

面向土地立体化利用及地上地下土地时空对象的一体化表达需求，分析多源土地空间数据在模型、尺度、坐标系、格式等方面的异同点，在土地空间对象的权属关系和语义关系方面扩展和完善 LADM 标准和 CityGML 标准，并在综合分析土地空间数据的对象类型及其应用特性的基础上，从概念层次提出了一种多源土地空间数据集成建模的统一表示模型。

该数据模型由 3 个层次组成：几何层、权属层和语义层，如图 3.15 所示。其中，权属层反映了各种产权体与产权主体之间的多种权属关系，因此是整个集成表示模型的纽带；三维空间几何对象模型作为几何层，完整地涵盖了三维空间中多个维度的土地空间对象的表达，是各种产权体对象能够统一几何表示的基础；在几何层与权属的基础上，基于 OGC 标准模型 CityGML 扩展定义了土地空间和建构筑物两种专题语义信息模型。通过将专题语义和土地空间对象的拓扑关系与三维对象直接映射，可以使得基于该数据模型能够实现各类空间语义和空间关系的查询，进而支持立体土地空间分析应用。

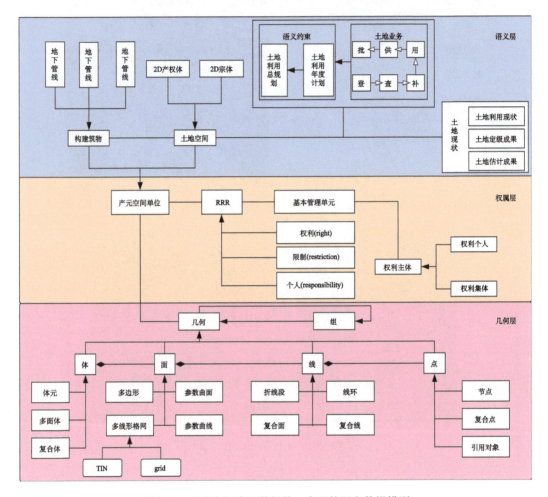

图 3.15　土地空间资源数据统一表示的语义数据模型

1）几何层

几何层包括点、线、面、体等类型，多个子几何对象聚合为一个组。点类包括多种类型的顶点，如表达空间位置的点，以及表达空间位置及材质等属性的点；也可以表达抽象意义上的点对象。线类由顶点索引构成，包括几何模型中的边及抽象意义上的面对象，泛化为折线、线环、参数化曲线和组合线 4 类。面类是由顶点所构成的边界组成，可表示几何模型中的面及抽象意义上的面对象，泛化为平面多边形/三角形、多边形/三角形格网、参数曲面和组合面六大类。体类泛化为体元、实体和组合体三大类。组类实现了相关层面的每个原始类型的递归聚合模式。

2）权属层

权属层以 ISO／TC211 提出的土地管理领域模型（land administration domain model, LADM）为概念模型，从人地关系的基本点出发，由权利人、空间单元、土地权利构成核心的登记框架，是涵盖土地管理领域基本信息的一个参考概念模型。

3）语义层

语义层包含土地空间、建筑物、道路网及地下管线等多个专题语义。土地空间专题包括二维（2D）宗地和三维（3D）产权体，发展三维（3D）地籍的同时兼容二维（2D）地籍。

土地空间数据具有多态属性的特点，包括资源属性、资产属性、生态属性、工程属性、社会属性、权籍属性等。在土地立体化利用管理技术研究中，有必要从语义内涵的角度，深入挖掘探索土地空间资源的位置、数量、权属、规模、模式、布局、质量、功能、类别等多态属性数据的语义内涵和表达要素，探索可描述多态属性数据基本特征的语义模型和表达方法，实现对多态属性数据的基本统一表达。

3.5.2　土地空间数据地址树构建技术

土地空间数据统一表达技术的构建过程可以表述为构建一棵逻辑意义上层次结构的地址树（图 3.16）。树的节点对应实际地理空间中的地理实体，节点之间的关系表述空间实体之间的关系。地址树的上层节点表示城市的行政区划单位、中层节点表示城市的各个功能单元，最下层节点具体对应数字城市空间目标体系中一栋建筑或者一个居民户。地址树构建主体过程包括两个部分：中文地址分词算法和地址树构建算法。

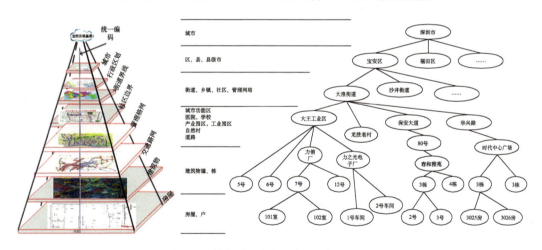

图 3.16　数字城市空间目标体系与地址树

1）中文地址分词算法

分词方法适用于大量地址数据的自动化分词，相对于基于词库匹配的分词方法，其不依赖人为构建标准地址库，在分词效率上具有高效快捷的特点，同时可以保证很好的分词效果，完整保留地址要素的名词。另外，其可以根据全部地址数据的特征信息自动得到该地址集中包含的地址模型要素，以及相关要素之间的空间约束关系，有效避免地址模型要素遗漏及约束关系导致的分词错误情况。

分词方法主要包括以下步骤：①通过统计学方法提取词的特征值，选取一个或多个特征值作为分词参考；②针对每一个特征值分别设计分词算法，根据算法对地址进行分词处理，得到地址分词结果集合；③对于多个分词结果集合的情况，设计合并算法求解最优分词结果；④对于分词不足及分词过度两种情况，设计算法完善分词效果；⑤提取分词结果，利用地址要素完善初步分词结果，得到最终分词结果。

2）地址树构建算法

该算法用于处理大量非标准结构化的地址数据，将其构建成以层次化树形结构存储的地址树。该树的节点代表实际地址数据中具有实际地理意义的实体，节点的父子关系表达了地理空间实体在空间中的上下级关系（大小关系）。该技术是一种全自动化方法，可服务于地址编码技术。同时，该地址树也可用于生成标准地址库。

中文地址层次结构树构建技术主要包括以下步骤：①根据原始地址数据构建初始地址树；②将树每层节点按照节点名称的第一个字符的英文字母进行升序排列；③利用正向最大字数匹配方法提取层次节点同名的部分，并将其作为新的节点更新树结构；④遍历树，统计地理实体要素之间的层次关系，生成地址要素关系表；⑤构建地址树节点名称索引；⑥根据地址要素关系表，矫正地址要素层次关系错误情况；⑦处理重名节点之间错误的上下层次关系。

地址树构建技术方法可以快速根据分词地址要素的约束关系自动构建带有空间层次关系的地址要素结构树，可用于生成标准地址库，进而避免人为构建标准地址库，具有快速、准确的特点。

3.5.3　中文地址匹配技术

中文地址匹配将待匹配地址与之前构建的地址树进行比较，主要通过负向匹配方式将地址对应到地址树上的节点，从而实现将待匹配地址转换到空间目标体系当中。

其具体算法流程包括以下步骤。

（1）对待匹配地址进行数据清洗及预处理，主要包括去除多余的标点，转换中文字符的半角全角格式等；

（2）利用地址模型的特征名称对待匹配地址进行初步地址分词处理；

（3）根据地址模型的关系，对分割后的待匹配数据进行验证，纠正地址要素的模型关系问题；

（4）采用负向匹配算法，优先从分割出来的地址要素集合的右侧开始，依次将地址要素名称与地址树进行全局的精确查找，将每一个地址要素对应查找到的地址树节点组成一个节点名称的集合，然后根据验证节点之间的层次关系，得到一条与原始带匹配地址符合度最高的地址路径；

（5）若步骤（4）未找到符合条件的地址，则根据原始地址树的统计特征值，推测待匹配地址可能的分词组合，继续步骤（4）算法，直到结束。

参 考 文 献

樊淑琴, 游江南. 2007. 浅析 3S 技术与第二次全国土地调查工作. 华北国土资源, (4): 60-61

黄亮, 姜栋. 2009. 城乡一体化土地调查理论与方法初探. 国土资源科技管理, 26(6): 79-83

黄杏元, 马劲松. 2008. 地理信息系统概论. 北京: 高等教育出版社

李冬梅, 王冬艳, 张树文, 等. 2015. 以土地整治视角的联合都市区农村居民点空间格局分析. 地球信息
科学学报, 17(8): 945-953

李晓明, 王伟玺, 郭晗, 等. 2016. 集成建筑信息模型的建筑报建核查系统. 测绘科学, 41(6): 148-152

汤圣君, 朱庆, 赵君峤. 2014. BIM 与 GIS 数据集成: IFC 与 CityGML 建筑几何语义信息互操作技术. 土
木建筑工程信息技术, 6(4): 11-17

田春来, 张盈. 2008. 遥感技术用于土地更新调查的研究. 测绘与空间地理信息, 31(4): 74-76

王丽丽, 余代俊, 白铁勇. 2009. 基于 RS 和 GIS 土地利用现状调查. 地理空间信息, 7(6): 94-97

叶公强, 陆红生. 1988. 土地调查与评价. 南京: 江苏科学技术出版社

赵永景, 刘洋. 2015. 3S 技术在土地利用空间动态监测的运用. 精品, (8): 68-69

Edelenbos J, Monnikhof R, Haasnoot J, et al. 1998. Strategic study onthe utilization on underground space in
the Netherlands. Tunneling and Underground Space Technology, 13(2): 159-165

Lin G C S, Ho S P S. 2003. China's land resources and land-use change: insights from the 1996 land survey.
Land Use Policy, 20(2): 87-107

Okpala D C. 1996. State of national land survey and large-scale mapping. Land Use Policy, 13(4): 317-323

第4章 土地立体化利用评价

4.1 基 本 思 路

4.1.1 研究进展

土地评价是合理利用土地资源的基础。20世纪70年代之前，土地评价主要关注土地的自然属性，如土地潜力评价（马素兰，1989）、土地适宜性评价（严兵，1989）等；80年代之后，逐渐向土地的综合属性转变，开展土地质量评价、建设用地集约利用评价（赵小风等，2010）、土地可持续利用评价（尹君，2001）等研究。在评价方法上，层次分析法（赵亚辉等，2008）、主成分分析法、多因素综合评价法（孟鹏等，2014）等应用较多，有些学者尝试采用人工神经网络（高娟等，2014）、物元分析法、"压力-状态-响应"模型（郭旭东等，2005）等进行研究，土地评价逐渐从"定性评价"向"定量化、精确化、动态化"发展。总体而言，现行土地评价主要关注的是如何诠释土地平面组织形态及社会经济要素的聚集特征等，多是以科学引导土地利用的平面布局为目标。

随着土地立体化利用的出现，部分学者尝试开展面向地上及地下空间立体开发的评价研究。张彦（2014）以改善城市交通、集约利用城市土地、优化城市环境等为目标，针对城市高架桥下立体空间利用的适宜性进行评价。王海刚等（2011）利用GIS技术，采用定量评价、定性评价相结合的评估方法，构建评价系统，开展房山新城地下空间资源综合质量分区评价。夏方舟等（2014）引入数字立体空间潜力模型（DSSPM），构建基于山水视野约束的立体空间开发潜力的评价模型，研究数字立体空间潜力表面，形成立体空间分布等值线和立体潜力三维效果图。此外，部分学者[①]在地下空间价格评估及立体空间区位收益测算等领域也开展定性及定量研究（唐焱和杨伟洪，2012）。在评价指标方面，Edelenbos等（1998）提出面向地下空间开发适宜性的评价指标体系，包括投资、内外部安全性、对居民和环境的影响等。Hulme和Zhao（1999）选取地质、水文、环境、心理、经济社会发展等评价指标，对新加坡的地下空间规划和选址进行研究。姜云等构建涵盖工程地质、水文地质、岩土体条件、地面地下空间条件、地理区位多指标的城市地下空间开发利用容量评估体系。王海刚等（2011）从地下空间开发难度和潜在开发价值两个方面提出城市地下空间资源综合质量评价指标体系，包括自然环境条件、开挖成本、土地利用、地铁站域等。胡宁[②]针对地下空间开发利用潜力，构建涵盖地理区位、工程水文地质条件、经济效益、基础设施建设、社会参与等评价因子的指标体系。夏方舟等（2014）选取地质构造、地质灾害、水文、气候、规划要素评价城市立体空间开发潜力。荷兰曾开展"地下空间利用战略研究"，探索如何进行地下空间利用潜力区域识别等问题。孔令曦和沈荣芳（2007）运用模糊综合评价理论建立多层次评价模型，对上海地

---

①杨伟洪. 2010. 立体空间土地价格的评估及其实证研究——以南京市商业用地为例.南京农业大学硕士学位论文

②胡宁. 2012. 基于可拓法的城市地下空间开发利用潜力评价——以郑州市为例.成都理工大学硕士学位论文

下空间发展可持续性进行了评价。Wang 等（2013）基于南京鼓楼区 7 个街道的实证分析指出，地下空间开发优势是城市地下空间发展潜力的主要因素。汪侠等（2009）应用多层次灰色评价方法对南京鼓楼区 5 个主要街道的地下空间开发潜力进行评价。

目前，土地立体化利用评价及其指标的研究主要集中在立体空间开发潜力、适宜性等方面，其适用于评价地下空间开发利用活动，具有一定的体系性，部分研究体现了三维视角与思维，但对土地立体化利用的用途及三维空间内的功能配比及布局缺乏相关研究，评价指标缺乏对土地立体化利用在垂直方向上数量和结构特征的定量描述，此外现有的评价成果主要面向地下空间开发，未能全面考虑地上地下不同空间、不同功能类型的立体化利用行为，缺乏对土地立体化利用的系统性评价。

4.1.2 理论框架

城市土地利用评价是在土地资源稀缺的背景下，以优化土地利用结构为导向，以提升土地综合利用价值为目标的土地利用评价行为。传统的城市土地利用评价秉承二维平面思维，以土地表层资源为对象的评价方式难以满足社会经济发展需求。因此，需要创新土地利用评价方式，即在传统土地利用评价的基础上，融入三维内涵的土地思维模式，强化土地资源的结构与功能复合，提高土地节约集约利用水平，提升土地价值创造能力，最终实现社会、经济和生态环境三位一体的可持续发展（图 4.1）。

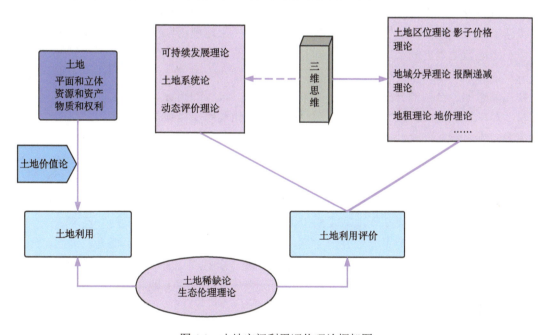

图 4.1　土地空间利用评价理论框架图

土地是狭义土地和广义土地、平面土地和立体土地、土地资源和土地资产、土地物质和土地权利层次叠置后的综合体（王万茂，2001）。Ratchiff（1949）指出，具有生产能力的土地是自然和人类的联合产品。二元土地价值的基本认识是以劳动价值为尺度，土地自然资源的价值是虚幻的，而土地固定资产的价值是真实的（周诚，1992）。而人类社会发展伴随着土地利用行为，土地是参与人类生产、生活活动的重要投入要素，而且具有不可替代性。随着人口的增加和社会经济的发展，土地要素的投入不断增加。

粗放式的土地利用行为导致土地利用效率低下，而土地资源的自然供给是恒定的，呈现出土地资源的稀缺性特征。可持续的城市化要求实现土地供给的长期配置，这又进一步加大了短期土地稀缺程度（罗静和曾菊新，2004）。此外，人类在认识、对待和处理土地资源的过程中，需要遵循禁止危害土地资源、尊重爱护土地资源和遵循土地生态规律等土地伦理三大原则，和谐相处、协调发展（陈为公，2010）。因此，有必要通过进行土地利用评价指导土地利用行为，以提高土地利用效率。

工业化、城市化发展导致经济、社会要素的高度集聚，催生了以土地集约节约高效利用为目标，以高强度、高密度、复合功能为特征的土地规划开发实践。平面土地资源开发利用的饱和，进一步推动土地利用逐渐脱离地表平面，向地下和空中拓展延伸，以实现土地利用方式的多功能三维立体优化。城市土地立体化利用实践的不断深入，对土地利用评价方式提出了新的要求，土地利用评价需要脱离地球表层，向融合地球表层、地表上空、地下空间的综合评价转变。在转变过程中，固有理论难以支撑新的土地空间评价方式，需要在目前土地利用评价理论的基础上融入三维内涵、转变思维方式，以创新支撑土地立体化利用评价的理论体系。

首先，土地立体化利用评价需要在传统土地利用评价的土地系统论、动态评价理论和可持续发展理论等指导原则中融入新的三维内涵。土地是多要素构成的功能系统，人类活动赋予土地不同的生产、生活功能，又构成了土地利用系统。土地立体化利用评价以一定区域范围内的土地系统为评价对象，因此需要遵循系统理论的原则。另外，土地系统的状态、结构、性质等随时间不断变化，因此在土地立体化利用评价工作中，有必要在静态的、结构的分析的基础上，融入动态的、过程的指标，提高土地立体化利用评价的科学性。而可持续发展理论则需要土地立体化利用从"数量"和"质量"两个维度出发，满足存在形式、物质生产能力、经济效益和生态环境可持续性的要求。

其次，土地区位理论（农业区位论、工业区位论、中心地理论、市场区位理论等）、地域分异理论（纬向地带性、经向地带性、垂直地带性）、地租理论、地价理论、影子价格理论和报酬递减理论等对传统土地利用评价城市具有较好的理论支撑作用，但值得注意的是，上述理论主要基于地球表面土地开发利用行为的指导理论，随着地球表层土地资源的饱和，这些理论不能较好地支撑脱离地球表层的土地开发利用行为。因此，土地立体化利用评价需要转变针对传统土地利用评价过程中涉及基本原理的思维方式，从三维角度重新审视相关理论，创新并搭建融入三维思维模式的土地立体化利用评价理论体系，指导土地立体化利用评价。

4.1.3 技术路线

土地立体化利用是土地利用活动从二维视角及平面组织方式向三维视角及空间组织方式的转变，其评价是一个不同于我们熟知的土地平面利用评价的技术体系，它需要在自身理论认识的基础上，结合土地立体化利用行为实践过程中的技术需求，展开对土地立体化利用活动的评价技术探索（图4.2）。

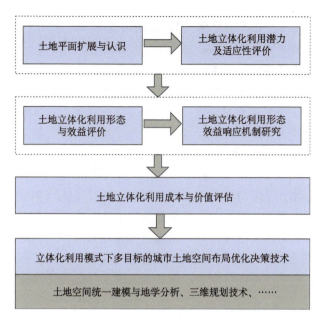

图 4.2　土地立体化利用评价技术体系

首先，土地立体化利用是一项经济成本普遍高于土地平面利用的活动，如何在空间上合理安排该项活动，是土地立体化利用评价面临的首要的技术需求。在对土地平面利用活动现状进行反思的基础上，结合土地立体化利用活动的需求性、支撑性等认识，开展土地立体化利用潜力及适宜性评价，识别出适宜开展土地立体化利用的区域及用途，将为立体开发模式下的空间布局提供技术支撑。

其次，土地立体化利用是一项具有典型三维空间异质性的利用活动，主要体现在功能纵横复合配置等。如何基于三维思维剖析土地立体化利用的形态、结构、效益等特征，体现土地立体化利用的三维空间异质性，需要开展秉承三维思维的土地立体化利用形态效益评价，这也是今后开展"土地空间资源"这一新的资源视角的配置规划的技术基础。

最后，土地立体化利用的经济成本与价值也是开展具体实践需要考虑的一个主要内容。从经济的视角，评价土地立体化利用的成本与价值，是取舍土地立体化利用方案时重要的技术支撑。

开展土地立体化利用评价技术研究，最终是为了支撑立体化利用模式下土地空间资源配置方案的决策，实现土地立体化利用活动科学合理的开展。因此，需在三维空间分析等技术实现的前提下，探索三维规划技术等，实现立体化利用模式下土地空间资源的三维配置。

4.2　基于改进面积法的土地立体化利用潜力评价

土地是生产生活的基本空间和重要载体。在土地资源紧缺和生产要素集聚的背景下，通过提高建筑密度、优化平面布局等手段，可以在一定程度上提高单位土地的价值产出（毛蒋兴等，2005；林雄斌和马学广，2015）。但随着其他要素的持续投入，平面土地利用模式下单位土地的边际产出不断下降（Arnott and Stiglitz，2010；葛莹等，2015），因此需要打破现有的土地利用模式，推动城市土地立体化利用实践，进一步挖掘土地空间资源的潜在价值。土地立体化利用本质上是对空间资源的占有和使用，不同的社会、经济、自然条件导致其在建设成本、管理成本和收益水平等方面存在差异。无序的土地立体化利用不利于城市空间整体协调发展，因此需要合理评估不同区域的立体化利用潜力并有序引导土地立体化利用实践。

目前，土地立体化利用潜力评价主要面向地下空间利用（Edelenbos et al.，1998；Monnikhof et al.，1998；孔令曦和沈荣芳，2007；汪侠等，2009；Wang et al.,2013），少数工作统筹考虑地上地下空间进行整体性潜力评价（夏方舟等，2014），系统性的土地立体化潜力评价仍相对缺乏。此外，基于栅格单元的潜力评价能够更有针对性地指导土地管理工作，但目前多数研究关注城市整体潜力或以街道为评价单元开展潜力评价，与管理需求之间存在差距。因此，本书在栅格尺度选取适宜评价指标，应用改进多边形面积法，探索土地立体化利用潜力评价方法，旨在为土地立体化利用管理决策提供参考。

4.2.1　评价指标与方法

1）指标体系构建

采取土地平面利用或立体化利用方式是综合考虑开发成本、收益、机会、风险的权衡结果。因此，在指标体系构建的要素层面，需要统筹下述 4 个维度要素的内容：一是土地立体化利用对当前社会经济负荷的减压效果，社会经济负荷越大的区域越需要通过土地立体化利用的方式增加承载空间，以分担负荷压力；二是不同土地资源条件下土地立体化利用和平面利用的经济成本收益比较，这取决于区域现状土地资源的稀缺程度和现状空间资源的占用程度；三是土地立体化利用的投资环境和投资潜力，即是否有较大的收益发展空间；四是自然环境条件对土地立体化利用行为的限制，开展土地立体化利用前应充分评估环境改造的难度和建设对环境的破坏程度。综上所述，本书从社会经济现状、土地利用现状、综合发展机会和生态环境约束 4 个维度对土地立体化利用潜力进行测度，并选取合适的指标综合表征各个要素。

首先，人口和 GDP 是社会经济现状的最直接反映。人口（或 GDP）密度反映了区域的人口承载状况（或 GDP 产出状况），人口（或 GDP）密度大的区域具有更高的土地立体化利用价值。另外，根据人口（经济）的 S 形增长曲线，增长率的变化呈现先增大后减小的趋势，低人口（或 GDP）增长率出现在区域吸引力不强的发展初期和区域承载力趋于饱和的发展后期，在人口（或 GDP）密度大且增长率较低的区域，需要通过立体化利用的方式寻求新的增长空间。

其次，土地开发强度、空间占用强度和混合利用度能有效表征土地利用现状。区域平面土地开发强度越大，土地资源越紧缺，开发成本越高；区域空间占用强度越低，土地立体化利用的可用空间越充足；平面土地混合利用度越高，进一步强化平面功能配置的边际收益越低，越有必要通过土地立体化利用进一步提高土地收益；反之，平面土地扩张和优化配置成本较低，边际收益较高，可扩展立体空间较少，则开展土地立体化利用的必要性较低。

再次，综合发展机会与区位条件、基础设施可达性和固定资产投资密切相关。随着城市规模的扩大，城市布局逐渐由"单中心"向"多中心"转变，在"中心"开展土地立体化利用优于在"外围"开展土地立体化利用；基础设施建设不断提升区域投资价值，未来投资倾向于基础设施相对完善的区域，是土地立体化利用的重要"吸力"；固定资产投资反映区域建设能力和社会投资意愿，更高的固定资产投资可以支撑更多的土地立体化利用实践。

最后，采用香农多样性指数、植被覆盖度和地形起伏度作为生态环境约束。一方面，土地立体化利用需要充分协调与自然生态之间的关系，香农多样性指数和植被覆盖度分别从数量和结构上加以描述，二者水平高的区域应以保护为主，降低土地利用的影响，反之，则应考虑通过立体化利用改善生态环境条件。另一方面，从土地开发的成本来看，平整土地更适合立体化利用，因此地形起伏度也是反映生态环境约束的重要因素。

基于上述分析，以立体化利用潜力评价为目标，在 4 个维度下选取 13 项指标建立城市土地立体化利用潜力评价体系（图 4.3），具体的指标设计见表 4.1。

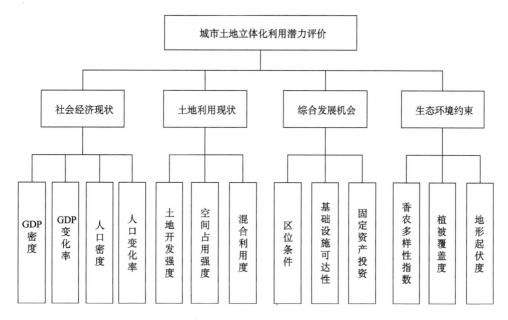

图 4.3　城市土地立体化利用潜力评价指标体系

表 4.1　城市土地立体化利用潜力评价指标说明

指标缩写	指标名称	指标设计	指标类型
GDP	GDP 密度	单位面积 GDP	正向
rGDP	GDP 变化率	两期 GDP 的增长率	负向
pop	人口密度	单位面积人口	正向
rpop	人口变化率	两期人口的增长率	负向
lu	土地开发强度	建筑物基底面积与宗地面积的比值	正向
so	空间占用强度	现状容积率与基准容积率的比值	负向

指标缩写	指标名称	指标设计	指标类型
mu	混合利用度	$-\left(\sum\limits_{j=1}^{k,j} P_j \ln P_j\right)\Big/\ln k$，$P_j$是第$j$类土地面积占街道总面积的百分比，$k$是街道土地类别数量	正向
loc	区位条件	依据规划等级设置各级规划中心的评价值和影响范围，采用反距离权重法插值确定	正向
fra	基础设施可达性	计算各点到医院、学校、商场、道路等基础设施时间可达性	负向
fai	固定资产投资	各区固定资产投资	正向
sd	香农多样性指数	$-\sum\limits_{k=1}^{n} P_k \ln P_k$，$P_k$是斑块类型$k$出现的概率	负向
gc	植被覆盖度	区域植被覆盖面积占总面积的比重	负向
rdls	地形起伏度	评价单元40m×40m（参考封志明等，2007）	负向

2）数据标准化处理

为解决各个指标之间数量级、量纲和正负差异问题，采用 Zadeh（1956）提出的模糊隶属度函数进行无量纲化处理。与"极差法"标准化相比，该方法能有效消除奇异值对标准化结果的影响。本节采用线性模糊隶属度函数对指标进行量化。

对正向指标：

$$Z=\begin{cases} 0 & z\leqslant \min z \\ \dfrac{z-\min z}{\max z-\min z} & \min z < z < \max z \\ 1 & z\geqslant \max z \end{cases} \tag{4.1}$$

对负向指标：

$$Z=\begin{cases} 1 & z\leqslant \min z \\ \dfrac{\max z-z}{\max z-\min z} & \min z < z < \max z \\ 0 & z\geqslant \max z \end{cases} \tag{4.2}$$

式中，Z为指标z的标准化得分；$\max z$ 和 $\min z$ 分别为向量z的2.5%和97.5%分位数。

3）基于改进多边形面积法的土地立体化利用潜力指数

构成土地立体化利用潜力指数的不同维度要素之间存在不完全可替代关系和协同作用关系，区域各个维度要素水平相对均衡情况下的城市土地立体化开发潜力比各个维度要素水平两极分化严重情况下的潜力更加稳定和持续。简单的加权平均无法有效解决上述问题，因此本书尝试将权重引入多边形面积法，在确定各个维度土地立体化利用潜力得分的基础上，采用改进多边形面积法计算城市土地立体化利用潜力指数。

多边形面积法已被应用于多维度集成式农村贫困地理识别（刘艳华和徐勇，2015）、区域多维发展综合测度（徐勇等，2016）、重金属污染评价（廖文珍等，2013）及环境质量综合评价（石辉等，2009）等方面。该方法有序排列多边形和全排列多边形两种类型（徐勇等，2016），均采用固定等分角度的公式进行计算，并未考虑不同要素差异化的影响程度。对于此，有学者提出通过调整角度，以强调不同要素之间的重要性差异（石辉等，2009）。

　　本书基于刘艳华和徐勇（2015）采用的全排列多边形面积法，通过调整角度的方法对多边形面积法进行改进。对于等角的多边形而言，不存在方向性（顺/逆时针）问题，但在各个夹角不一致的情况下，方向性将影响最终的评价结果。以六边形为例，当夹角为顺时针方向[轴线右侧，图4.4（a）]和逆时针方向[轴线左侧，图4.4（b）]时，最终形成的多边形面积是不同的，即最终的评价结果存在差异。

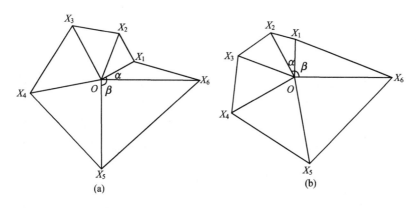

图4.4　改进的多边形面积法示意图

　　同时，对于角度而言，$\sin\alpha=\sin(\pi-\alpha)$ 始终是成立的。$\alpha=\pi/2$ 时，$\sin\alpha$ 取最大值，当权重角度调整超过 $\pi/2$ 时，$\sin\alpha$ 不再继续增加，将导致对结果的过低估计，因此当 α 继续增大时，实际计算的面积 S（图 4.5）不是三角形 OX_1X_2 的面积，而是按照式（4.3）计算：

$$S=S_{\Delta OX_1X_2'} + S_{\Delta OX_1'X_2} \tag{4.3}$$

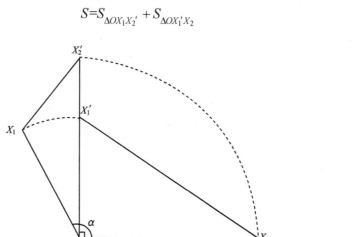

图4.5　$\alpha>90°$ 时面积算法示意图

综上所述，改进的土地立体化利用潜力指数（LPI）的公式为

$$\text{LPI} = \sum_{i=1}^{N-1} \sum_{j=i}^{N} [m_1 + m_2 + \sin(\omega_i - \frac{m_1\pi}{2}) + \sin(\omega_j - \frac{m_2\pi}{2})]X_i X_j \qquad (4.4)$$

且式（4.4）需要满足：

$$\begin{cases} 0 \leqslant \omega_i - \dfrac{m_1\pi}{2} \leqslant \dfrac{\pi}{2} \\ 0 \leqslant \omega_j - \dfrac{m_2\pi}{2} \leqslant \dfrac{\pi}{2} \end{cases} \qquad (4.5)$$

式中，X_i、X_j 为具体选定的评价指标；ω_i、ω_j 为权重角；m_1、m_2 为自然数；N 为评价指标数量；LPI 值越大反映该区域土地立体化利用潜力越大。

权重角 ω 的大小依据各个评价指标的权重系数 w 确定，计算方法如下：

$$\omega = 2\pi \times w \qquad (4.6)$$

权重系数 w 的确定方法主要有主观赋权和客观赋权两种，如离差决策法（王明涛，1999）、均方差决策法（孙平军等，2015）、RAGA 法（赵小风等，2011）、专家打分法（Zheng and Shen，2008；范辉等，2013）等。尽管客观赋权法具有较强的数学理论依据，但不能较好地反映各个区域的实际偏好信息。对于城市土地立体化利用潜力评价而言，城市管理者对城市不同区域定位的差异，导致各个要素在相应区域对土地立体化利用潜力的影响程度不同，主观赋权法能够较好地反映这一特征。因此，本书以专家打分法确定权重系数 w，同时以城市发展战略中各个区域的定位为基础，对各个分区分别打分计算权重，以期更准确地评价土地立体化利用潜力。

4.2.2 深圳市土地立体化利用潜力评价

1）数据来源

以深圳市为例，开展土地立体化利用潜力评价需要经济、人口、建筑、土地和生态数据，为保证数据的时间一致性，所有数据尽量选在 2011 年前后：经济、人口、固定资产投资等数据来源于深圳市统计年鉴、各区统计年鉴和第六次全国人口普查（40m×40m），土地和建筑数据来源于深圳市 2012 年度土地变更调查数据年末基础库、深圳市 2011 年建筑普查、深圳市地籍调查数据和深圳市容积率分区控制数据，以及《深圳市密度分区及地块容积率测算规定（试行）》，此外植被调查数据（地块）、30m×30m 的深圳市 DEM 高程数据（地理空间数据云）等也应用于该研究。除特别说明来源的统计年鉴数据和 DEM 数据外，其他数据均来源于深圳市规划和国土资源委员会。根据刘红辉等（2005）和江东等（2002）的方法生成深圳市 GDP 密度和人口密度的栅格图（40m×40m）。预处理包括栅格化矢量数据并定义栅格大小至 40m×40m 和数据的标准化处理。

2）深圳市土地立体化利用潜力评价权重

区域主导功能的差异导致资金、政策等对区域的扶持有所侧重，进而影响各个要素对土地立体化利用潜力评价的贡献程度，因此不同功能组团内各个要素的权重不同。本

书组织邀请 10 位了解深圳市城市发展的土地领域专家，参考深圳市"带型城市，组团发展"战略目标下各个功能组团的主导功能（表 4.2），对各个分区社会经济现状、土地利用现状、综合发展机会和生态环境约束要素对土地立体化利用潜力评价影响的相对重要程度进行打分，并形成可视化结果，如图 4.6 所示。

表 4.2　深圳城市组团功能

功能组团	功能定位
中心组团	核心城区，综合服务
南山组团	核心城区，总部基地
宝安中心	西部综合服务，物流基地
西部工业	先进制造业
西部高新	高新技术，生态旅游
中部综合	高新技术，客运枢纽
中部物流	物流基地
龙岗中心	东部综合服务
盐田组团	货运枢纽，滨海旅游
东部工业	先进制造业
东部生态	滨海旅游，生态保护

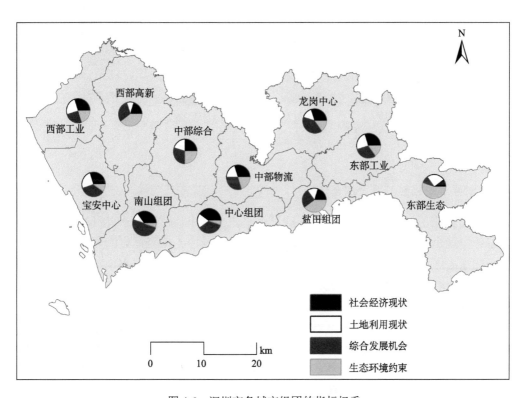

图 4.6　深圳市各城市组团的指标权重

3）单维度得分结果

依据各项指标对要素的贡献水平确定各维度下的指标权重（图 4.7），并计算各个维度的土地立体化利用潜力得分（图 4.8）。结果显示，社会经济现状得分呈现从建成区中心向外围逐渐降低，中心城区得分最高，前海-后海片区、布吉和龙华也相对较高；土地利用现状的高低分区域呈分散分布，且关外地区的高分斑块较多，整体空间趋势不明显；综合发展机会得分整体呈现西高东低的特征，前海-后海片区和龙岗中心区得分最高；生态环境约束得分最高的区域是宝安机场和各个港口区域，土地平整、环境需求较低，中心城区和福永、沙井片区的分值也相对较高，适宜开展土地立体化利用，邻近基本生态控制线的建成区生态环境约束较大，土地立体化利用潜力较低。

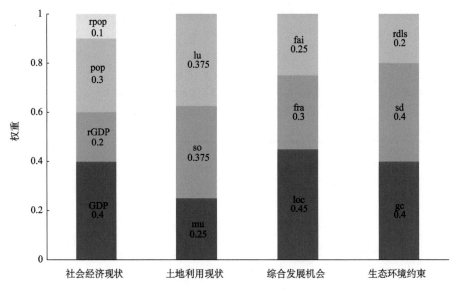

图 4.7　各个维度下的指标权重

4）土地立体化利用潜力综合评价

图 4.9 呈现了依据标准差法划分的深圳市土地立体化利用潜力分级图，从空间上看，LPI 整体呈现由南向北、由西向东空间递减的规律，其中土地立体化潜力达到极高和较高等级的潜力区域面积约占深圳市全部建成区面积的 26.46%，主要集中于各区建成区的核心地带，土地立体化潜力极低或较低的区域面积则达到 32.21%，且主要位于城市建成区的边缘地带。

对具有土地立体化利用极高和较高的潜力等级区域的空间分布结果进一步分析后表明，深圳市土地立体化利用高潜力等级区域呈现整体分散、局部集聚的分布特征。其中，极高土地立体化利用潜力区域面积约占深圳市建成区面积的 8.65%，且主要位于中心城区 A 和前海-后海双核驱动片区 B。

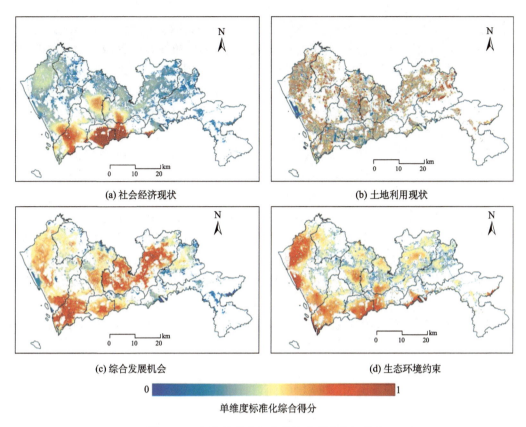

(a) 社会经济现状   (b) 土地利用现状

(c) 综合发展机会   (d) 生态环境约束

单维度标准化综合得分

图 4.8 深圳市单维度标准化综合得分空间分布

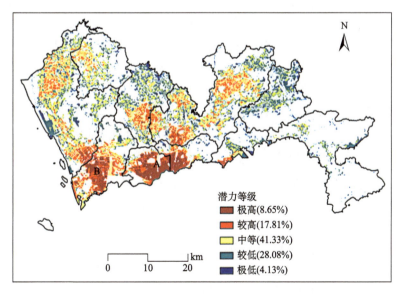

图 4.9 深圳市土地立体化利用潜力

  以深南大道为轴线，以福田中心区为核心，南至滨河大道，向东延伸至国贸、东门的带状高潜力区域 A。改革开放以来，深圳市的城市中心经历由人民南路、国贸向蔡屋围、东门一带转移，再到福田中心区的发展历程。深圳证券交易所的成立使福田中心区逐渐成为深圳市的金融中心，而万象城的建设使蔡屋围、国贸一带逐渐成为深圳市的消费和商业中心，此外华强北致力打造全国最大的电子商贸市场。A 区域作为深圳市的中心城区，具有较好的社会经济基础、相对完善的配套基础设施、土地开发强度高、生态环境约束小且绿色空间相对缺乏，因而具有较高的土地立体化利用潜力。平安国际金融中心、京基 100、地王大厦等高层建筑均位于这一区域，亚洲最大的地下火车站福田站已于 2015 年年底正式开通，A 区域是未来土地立体化利用的重点区域。

以前海-后海为核心，辐射海上世界、高新技术产业园和宝安中心的高潜力区域 B。前海和后海是 B 区域的发展双极，前海自贸区以高新技术产业和总部经济为核心，致力打造互联互通、均衡多元的立体城市空间；后海商区是以游憩商业服务为特色的游憩商业文化中心（RBD），立体化利用已初现雏形。2010 年 8 月，国务院批复同意《前海深港现代服务业合作区总体发展规划》，2013 年《深圳市前海深港现代服务业合作区综合规划》指出，前海合作区开发单元鼓励采用功能混合、集约立体的用地空间使用方式，区域范围与本书的评价结果基本一致。前海-后海双核心辐射了海上世界、高新技术产业园和宝安中心，联动深圳湾总部基地，形成未来土地立体化发展的核心区域之一。

此外，龙华-坂田-布吉、龙岗中心城区、沙头角、宝安空港新城等区域也具有较高的土地立体化利用潜力。

4.3 土地立体化利用适宜性评价

土地适宜性评价是评定土地对于某种特定用途是否适宜及适宜等级，或者是根据人类要求、意愿或一些未来活动的预测而确定土地利用最适合的空间模式（Hopkins，1977；Collins et al.，2001；何英彬等，2009）。土地立体化利用适宜性评价是基于土地立体化利用特征的认识，面向特定土地立体化利用活动，评定适宜开展此类活动的空间及其适宜等级。本书第 2 章已阐述了土地立体化利用是一项具有一定社会经济成本，需要在具备一定需求或驱动力的情形下而催生的利用活动，因此本节聚焦 3 种典型的土地立体化利用类型，即建筑立体化利用、立体交通、立体绿化，结合现状、需求、驱动 3 方面的考虑，来辨识适宜开展对应类型的土地立体化利用活动。关于为何选择以上 3 种土地立体化利用类型，在 4.4 节中将合并进行阐述。

4.3.1 基于功能优化的建筑立体化利用适宜性评价

1）评价思路

建筑立体化利用的主要特征是不同功能在建筑中的复合配置，与平面利用不同的是，建筑中不同高度的功能用途与土地表层的不同。最简单的一种建筑立体化利用形式是商住楼，接近地面的数层为商业用途，往上为居住用途。也有更为复杂的情形，即商业、居住、公共配套，甚至交通在建筑里进行复合配置。开展建筑立体化利用活动，可聚集不同功能类型的社会经济活动，在建筑物或建筑物群这个空间范围内实现不同功能需求的满足，减少交通出行需求，提高土地效益。建筑立体化利用根本的驱动力源自某片区对于多功能的需求，而该需求由于土地资源的约束，难以通过平面开发建设得到满足，因而由土地平面利用方式转向立体利用方式,由功能的平面混合配置转向纵向叠加配置。

因此,以建筑立体化利用需求为导向,结合利用现状与资源约束开展立体化利用适宜性评价。首先判断其利用需求是否已得到满足,即比较现有建筑利用效益与区域内主要功能需求是否存在差异,若建筑利用效益现状无法满足区域功能需求,而该区域平面土地利用能力缺乏拓展空间,则该区域适宜进行建筑立体化利用。参考国土"三生"空间划分及城市建筑主要功能用途,将城市建设用地分为生活空间与生产空间(生态空间一般不考虑建设用途)。在生活空间,主要考虑现有建筑功能能否满足居民的居住及生活需求,居住功能需求主要考虑区域的居住能力是否饱和及便捷,生活需求则考虑区域配套设施是否满足周边居民的需求。生产空间功能需求主要考虑建筑的经济效益及周边便捷程度。具体指标体系及释义如图 4.10 和表 4.3 所示。

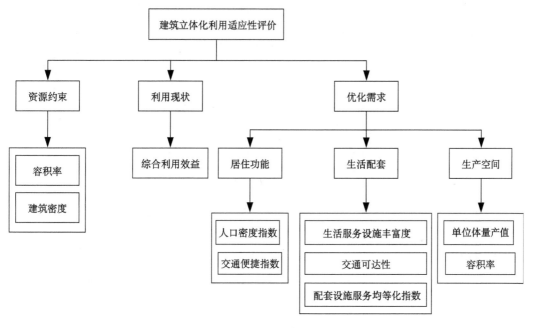

图 4.10 建筑立体化利用适宜性评价指标体系

表 4.3 评价指标定义及计算方法

指标名称	指标意义	计算方法	指标类型
容积率	容积率越高,说明立体开发空间越小	建筑总面积/格网总面积	负向
建筑密度	建筑密度越高,说明平面开发空间越低,立体开发空间越大	建筑物占地面积/格网总面积	正向
综合利用效益	建筑立体化利用综合效益	建筑利用效益/格网总建筑面积 $$\mathrm{PI} = \frac{\sum\limits_{i=1}^{N}(w_i \cdot A_i)}{\sum\limits_{i=1}^{N} A_i}, \qquad w_i = \frac{Q_i/S_i}{C_i}$$	正向
人口密度指数	单位建筑面积居住人口	人口数量/格网总建筑面积	正向

指标名称	指标意义	计算方法	指标类型
公交出行便捷指数	反映居住区周边交通配置	居住型建筑 0.5km 范围内公交线路总数	正向
地铁出行便捷指数	反映居住区周边交通配置	居住型建筑 1.5km 范围内地铁站距离倒数与换乘数乘积之和	正向
生活服务设施丰富度	建筑物周边 0.5km 内生活服务设施总量越大，且类型越丰富，说明周边配置越齐全	$-M \times \sum_{d_0} p_i \times \log_2 p_i$ M 为服务总数；p_i 为 i 类设施出现的频率；d_0 为 0.5km	负向
交通可达性	可达性越差，说明交通设施的支撑能力越差	空间句法： $I(n) = \frac{1}{RRA_{(n)}} = \frac{m\left[\log_2\left(\frac{m+2}{3}-1\right)+1\right]}{(m-1)\|\overline{D}-1\|}$	正向
文化娱乐服务均等化指数	通过服务半径内设施到格网距离及设施数量反映服务资源可达性	格网点到其 1.5km 范围内所有文体设施的距离倒数和	负向
体育设施服务均等化指数			负向
小学服务均等化指数	结合服务范围及适龄人口规模评价教育资源可达性	绘制泰森多边形模拟学校服务范围，计算服务范围内学校学位数与适龄人口的比值	负向
初中服务均等化指数			负向
医院服务均等化指数	以医院规模及医院到建筑物的空间距离评价医疗资源可达性	对于每栋建筑，计算 A_i： $A_i = \sum_{j=1}^{n} \frac{m_j}{d^{1.5}}$	负向
社康中心服务均等化指数	结合设施规模、格网规模及设施与格网点距离评价公共服务资源可达性	两步移动搜索法： i 为居住区；j 为设施；d_{ij} 为 i 和 j 的距离； $\sum_{j \in \{d_{ij} < d_0\}} R_j$ R_j 为设施 j 的供给规模与服务半径 d_0 内所服务的人口的比例	负向
公园绿地服务均等化指数			负向
单位体量产值	建筑产出效益	区域产值/格网总建筑面积	负向

在指标体系中，资源约束指标表征建筑向纵向空间扩展的趋势大小，容积率越高，表明该区域空间已开发强度越高，纵向开发潜力越低；建筑密度越大，表明该区域平面扩展程度越高，横向发展可能性越小，立体开发可能性越高。

利用现状综合效益指标进行表征，通过先进经验逼近法等方式确定建筑利用效益的理想值，并转化为统一度量单位，将不同功能建筑的利用效益量化为可比的统一量纲，判断现有建筑利用功能效益。

优化需求指标表示的是对于建筑立体化利用的需求，其中对于居住功能的优化需求，人口密度指数越高，说明居民居住空间越紧凑，需要扩展居住空间；交通便捷指数越高，说明该区域承载居民的交通支撑能力越高。对于生活配套的优化需求，生活设施丰富度越低，表明该区域需要补充更多类型的配套设施；交通通达度越高，表明该区域越适合汇集更多的配套设施；设施服务均等化指数越低，区域配套设施覆盖率越少，需要增加相应的功能设施体量，以提高服务覆盖率。对于生产空间的优化需求，区域产值越低，表明该区域现有建筑功能的经济效益越低，需要提高建筑物的经济承载量。

2）深圳市示范区评价结果

基于深圳市规划和国土资源部门收集的深圳市建筑普查数据、土地变更调查数据、道路交通数据及基础设施的空间分布数据，并通过统计年鉴等汇总了历年来深圳市人口及经济等统计数据，以深圳市为示范区，开展了城市土地立体化利用适宜性评价的示范应用。

对于资源约束方面，由图 4.11 可见，罗湖区由于开发时间较早、建筑密度大、容积率普遍较低，开展城市更新建设后具有较大的纵向扩展空间。宝安区及龙华区部分区域以工业用地为主，存在大量厂房，纵向空间利用效率不高，纵向空间约束较少。福田区及罗湖区城市建设发展迅速，大型居住社区及高层办公楼密集，土地立体化开发强度较高，立体空间开发潜力低。东部地区发展相对落后，平面土地利用潜力未利用充分，相比高成本的立体开发模式，更适合加强平面土地利用。

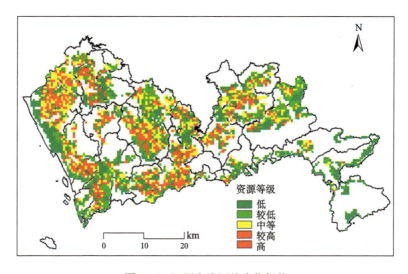

图 4.11　深圳市资源约束指标值

对于利用现状方面，由图 4.12 可见，福田、罗湖、南山等区域建设发育较为成熟，福田、南山等多个地区是国家节约集约利用示范区，重视土地集约高效利用，配套设施较齐全，产业结构以金融服务和高新技术为主，单位体量产出效益高；而原特区外地区发展相对较慢，配套设施覆盖度不高，存在大量工业园区，开发强度低，单位体量产出较少。综合来看，原特区内建筑利用综合效益明显高于特区外区域。

对于优化需求方面，由图 4.13 可见，罗湖区作为深圳市发展较早的建成区，人口密度过高，但空间利用率相对较差，因此具有较高的立体化利用需求，同时由于早期空间规划等，空间结构布置不合理，需要通过立体化利用调整功能布局，以优化空间资源利用效率。宝安、坪山等地汇集了大量工业园区，建筑密度大，但与高新产业和金融服务业相比，产出效益较低，需要通过立体化资源配置优化产业链条，提高空间产出。

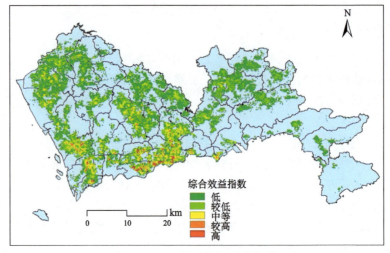

图 4.12　深圳市利用现状指标值

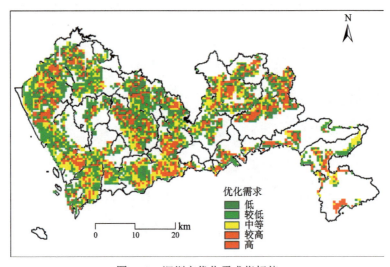

图 4.13　深圳市优化需求指标值

　　综合考虑建筑立体化利用现状与需求差异，结合空间资源约束，得到立体建筑优化指数如图 4.14 所示。由图 4.14 可以看出，罗湖区具有较高的纵向空间扩展潜力，虽然现有配套设施及居住空间利用效率较好，但仍具备强大的空间资源需求，急需开展土地立体化利用，进一步提高空间利用效益。宝安、坪山等地工业园区密集，产区偏低，适宜通过建筑立体化利用，提高建筑开发强度，通过混合利用优化建筑功能，改善产业结构，提高空间产出效益。福田区综合利用效益基本可以满足当前土地空间利用需求，因此开展土地立体化利用的迫切程度较低。

4.3.2　基于效率提升的交通立体化利用适宜性评价

1）评价思路

　　立体交通的实践可提升交通运输效率，进而提升城市运行效率。交通规划设计是一项非常复杂的事情，需要从整体交通体系的角度来考虑，本书仅是从提升交通出行效率的角度来考虑立体交通的适宜空间及等级。其具体是通过定位交通现状无法满足交通出行需求的区域，加入立体交通驱动因素的考虑，即未来的交通需求是怎样、现行的交通是否满足出行需求、是否还有空间来布置平面交通路网，结合诸上 3 类因素来确定立体交通的适宜空间（图 4.15 和表 4.4）。

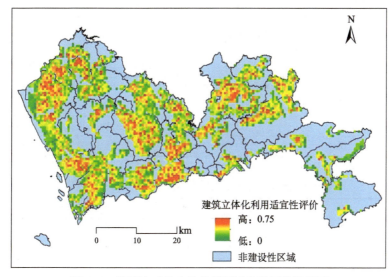

图 4.14　深圳市建筑立体化利用适宜性评价结果图

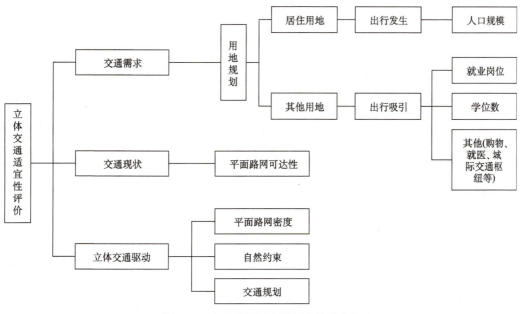

图 4.15　立体交通适宜性评价技术路线

　　传统的交通规划过程中对交通需求的预测一般是按照土地利用分析、出行生成相关因素分析、交通需求预测的程序进行。出行生成包括出行发生和出行吸引，两者的影响因素各异，出行发生以城市居民的社会经济特性为主，出行吸引主要以土地利用形态为依据,交通需求则综合两方面进行预测(杨明等,2002)。一般将居民的出行目的划分为上班、上学、弹性及回程 4 种,进而根据小区土地利用性质确定影响这 4 种出行目的发生的相关因素(表 4.5)。

表 4.4 立体交通适宜性评价指标说明

指标名称		指标设计	指标类型
交通需求	出行发生	以第六次全国人口普查数据模拟全市人口分布	正向
	出行吸引	以就业岗位、学位数等表征人口出行需求	正向
交通现状	平面路网可达性	平面路网可达性表征交通现状,可达性越高,交通现状越好	负向
立体交通驱动	平面路网密度	平面路网密度越高的区域,若需再进一步优化交通现状,则越倾向选择立体交通的建设方式	正向
	自然约束	坡度大于 25°的区域及生态线内区域禁止建设	约束
	交通规划	有道路规划的区域表明可以通过平面交通建设缓解目前交通问题	约束

表 4.5 一般出行生成(发生+吸引)相关因素分析表

出行生成	目的	相关因素	城市土地利用
出行发生	上班	小区劳动力资源数	
	上学	小区学生数	
	弹性	小区人口数	土地利用性质
	回程	小区人口数	土地利用布局
出行吸引	上班	小区就业岗位数	土地利用强度
	上学	小区就学岗位数	
	弹性	小区就业岗位数及土地利用	
	回程	小区人口数	

为解决各个指标之间存在数量级、量纲和正负差异的问题,采用美国学者 Zadeh (1956) 提出的模糊隶属度函数进行无量纲化处理。与"极差法"标准化相比,该方法能消除指标计算过程中的奇异值对标准化结果的影响。本节采用线性模糊隶属度函数对指标进行量化。

对正向指标:

$$Z = \begin{cases} 0 & z \leqslant \min z \\ \dfrac{z - \min z}{\max z - \min z} & \min z < z < \max z \\ 1 & z \geqslant \max z \end{cases} \tag{4.7}$$

对负向指标:

$$Z = \begin{cases} 1 & z \leqslant \min z \\ \dfrac{\max z - z}{\max z - \min z} & \min z < z < \max z \\ 0 & z \geqslant \max z \end{cases} \tag{4.8}$$

式中，Z 为指标 z 的标准化得分；$\max z$ 和 $\min z$ 分别为向量 z 的 10% 和 90% 分位数。

2）深圳市示范区评价结果

研究基础数据包括第六次全国人口普查数据、土地变更调查数据（2014 年）、深圳市建筑普查数据（2014 年）、《深圳市城市规划标准与准则（2014）》、社会保障数据、网络爬虫数据等。交通需求计算的基础数据见表 4.6。

表 4.6　出行生成（发生+吸引）的数据计算说明

类别	城市土地利用类型		人口规模（万人）	计算说明
出行发生	居住用地		第六次全国人口普查数据格网人口	以第六次全国人口普查数据分布表征小区的人口数
出行吸引	其他用地		就业岗位	通过全市社会保障数据关联全市建筑信息，表征每栋建筑的就业人数
	科教用地	中学	5	通过网络爬虫数据确定学校的等级，基于此，参照城市规划标准确定学校的服务规模
		九年一贯制学校	4.5	
		小学	2	
		幼儿园	0.8	
	医疗用地	综合医院	11	通过网络爬虫数据确定医院的等级，基于此，参照城市规划标准确定医院的服务规模
		专科医院	3.3	
		门诊	2	
	大型交通枢纽	机场	10	根据交通枢纽的统计数据确定日均客流吞吐量
		火车站	7.5	
	大型购物商场		3	根据大型购物商场的统计数据确定日均客流吞吐量

从立体交通适宜性评价结果可知，全市适宜性均值为 0.013，方差为 0.047，立体交通适宜性高的的区域分布显著（图 4.16）。从全市范围来看，最适合开展立体交通建设的

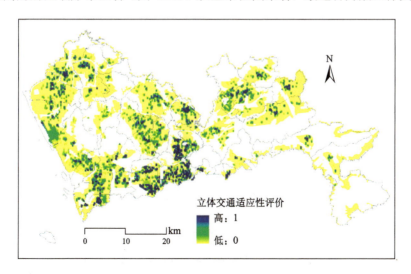

图 4.16　深圳市立体交通适宜性评价结果图

区域主要集中于罗湖、福田等主要城区，但通过对指标层交通需求、交通现状、立体交通驱动的分析，不同区域的影响因素不同，具体而言有以下几种情况。

其一，罗湖-福田中心城区的立体交通适宜性显著。尽管路网密度大，交通现状优秀，但由于其集中分布 CBD，建有优质的医疗及教育资源，对人类的出行具有巨大的吸引力，加上区域内部已承载大量人口，现有交通仍难以支撑巨大的出行需求。加上中心城区新增用地紧张，急需通过立体交通的建设缓解现行巨大的交通压力。

其二，龙岗布吉、龙岗中心城、宝安沙井大空港区域的立体交通适宜性也相对紧张。这些区域早期处于深圳经济特区之外，路网的规划与建设相较于特区内稍显欠缺，路网密度稀疏。而同时这些区域由于其较低的生活成本聚集了大量的居住人口，需要进一步建设立体交通网络，以承载出行的需求。

其三，大型交通枢纽，如宝安国际机场，其立体交通适宜性处于中等水平。大型交通枢纽承载着巨大的交通需求，但由于前期的交通规划已经针对此类局部交通需求较大的区域规划了若干的交通路网，以缓解交通压力，因此其立体交通建设的需求相对不突出。

4.3.3 基于环境改善的绿化立体化利用适宜性评价

1）评价思路

立体绿化适宜性评价主要通过人口分布确定绿化需求，定位现状公园服务范围内没有覆盖的区域，再叠加立体绿化驱动因子，识别适宜进行立体绿化的区域（图 4.17）。

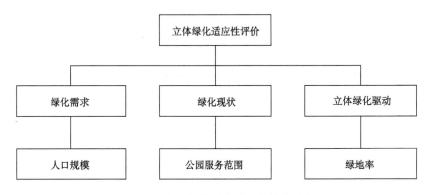

图 4.17　立体绿化适宜性评价技术路线

绿化需求通过人口规模表征。近年来，随着"生态文明建设"与"十二五"规划的"建设环境友好型社会"的提出，加之雾霾、饮用水污染等城市环境问题突出，环境保护意识不断深入人心，人们对城市绿化在城市中所占地位的认识有了进一步的升华，基于此，城市绿化的需求主要根据第六次全国人口普查数据的人口密度分布表征（表 4.7）。

绿化现状主要考虑城市公园。由于城市建设用地的快速扩张挤占了城市绿色空间，目前城市绿化基本上还仅局限于城市绿地，因此在谈及城市绿化现状时，往往就是指城市绿地或城市公园。不同类型的公园服务半径参考《深圳市城市规划标准与准则（2014）》

确定（表4.8）。

表 4.7　立体绿化适宜性评价指标说明

指标名称		指标设计	指标类型
绿化需求	人口规模	以第六次全国人口普查调查数据显示全市人口分布，以表征人口的绿化需求	正向
绿地现状	公园服务半径	公园有一定的服务范围，不在公园服务范围内的人口难以便捷享受到绿地的生态服务	负向
立体绿化驱动	绿地率	公园一般围绕绿地建设。绿地率越高，该地区通过公园新建/扩建增加绿地服务；绿地率越低，越需要转向立体绿化满足人口对绿化的需求	负向

表 4.8　不同公园类型的服务半径

公园类型	服务半径/m	指标说明
城市公园	2000	研究表明，一般大型公园生态效益服务半径可达 2km
社区公园	500	《深圳绿地系统规划（2004-2020）》社区公园分为居住区类、商业办公区类及街旁绿地类三大类，服务半径设为 500～1000m

立体绿化驱动以绿地率表达。城市公园一般围绕城市绿地建设，当某区域绿地率较高时，该区域会倾向于通过新建公园或已有公园扩建来扩大绿地服务；当某区域绿地率较低时，该地区缺乏平面空间扩展绿色空间，只能转向屋顶绿化、墙面绿化等立体绿化来满足人口对绿化的需求。

为了解决各个指标之间存在数量级、量纲和正负差异的问题，依旧采用线性模糊隶属度函数对指标进行量化。其中，Z 为指标 z 的标准化得分；$\max z$ 为向量 z 的最高值减去向量 z 的标准差；$\min z$ 为向量 z 的最低值。

2）深圳市示范区评价结果

基于深圳市规划和国土资源部门收集的深圳市第六次全国人口普查数据及深圳全市绿地数据，开展绿化立体化利用适宜性评价的示范应用。

通过立体绿化适宜性评价结果可以看到，立体绿化适宜性平均值为 0.11，方差为 0.21。立体绿化适宜度高的区域主要集中于罗湖、福田、宝安中心区等城区区域，基本生态线范围内的立体绿化适宜性基本为 0（图 4.18）。

立体绿化适宜性最高的区域位于罗湖。罗湖作为深圳市中心城区之一，承载着大量人口。然而，作为老城区，早期的规划对公园的建设重视不足，导致绿化现状难以满足人口的需求。而由于罗湖的土地开发强度大，难以通过新建公园提升区域内的绿色空间，因此该片区立体绿化建设的需求显著。

尽管福田、宝安中心区等公园现状相较于罗湖好，但仍难以满足其密集人口的需求，若要进一步提高城市绿化面积，立体绿化是最好的实现途径之一。

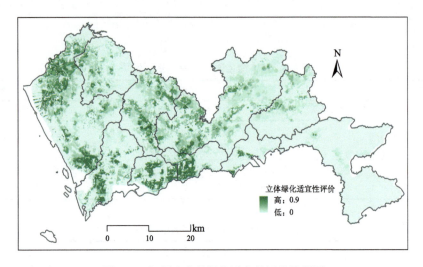

图 4.18　深圳市立体绿化适宜性评价结果图

4.3.4　土地立体化利用适宜性综合评价

或许我们对未来城市有过此类的想象，在较短步行范围内，甚至在不出所居住或工作的建筑物就能获取生活或工作所需的各种服务；车辆在离地的空间穿梭；从窗外一眼望去，满眼的绿色，享受近距离的绿化。这种想象融合了上述 3 类立体化利用活动，呈现的是建筑、交通、绿化功能在纵向的混合配置。因此，本书综合上述 3 类适宜性评价结果，从更多样的功能混合配置角度，识别出土地立体化利用适宜性区域，为城市开展土地立体化利用活动提供空间指引。

叠加深圳市示范区 3 类适宜性评价结果，以两种及以上立体化利用活动为适宜辨识原则，将土地立体化利用适宜类型分为 4 类，其中对于每种立体化利用行为，按照自然间断点法划分为 5 级，并将适宜性较高的前两级区域纳入适宜范围，得出结果如图 4.19 所示，

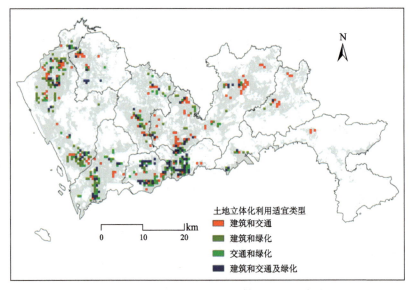

图 4.19　深圳市土地立体化适宜性评价综合结果图

限于单种土地立体化利用适宜性评价的分辨率，综合结果的分辨率为500m×500m。具有两种及以上立体化利用活动的适宜区域总面积为132.75km²，其中适宜开展立体建筑与立体交通的区域达到37.5 km²，适宜开展立体建筑与立体绿化的区域达到40 km²，适宜开展立体交通与立体绿化的区域达到24.75 km²，适宜开展3种形式土地立体化利用的区域达到30.5 km²。

进一步统计各个分区4种综合适宜性区域的数量特征，见表4.9。深圳市原特区界线将深圳市划分为原特区内和原特区外两部分，两部分区域之间的城市发展水平仍存在一定差距，对比结果较有实际意义。总体而言，原特区内的综合土地立体化利用适宜区域在福田、罗湖、南山分布较为均匀，盐田分布较少；原特区外宝安和龙岗是综合土地立体化利用适宜区域分布较多的两个区，光明、龙华次之，坪山、大鹏最少。对于立体建筑与立体交通而言，原特区内适宜面积达到700 hm²，原特区外达到3050 hm²，原特区内适宜面积与区域总面积的比值约为原特区外的87%，表明原特区外适宜开展立体建筑与立体交通的土地空间更为充足；对于立体建筑与立体绿化而言，原特区内适宜面积达到1150 hm²，原特区外达到2850 hm²，原特区内适宜面积与区域总面积的比值达到原特区外的1.5倍，表明原特区内适宜开展立体建筑与立体绿化的土地空间更为充足；对于立体交通与立体绿化而言，原特区内适宜面积达到1425 hm²，原特区外达到1050 hm²，原特区内适宜面积与区域总面积的比值达到原特区外的5.1倍，表明原特区内更适宜且需要立体交通与立体绿化；最后，对于适宜开展3种形式土地立体化利用的区域而言，原特区内适宜面积达到1700 hm²，原特区外达到1350 hm²，原特区内适宜面积与区域总面积的比值约为特区外的4.8倍，表明特区内更适宜且需要综合立体化土地利用。

表4.9 土地立体化适宜性评价综合结果分区统计

行政分区		建筑和交通 /hm²	建筑和绿化 /hm²	交通和绿化 /hm²	建筑和交通及绿化 /hm²	合计 /hm²
原特区内	罗湖	150	300	425	625	1500
	福田	250	300	475	650	1675
	南山	275	450	475	350	1550
	盐田	25	100	50	75	250
原特区外	宝安	800	1825	575	575	3775
	光明	250	75	50	200	575
	龙华	400	400	200	175	1175
	龙岗	1300	500	225	375	2400
	坪山	225	50	0	25	300
	大鹏	75	0	0	0	75

4.4 秉承三维思维的土地立体化利用现状评价

土地资源的分层开发、功能的分空间配置是土地立体化利用的主要特征，不同于一块宗地一个功能的土地平面利用。合理引导功能的纵向布局，以及认识这种利用行为下土地资源的利用潜力及适宜用途，需要秉承三维思维的研究视角及方法。

4.4.1 关于三维思维评价的解析

1）必要性

基于平铺模式（sprawl model）而发展的土地评价技术在面向土地立体化利用行为时体现出局限性，具体如下。

一是平面分类描述与空间综合功能的不适应。现行土地评价是基于土地平面分类而形成的关于土地利用结构、布局、效益的评价指标及方法，难以定量评估土地立体化利用呈现的空间复合功能。

二是平面线面计量与空间立体形态的不适应。现行土地管理的对象主要是线、面，线主要用于界址定位和长度衡量，面主要用于面积数量的统计。随着城市空间的纵向扩展，基于线面而形成的计量单位难以直接支撑立体空间形态的描述与统计，或许需在二维平面统计指标（面积等）的基础上发展三维空间统计指标（体积等）。

三是数量控制主线与质量管理目标的不适应。基于平面扩张控制理念而发展的土地评价技术，其主要目标为控制城市建设的无序外扩，核心是土地开发规模的管控。土地立体化利用体现的是多功能、多要素的空间聚集，强调的是多功能、多要素如何协调而发挥出最大的综合效益，需要评价技术支撑描述功能及要素间的关系与效益，其更多是质量的内涵。

综上而言，现行土地利用评价技术已不足以支撑具备三维空间形态及综合效益内涵的土地立体化利用管理。有必要转换视角，探索秉承三维思维的土地评价技术，构建能够表达土地立体化利用特征的空间化度量指标，以促进科学合理的土地立体化利用（罗婷文等，2017）。

2）基本内容

三维思维下的土地评价是由面向二维土地表层资源的评价向面向三维土地空间资源的评价的转变，对于土地立体化利用在不同空间的利用功能、效益、结构等属性，将不被投影至二维土地平面上进行分析，而是将其在评价指标中充分体现出来，使评价值能够反映三维空间内的属性异质性，在技术条件成熟的情形下可探索三维表达与分析。

关于评价对象，土地立体化利用活动及所形成的物质体为土地立体化利用评价的目标对象，其形式多样，地表及以上的空间主要表现为建筑综合体、轻轨、立交桥、垂直农场、立体绿化等，地下空间主要表现为地铁、地下停车场、地下道路、地下生产生活空间、市政管沟等。土地立体化利用突破土地平面上的功能布局，产生垂直方向上的要素配置，同一宗地的上、下空间具有住宅、商业、交通等多种功能，各类要素在纵向上呈现异质性并相互影响。具体而言，不同于平面土地利用评价所聚焦的土地表层资源，三维思维下土地立体化利用评价的基本对象转变为土地立体化利用活动所形成的物质体中的三维空间范围，其具有多元结构与内部异质性。

关于评价单元，现行土地评价单元一般是面状单元（多边形、栅格）或线状单元（路网），主要评价目标是研究面或线状单元上的土地利用行为，以及各平面单元之间的关系。在土地立体化利用中，由于土地的纵向功能配置、分层开发，同一宗地会具备多种利用功能，以平面单元进行评价时，难以界定评价单元的利用类型及边界。因此，需要以三维空间体作为评价单元，其特点在于能够更准确地对土地立体空间利用形态进行表达，将立体化利用信息赋予到评价对象的各空间层面。

关于三维思维的研究推进，首先面向土地立体化利用数量及结构功能的安排，构建赋予三维空间内涵的评价指标体系，其尺度可覆盖城市、片区、立体利用物质单体等。其次，构建适用于空间体功能、布局调控的土地立体化利用评价空间模型，引进 BIM、GIS、系统仿真等技术，实现土地立体化利用评价对象的可视化及空间分析功能。本书将主要针对第一点开展探索性研究。

4.4.2 评价指标

土地立体化利用对城市发展的贡献主要体现在经济、社会及生态三方面，即集聚社会经济活动以提高土地利用效益、连通活动空间以提升要素流通效率、拓展绿色空间以改善人居生态环境。本书面向上述 3 种主要贡献，立足于以下评价目标，从探索土地立体化利用形态与利用效益响应关系的角度，研究构建评价指标（图 4.20）：①提高土地利用综合效益。土地立体化利用通过提升建设用地开发强度、开展立体空间混合利用以提高用地效益，通常以建筑物或建筑群的高强度地上地下空间开发、功能复合利用等形式体现，因此构建立体建筑评价指标，以数量指标表征立体开发强度，以结构指标体现空间混合利用程度，以综合效益指数衡量立体利用效益。②提升要素流通效率。土地立体化利用通过缩小不同单元间的平面距离，或连通不同单元，以提高人文经济要素的流通效率。其主要通过空中廊道、地铁等立体交通建设实现，因此构建立体交通评价指标，以立体路网密度等指标评价立体交通形态，以立体交通通达度指标评价立体连通性。③改善人居生态环境。土地立体化利用突破传统生态用地约束，采用屋顶绿化、墙面绿化等立体绿化方式提高城市绿化覆盖率，提高人居生态效益，因此构建立体绿化指标，以三维绿量为计量单位，量化立体绿化数量结构，基于人体绿量效用建立可表达空间特征的绿化效益指标。

上述指标具有以下特征：①空间内涵。基于三维思维，视同一平面位置上、不同纵向位置的空间利用为独立存在的实质，具备空间异质性特征及质量内涵。②数量化表达。将蕴含异质性及质量内涵的空间要素投影在平面上，以数量指标表征该空间要素特征，包括空间形态及利用效益。③可拓展性。本书所构建的指标并非封闭的体系，是对空间视角下土地利用评价指标体系的初步探索，可在扩充目标内容的基础上进行补充，在后续研究中可对该指标体系进行进一步深化完善。

应用上述指标对单个土地立体化利用活动进行评价时，按照利用类型选择相应指标，其指标值反映利用数量、结构及效益情况。当上述指标应用于有多种立体化利用类型的区域时，结合多目标优化的技术方法，通过调控不同利用类型的效益值，在区域内实现综合效益最大化，得出不同利用类型的数量、结构值，从而得出区域的立体化利用方案。

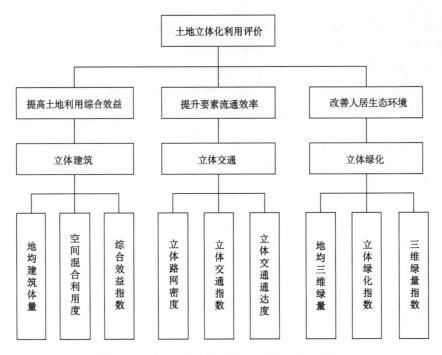

图 4.20　城市土地空间立体化利用评价指标体系

4.4.3　土地立体化利用评价：建筑

在立体建筑评价中，以地均建筑体量来描述建筑立体化利用的空间开发强度（数量特征），以空间混合利用度来反映建筑立体化利用的空间功能配置成熟度（结构特征），以综合效益指数来测度建筑立体化利用的空间综合效益水平（效益特征）。所需数据及其来源如下：通过城市规划和国土资源部门获取建筑物普查数据（建筑物地上和地下分层、分行业统计），通过城市统计年鉴获取人口普查及经济普查数据。

1）地均建筑体量

地均建筑体量指单位建设用地面积上所有功能类型建筑空间总体量。

$$V = \frac{A}{S} = \frac{\sum_{i=1}^{N} A_i}{S} \tag{4.9}$$

式中，V 为地均建筑体量；A 为总体量；A_i 为住宅、商业娱乐、金融办公等第 i 种功能类型建筑空间的体量；S 为建设用地面积。

在平面土地利用评价中，建筑密度和容积率是衡量建设用地利用强度的两项重要指标。前者反映城市空地率和建筑密集程度，却无法测度地上、地下空间的开发强度；后者虽可表征地上空间的开发强度，却同样忽略地下空间。因此，这两项指标在建筑空间立体化利用评价中均存在不足。本书在建筑密度和容积率两项评价指标的基础上引入高度因子，充分考虑地上和地下空间的开发利用，提出地均建筑体量指标，以表征建筑立体化利用的空间开发强度。该指标一方面通过引入高度因子，将容积率指标转化为可表达空间开发强度的立体化指标；另一方面，对容积率指标的内涵进行扩展，涵盖地下空间利用状况，通过对建筑分层、分功能利用状况的统计分析，表达建筑物地上、地表及地下空间的立体开发强度。

基于深圳市建筑普查数据，计算出深圳市地均建筑体量（图 4.21）。深圳市地均建筑体量呈现出西高东低、南高北低的基本特征，较高的部分主要集中在罗湖火车站、福田CBD、南山中心区及后海滨海片区、宝安中心区等区域，沿地铁一号线及滨海区域呈带状分布。相比较而言，坪山新区和光明新区等新区的地均建筑体量明显不足，说明这两个地区立体空间开发潜力较大，在新区建设过程中应注重由传统的平面扩展利用向精明式立体空间利用转变，更多地采用立体化利用方式来提高土地利用效率。

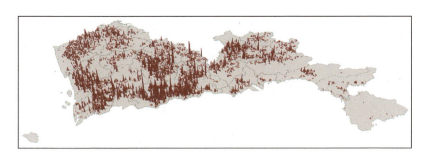

图 4.21　深圳市建筑空间体量

2）空间混合利用度

空间混合利用度指建筑立体化利用下各种功能类型的空间配置丰富度及均衡度。城市土地利用结构的信息熵模型可以定量分析城市土地利用的均衡性，然而评价对象仍在二维平面上，无法表征土地立体化利用下不同功能的空间配置情况。因此，本书在土地利用信息熵模型的基础上，将平面土地利用不同职能类型面积拓展为各种功能类型建筑空间体量，充分考虑到建筑地上和地下空间分层、分类使用，以反映建筑立体化利用的空间结构。

$$H = -\sum_{i=1}^{N} P_i \ln P_i \quad , \qquad P_i = \frac{A_i}{A} = \frac{A_i}{\sum_{i=1}^{N} A_i} \qquad (4.10)$$

式中，H 为空间混合利用度；P_i 为住宅、商业娱乐、金融办公等第 i 种功能类型建筑体量占建筑总体量的比例；A_i 为住宅、商业娱乐、金融办公等第 i 种功能类型建筑体量。

根据熵值最大和最小原理，当区域处于未开发状态时，其空间混合利用度为 0，即 $H_{\min}=0$；当区域已发展成熟，建筑功能丰富且各职能类型的建筑体量趋于均衡时，满足熵值最大化条件，有 $P_1 = P_2 = \cdots = P_N = \frac{1}{N}$，此时空间混合利用度最大，即 $H_{\max} = \ln N$。

空间混合利用度指标意味着在三维思维下，对于土地立体化利用行为，城市土地功能的配置合理性不唯一依赖于平面土地利用类型，而在一定程度上由建筑空间利用功能结构所体现。一般而言，土地空间利用程度越高，建筑空间利用的功能配置越完善，空间混合利用度就越大，城市社会和经济发展也就越成熟。

基于深圳市土地变更调查及建筑普查等基础数据，计算出深圳市分街道的混合利用度及福田 CBD 片区分建筑的混合利用度（图 4.22）。混合利用度在空间上呈现出聚集特征，即混合利用度较高的片区或建筑物体现出邻近特征，混合利用度较高与较低的片区有较明显的分隔。

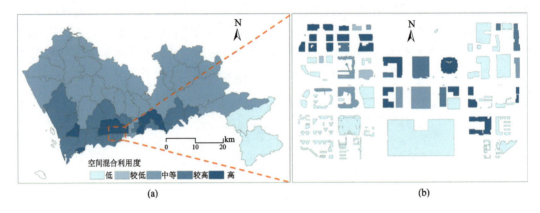

图 4.22　深圳市空间混合利用度

3）综合效益指数

综合效益指数指建筑地上、地下空间所有功能类型的综合效益水平。该指标的量化方法如下：不同建筑功能类型的单位面积产出效益与规划标准相比后成为无量纲数值，赋予该数值以相应类型的建筑体量占比这一权重，进而加和形成立体建筑的综合效益指数。

$$\mathrm{PI} = \frac{\sum_{i=1}^{N}(w_i \cdot A_i)}{\sum_{i=1}^{N} A_i} \quad , \qquad w_i = \frac{Q_i}{\dfrac{S_i}{C_i}} \tag{4.11}$$

式中，PI 为综合效益指数；Q_i 为第 i 种建筑功能类型的产出效益；S_i 为第 i 种建筑功能类型的建筑面积；C_i 为对应第 i 种功能类型产出效益的建筑经济规划标准。当 PI＞1 时，表明建筑立体化利用的空间产出效益水平相对高于建筑经济规划标准；反之，则未达到建筑经济规划标准。

本书通过引入规划标准这一转换桥梁，将不同量纲的效益转化为同一量纲。该指标突破对单一类型或单一空间的效益测度，从效益角度充分体现建筑立体化利用的功能综合性及空间异质性。以学校用地上的建筑利用综合效益计算为例，《深圳市城市规划标准与准则》中建议初中服务半径不超过 1000 m，平均服务人数为 5 万人，建筑面积评价标准为 22800 m²，因此人均拥有教学建筑面积，即规划标准 C_i 为 0.456 m²（图 4.23）。学校建筑实际利用效益为该学校总建筑面积与以该学校为中心、1000 m 为半径的缓冲区内总人口数量之比。同理，可以计算区域内各类型建筑的综合利用效益。

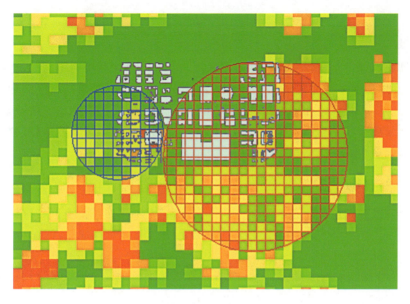

图 4.23　学校服务半径内人口空间分布

　　基于深圳市建筑普查数据、土地变更调查数据，以及人口与经济等统计年鉴数据，计算得出深圳示范区综合效益指数（图 4.24）。由图 4.24 可以看出，福田、罗湖、南山等区域建筑利用综合效益最高，功能配置全面，产业结构以金融服务和高新技术类型为主，单位体量产出效益较高。原特区外地区发展相对缓慢，开发强度较低，基础设施覆盖度不足，产业以制造加工业为主，单位体量产出效益较低。对比地均建筑体量、空间混合利用度、综合效益指数的分析结果发现，三者的空间分布具有一定的相似性，地均建筑体量较高的区域，其综合效益指数一般较高，同时空间混合利用度较高的街道，其地均建筑体量及综合效益指数一般较高。由此说明，土地立体化利用活动带来的高体量、复合功能配置，可在一定程度上提高效益产出。

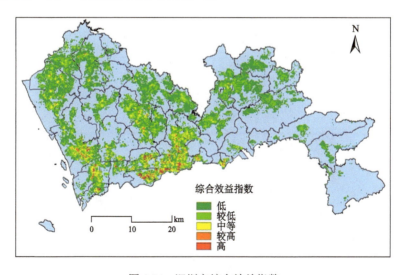

图 4.24　深圳市综合效益指数

4.4.4 土地立体化利用评价：交通

在立体交通评价中，以立体路网密度来反映交通立体化利用的空间开发强度（数量特征），以立体交通指数来描述交通立体化利用的多层次空间配置情况（结构特征），以立体交通通达度来表征交通立体化利用的空间综合通达性（效益特征）。所需数据及其来源如下：通过城市规划和国土资源部门、交通运输部门获取道路交通数据，涵盖地面道路网、地铁线路和地上立交系统。

1）立体路网密度

立体路网密度指单位建设用地面积的地上、地表、地下多层次交通空间路网总长度。

$$TD = \frac{L_u + L_s + L_d}{S} \tag{4.12}$$

式中，TD 为交通路网密度；L_u、L_s、L_d 分别为地上、地表、地下各个层次路网长度；S 为建设用地面积。

在平面土地利用中，路网密度用于度量平面交通的开发强度，未能考虑地上和地下空间的立体交通建设。本书提出的立体路网密度指标，综合考虑土地立体化利用下地上、地表、地下多层次交通系统，将平面道路、高架立交、地铁轨道等所有立体路网类型视为整体来评价立体交通的空间开发强度。

基于深圳市路网数据及地铁线路等基础数据，计算得出深圳市示范区立体路网密度评价结果。由图 4.25 可以看出，深圳市中心城区立体路网密度较高，区内道路网建设较为成熟，地铁线路丰富，立交桥丰富，在福田区共有 17 座立交桥及 7 条地铁线路，交通便捷。宝安、南山等区域因 G107 国道及广深高速沿线立交道路建设，提升了区域立体路网密度。

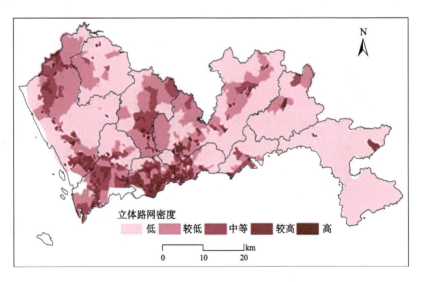

图 4.25　深圳市立体路网密度

2）立体交通指数

立体交通指数指地上和地下空间路网总长度与平面路网长度的比值，该指标能够反映多层次、多种类立体路网的空间结构特征。

$$TI = \frac{L_u + L_d}{L_s} \tag{4.13}$$

式中，TI 为立体路网指数；L_u、L_s、L_d 分别为地上、地表、地下各个层次路网长度。

基于深圳市地铁建设数据及路网基础数据，计算得出深圳市示范区立体交通指数评价结果（图 4.26）。立体交通指数是立体交通路网配置结构的表征，从图 4.26 可以看出，地铁建设是立体交通的重要影响因素，当前地铁建设主要集中在罗湖、福田、南山等区域，东部受自然条件及经济因素等影响，地铁与立交开发建设尚未开展，立体交通指数普遍较低。

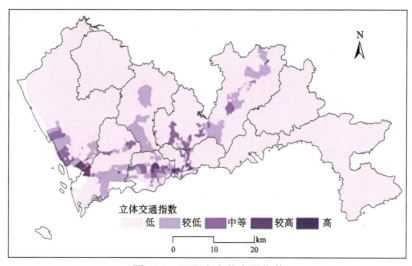

图 4.26　深圳市立体交通指数

3）立体交通通达度

立体交通通达度指地上、地表、地下多层次交通空间中由某点出发到达最近重要地物点的便利程度。

交通通达度是衡量交通形态效益的一项重要指标。在传统平面思维下，交通通达度指标一般仅测算平面路网上单一交通方式通达度，无法体现立体交通不同层次交通空间的综合效益。而在三维思维下，本书融入空间句法理论的基本思想，基于平均深度值对原有空间句法全局集成度进行修正，提出立体交通通达度指标。

空间句法中的深度值指某一节点距其他所有节点的最短距离，通常用平均深度值表示。在城市立体交通系统中，地上立交、地下轨道交通和地面道路交通车辆运行速度各不相同，所以某一节点通过不同交通系统到达其他结点的最短距离也不同。运行速度快的交通系统，结点间距离越小，平均深度值越小。车辆运行速度越快，交通系统越便捷，城市交通通达度也就越高。而对于某空间而言，平均深度值越小，表明该空间结点越浅，在网络上与其他空间之间通达较为便捷，集成度更高。因此，本书采用加权平均深度值的倒数来表征立体交通通达度。

$$SA_i = \frac{n-2}{2K_{ij}(MD_i - 1)} \qquad (4.14)$$

式中，SA_i 为立体交通通达度；MD_i 为节点 i 平均深度值；n 为自然连接图的总节点数；$K_{ij} = \dfrac{1000}{V_j}$ 为节点 i 在交通系统 j 的权重值。

本书所构建的立体交通通达度指标，不仅实现对土地立体化利用视角下空间通达性更为精准的测度，而且能够反映不同道路交通系统在立体交通通达度水平中的作用，从而对立体交通的合理化布局提供技术指导。

采用 ArcGIS 10 平台下的 Axwoman 6.0 扩展工具，通过对深圳市的道路交通网矢量化，得到自然连接图（图 4.27），其中标注地铁站点，以实现地铁线的埋设，从而得到自然连接图（图 4.28）， 使用 overpass 工具，标注各立交桥的出入口点，得到最终的自然连接图（图 4.29），进而实现基于空间句法的深圳市土地立体利用视角下的通达度测度。

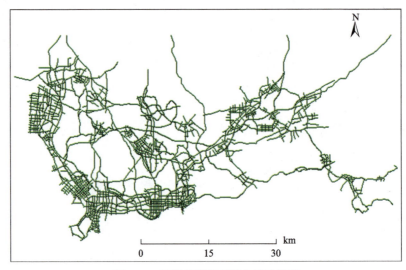

图 4.27　深圳市道路交通自然连接图

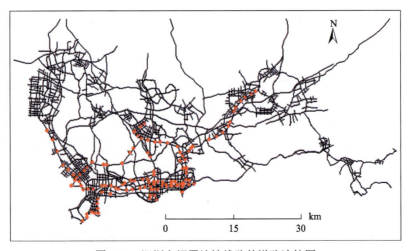

图 4.28　深圳市埋置地铁线路的道路连接图

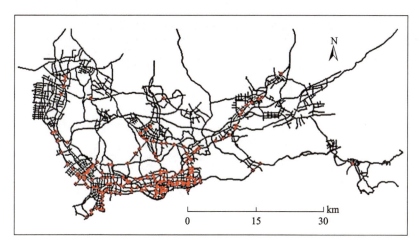

图 4.29　深圳市标注立交桥出入口的自然连接图

　　由图 4.30 和表 4.10 可以直观地看到深圳市交通系统网路的通达情况。深圳市道路的空间通达度基于 ArcGIS 中的自然间断点分级法被划分为 4 个等级，分别是灰色、黄色、蓝色、红色。其中，灰色代表道路空间通达度水平最差，灰色道路主要集中在深圳市宝安区和龙岗区的行政边缘地带，以及地铁线路未经过或未建成立交桥的城市次干道，其中通达度最差的道路是鹏新东路，空间通达度约为 0.999。黄色和蓝色是过渡等级，道路通达度由黄色到蓝色呈递增态势，空间通达度的值分布在 1.53～4.313，与其他两级相比，其通达度处于中等水平。红色代表的道路通达度最高，红色道路主要分布在城市的中南部，集中于南山区、福田区、罗湖区 3 个区。空间通达度高的道路有龙岗大道、滨河大道、北环大道、宝安大道、南光高速、梅观高速等，这些道路多是城市主干道，地铁线路覆盖、立交桥密集，而且从城市中心延伸到周边，连接起东西南北。总体来看，深圳

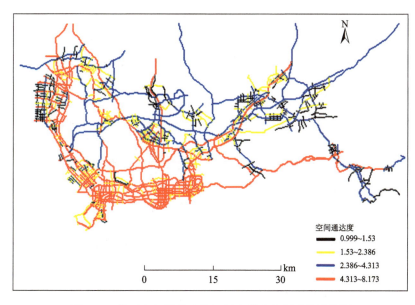

空间通达度
▬▬ 0.999~1.53
▬▬ 1.53~2.386
▬▬ 2.386~4.313
▬▬ 4.313~8.173

图 4.30　基于空间通达度的深圳市综合交通系统连接图

表 4.10 深圳市综合交通系统各道路形态变量值

编号	路名	连接值	控制值	平均深度值	空间通达度
0	广深高速	27	3.48	2.45	3.75
1	滨河大道	53	6.98	2.48	7.54
2	梅观高速	46	6.48	2.36	7.92
3	福龙路	30	3.94	2.47	7.56
4	罗沙路	7	1.76	3.64	5.07
5	南坪快速路	17	2.75	2.69	6.93
6	布吉路	50	9.67	2.45	7.44
7	广深公路	47	9.77	2.76	6.74
8	宝安大道	67	9.21	2.39	7.63
9	南光高速	23	4.20	2.63	7.09
10	沙河西路	11	0.90	2.99	6.22
…	…	…	…	…	…
453	龙岗大道	59	8.53	2.24	8.17

市道路空间通达度较好,表现在城市空间道路网相对密集和集聚,集中在以北环大道和滨河大道为主干道的南山区、福田区、罗湖区,地铁和立交桥 60%分布在这 3 个区内。此外,深圳市交通网络的布局较为合理,与城市经济分布相一致,基本满足城市的交通需求。南光高速、梅观高速、盐坝高速、龙大高速等主要高速从中心城区向外延伸,带动了其余城区交通的发展,有利于深圳市整体交通通达度水平的提高。

考虑到空间插值的均匀性、特征性、可行性等因素,选取深圳市地面交通系统中每条道路的中间点为空间插值的特征点,以空间通达度(SA$_i$)为 Z 值,通过克里格插值法得到深圳市综合交通系统网空间通达度的栅格图像。

根据图 4.31,可以直观地看出,深圳市综合交通系统网络空间通达度的差异性。首先,综合交通系统网络呈现北疏南密、东疏西密的发散型空间形态,这与城市空间结构和各个区经济发展的程度有关。深圳市的空间结构呈东西走向,南临香港,南部地区的福田区和罗湖区是深圳的市中心,经济发展水平最高,因而道路网建设的密度高于其他几个区,并以福田区和罗湖区为中心向北、向东递减。其次,深圳市道路的空间通达度由中心城区(福田区、罗湖区)向西、北、东 3 个方向递减,这与深圳市各个区的经济发展水平相一致。中心城区空间通达度最好,主要是因为区内道路网密集、地铁线路多和立交桥密布,交通最便捷。宝安区和龙岗区西部空间通达度较差,主要与区域面积大而区内道路网稀疏有关,加之这两个区发展时间较短,还处在开发阶段。龙岗区的东南大鹏新区和东北边缘地带空间通达度最差,这主要是因为大鹏新区 2011 年才成立,发展时间短,加之这两个区域内没有地铁线路经过,立交桥也不多。最后,有地铁线路经过和立交桥存在的区域空间通达明显高于周边地区,如龙岗地铁线沿线,宝安区内新桥立交、松裕立交和松白立交附近的通达度水平也高于周边地区。

将深圳市综合交通系统网连接图属性表内的 454 组线状数据分别归类到深圳市的 6 个区中,具体归类方法如下:若道路 X$_1$ 路始终经过 A 区,则将道路 X$_1$~X$_n$ 各形态变

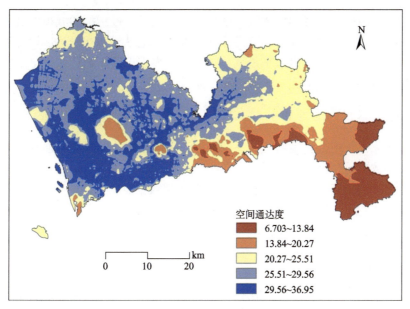

空间通达度
- 6.703~13.84
- 13.84~20.27
- 20.27~25.51
- 25.51~29.56
- 29.56~36.95

图 4.31　深圳市空间通达度插值的空间分布

量的数据信息加入到 A 区,以此类推,得到各个区内本身包含的,以及经过各个区的所有道路的形态变量数据。根据区内各条道路量化的形态变量数据,使用算术平均值的方法,计算深圳市整体和 6 个区的平均连接值和平均空间通达度,结果见表 4.11。

表 4.11　深圳市及各个区的平均连接值、平均空间通达度

区域	平均连接值（$M_{connect}$）	平均空间通达度（$MSSA_i/MSA_i$）
深圳市	6	2.43
龙岗区	5	2.01
宝安区	7	2.42
福田区	16	5.21
罗湖区	18	4.79
盐田区	5	3.04
南山区	16	4.25

　　在平均连接值方面,罗湖区平均连接值最大,其次是福田区和南山区,而平均连接值最低的是盐田区和龙岗区。在平均空间通达度方面,福田区平均空间通达度最高,罗湖区和南山区次之,盐田区、宝安区和龙岗区的平均空间通达度较低,其中龙岗区最低。对深圳市及各个区的平均空间通达度进行对比分析,龙岗区和宝安区的平均空间通达度都低于深圳市总体平均水平,福田区、罗湖区、南山区远大于深圳市总体平均水平,盐田区稍高于深圳市总体平均水平。从表 4.11 还可以看出,福田区是深圳市空间通达度水平最高的地带,罗湖区紧随其后。福田区作为深圳市重点规划建设的城市 CBD,由滨河大道、红荔大道、彩田路、新洲路 4 条城市主干道共同围合而成。其空间通达度指标均高于其他 5 个城区,交通通达度水平高,各种人类活动向福田区靠拢,加上深圳市政府

的建设支持，福田区内的空间集成度不断增强，形成了超过传统的城市中心——罗湖区新的城市 CBD。基于聚类结果，可将各个区综合交通通达性水平分为 3 个梯度，第一梯度为福田区和罗湖区，通达度水平最高；第二梯度为南山区，通达度水平次之；第三梯度为盐田区、宝安区和龙岗区，通达度水平最低。

4.4.5 土地立体化利用评价：绿化

在立体绿化评价中，以地均三维绿量来描述立体绿化的空间覆盖强度（数量特征），以立体绿化指数来反映立体绿化不同类型的空间布局（结构特征），以三维绿量指数来测度基于人体感受的植被三维绿量（效益特征）。所需数据及其来源如下：通过实地调查获取地表及建构筑物上的植被三维数据（如 LiDAR 点云数据），涵盖植物种类、株数、冠幅、冠型、面积、灌木每平方米株数、灌木高度等。

1）地均三维绿量

地均三维绿量指单位建设用地面积上所有覆盖于建筑体上、地表及地下总的三维绿量。

$$GA = \frac{G_b + G_u + G_g}{S} \tag{4.15}$$

式中，GA 为地均三维绿量；G_b、G_u、G_g 分别为建筑体上、地下、地表的三维绿量；S 为建设用地面积。

在平面土地利用中，城市绿地评价主要通过人均公共绿地面积、绿化覆盖率、绿地率 3 项指标体现。然而，这些评价指标尚停留在二维平面上，难以体现屋顶绿化、垂直绿化等立体绿化状况。三维绿量（tridimensional green quantity，TGQ）是指所有生长中的植物茎叶所占据的空间体积（单位一般为 m^3），其是城市绿化指标体系的第一立体指标。根据调查数据，累加单株三维绿量获得目标区域的三维绿量总量，可表征屋顶绿化、垂直绿化等各种立体绿化形式，且能够反映不同植被覆盖类型的绿化结构与质量。基于此，本书构建地均三维绿量指标，用于评价区域内所有形式城市立体绿化的空间覆盖强度。

乔木三维绿量的计算需依据不同的冠型，选择表 4.12 中对应的冠型公式进行计算，其中冠型分为卵形、圆锥形、球形、半球形、球扇形、圆柱体等；在灌木三维绿量的计算中，单株栽植的灌木三维绿量计算同乔木，密栽灌木的三维绿量为面积与高度的乘积；草本植物三维绿量为面积与高度的乘积，其中草本植被的高度一般以 5cm 为平均水平。

表 4.12　植物树冠体积计算公式

序号	树冠形状	计算公式
1	卵形	$\pi x^2 y / 6$
2	圆锥形	$\pi x^2 y / 12$
3	球形	$\pi x^2 y / 6$
4	半球形	$\pi x^2 y / 6$
5	球扇形	$\pi(2y^3 - y^2 \times \sqrt{4y^2 - x^2}) / 3$
6	圆柱体	$\pi x^2 y / 4$

注：表中 x 为冠幅（m），y 为冠高（m）。

2）立体绿化指数

立体绿化指数指所有覆盖于建筑体上和地下的三维绿量与地表三维绿量的比值，该指标旨在体现涵盖墙体绿化、屋顶绿化及檐口绿化等类型的城市立体绿化的空间结构特征。

$$GI = \frac{G_b + G_u}{G_g} \qquad (4.16)$$

式中，GI 为立体绿化指数；G_b、G_u、G_g 分别为建筑物上、地下、地表的三维绿量。当 GI = 0 时，表明该区域不具备任何形式的立体绿化。

3）三维绿量指数

三维绿量指数指空间内任意一点所能感受到的周边绿化资源的生态效益，该指数基于人体的绿量空间感受，以某一点人体所能捕获的单位三维绿量进行评价，从空间视角综合考虑距离、高度等因素对人体绿量感受的影响，从而定量评估三维空间下立体绿化的效益。

$$TGBI_i = \ln \frac{\sum_j \left(TGB_{sf} + TGB_{bd} \right)}{Vol_i}, \quad D_{ij} \leqslant 100 \qquad (4.17)$$

式中，$TGBI_i$ 为三维绿量指数；TGB_{sf} 为地表上的三维绿量；TGB_{bd} 为建筑物上的三维绿量；D_{ij} 为物体（建筑或植被）i 与周边植被 j 之间的距离；Vol_i 为 i 的建设体积，当 i 为植被时，Vol_i 取值为 1。在没有任何三维绿量覆盖的区域上，$TGBI_i$ 的值为 $-\infty$。计算时将 i 的建设体积 Vol_i 纳入考虑，以表征建设用地对城市生态效益的负面影响，如热岛效应、地表径流污染等。当 i 为植被时，Vol_i 取值为 1。

关于周边绿化对空间 i 的效用。对于人而言，位于不同高度的空间位置所能接收到的地表植被的生态效益不同。如图 4.32 所示，当人处于 O 点时，能够接收到 OA（100m）半径范围内所有植被的生态效益（黄色区域）；当人处于 O' 点时，能够接收到 O'B（100m）半径范围内所有植被的生态效益（蓝色区域）。而人在空间上达到的任意位置往往以建筑

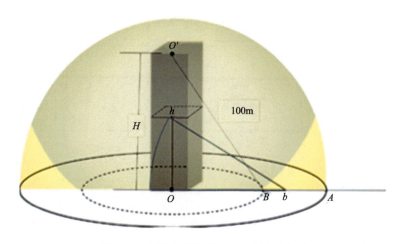

图 4.32　地表三维绿量 TGQ 范围示意图

为载体，因此对于建筑物 OO'而言，建筑物上任意空间 i 均能完全接收到位于 OB 范围内所有植被的生态效益；位于 AB 范围内的植被，其生态效益只能作用于建筑的部分空间 i。例如，位于 b 点的植被，其生态效益只能服务于建筑 OO'中高度不超于 h 的部分（bh 为 100m）。综合考虑计算的简便性及误差性，植被的高度忽略。

建筑上任意空间 i 所捕获到的三维绿量值为

$$\sum \mathrm{TGQ} = \sum_{j=O}^{B} \mathrm{TGQ}_{\mathrm{OB}} + \sum_{j=B}^{A} \frac{h}{H} \mathrm{TGQ}_b \tag{4.18}$$

式中，$\mathrm{TGQ}_{\mathrm{OB}}$ 为 OB 区域内的三维绿量；TGQ_b 为 b 的三维绿量；h 为 b 点三维绿量产生的生态效益所能影响到的高度范围；H 为建筑最高点高度。

当空间任意一点 i 处的高度高于 100m 时，上述关于地表三维绿量 TGQ 的公式可以简化为

$$\sum \mathrm{TGQ} = \sum_{j=0}^{A} \frac{h}{H} \mathrm{TGQ}_{\mathrm{OA}} \tag{4.19}$$

关于 D_{ij} 的范围取值。在街区或片区尺度上，由于城市绿化的生态效益有一定的作用范围，同时城市居民的日常生活半径也有一定的距离，因此可以假设，在建筑物内生活或工作的城市居民只能感受到与其一定距离的城市绿化所产生的生态效益。在三维空间内，城市居民与城市绿化的接触度也受建筑物高度的影响（图 4.33），则人体 i（植被或建筑物）所能接收到的植被 j 生态效益距离 D_{ij} 为

$$D_{ij} = \sqrt{l^2 + (H-h)^2} \tag{4.20}$$

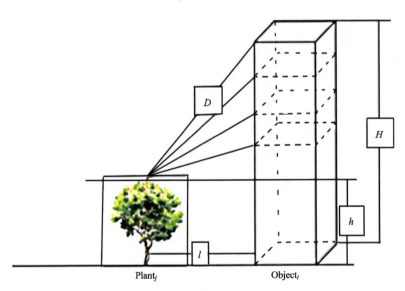

图 4.33　植被与建筑间距离关系示意图

研究表明，对于最小的绿地斑块，其微气候调节效应最远可以达到 100m，而我国学者的研究显示，北京城市绿地降温作用的作用范围为 100～200m。综合考虑各研究结果，本书的研究认为人体 i 所能接收到的生态效益作用范围 D_{ij} 为 100m。

通过在示范区开展实地调查，结合示范区规划设计图纸，获取了深圳市低碳城立体绿化的三维空间数据（图4.34），计算得出深圳市低碳城示范区立体绿化评价指标值结果，如图4.35所示。

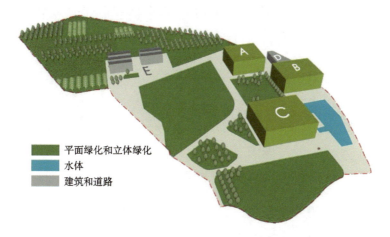

图4.34　深圳市低碳城示范区绿化三维概况图

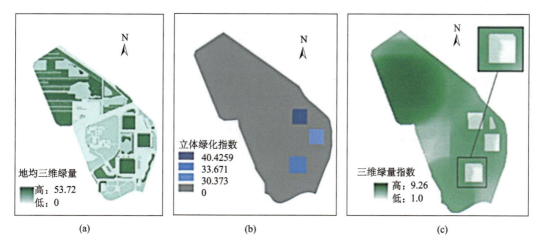

(a)　　　　　　　　　　(b)　　　　　　　　　　(c)

图4.35　深圳市低碳城示范区立体化绿化评价结果图

深圳市低碳城示范区的三维绿量总量为69099.84m³，其中建筑绿化的三维绿量占总量的18.70%，垂直绿化是3个建筑场馆的主要绿化形式，绿化面积为5291.56m²，占建筑表面积的25.74%，建筑的绿化空间还可以进一步提高。地均三维绿量平均值为15.43m³/m²，A、B、C场馆的地均三维绿量高于草本种植区域。对于立体绿化指数，A、B、C场馆具有较高的立体绿化指数值，立体绿化程度高，而D、E场馆的立体绿化指数为0，具有较大的集约绿化潜力。三维绿量指数平均值为7.37，最高值为9.24，位于示范区北部，该区域集中分布大量小叶榄仁、杧果树等乔木；最低值为3.86，位于C馆的东南端。

总体而言，秉承三维思维的立体绿化评价指标反映了立体绿化特征及绿化类型差异，较绿地率、人均绿地等评价指标更加全面。以建筑C及其周边区域为例，建筑C属于建设用地（图 4.35），但其进行了墙体绿化、屋顶绿化等立体绿化，建筑 C 区域的三维绿量为 1.68m^3，明显高于其周边草地的三维绿量（图 4.36）。整体而言，3 个建筑场馆的三维绿量总量为 12920.88m^3，高于区域内草本植物的三维绿量总和，说明建筑物上的立体绿化不容忽略。此外，绿地内部基于乔灌草结构配置的差异也得到体现，位于 A、B、C 场馆中间的同一片绿地中，乔木集中区域与草本覆盖区域的三维绿量差值可达 53.63m^3。

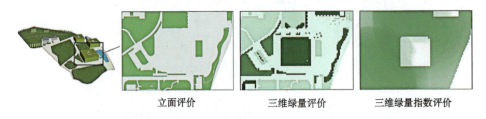

立面评价　　　　　　三维绿量评价　　　　三维绿量指数评价

图 4.36　主要位置不同绿化评价指标值的对比

考虑了周围绿化资源对人体的效用后，三维绿量指数更加直观地表达绿化资源服务于人的生态功能。结果表明，建设用地的不同位置所接收到的生态效益差异明显，如建筑 C 的东南侧 TGI 为 6.6，而东北侧则为 7.4（图 4.37），其他场馆建筑也显示类似结果。另外，由于建筑群 E 周围种植大量小叶榄仁林、杧果林，其 TGI 最高可达 9.05，远高于其他建设用地。类似地，建筑 D 尽管是非绿化建筑，但其周围绿化建筑的生态效益均能作用到建筑 D 上，因此其 TGI 均能达到 5.0 左右，高于绿化建筑 C 的平均值，换句话而言，尽管建筑 D 是非绿化建筑，但是物体在 D 的位置所感受到的生态效益高于在绿化建筑 C 处。由此看出，三维绿量指数能直接表观绿化资源所产生的生态效益对人体的作用。

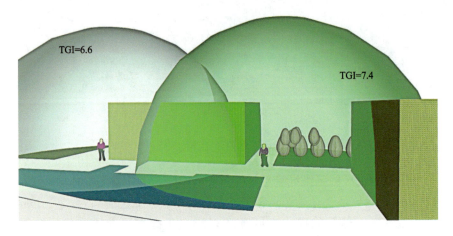

图 4.37　三维绿量指数在融入人体效用方面的意义展示

4.5　地下空间利用的经济价值评估：地铁沿线不动产增值

地铁是一种快捷高效、安全舒适、节能环保的大容量城市客运交通方式，也是一种典型的土地立体化利用方式。地铁因能明显地提升其沿线土地的交通通达性，促进站点周边土地的优化利用，提高土地的开发强度，推动沿线经济的繁荣与发展，所以对其沿线不动产具有显著的增值作用，称为"地铁增值作用"。围绕"地铁沿线不动产增值量化评价技术"，国内外许多学者开展了相关研究，经典方法是将"距最近地铁站的距离"作为沿线房地产价值的影响特征之一，将地铁增值作用视作其边际效应，通过"特征价格模型"定量评估地铁增值作用。传统的特征价格模型假设不同地铁站周围具有相同的增值作用规律，即地铁增值作用具有全局不变性。然而，国外一些研究表明，实则不然。例如，Hess 和 Almeida（2007）在研究纽约轻轨时就发现，只有高收入车站才具有地铁增值作用，而低收入车站甚至具有减值作用。为保证评估精准度，有必要在开展量化评价时考虑地铁增值作用的空间异质性。地理加权回归模型（geographically weighted regression, GWR）是探索空间异质性的经典模型，广泛应用于经济、健康、气象和环境等诸多领域。因此，针对地铁增值作用的空间异质性，可以借助 GWR 对传统特征价格模型进行改进，即研发"基于 GWR 的特征价格模型"来创新地铁沿线不动产增值量化评价技术，以提升地铁增值作用量化评价的精准性，为精细化管理地铁这种典型的土地立体化利用方式提供技术支撑。

4.5.1 基于 GWR 的特征价格模型

1）空间特征价格模型

空间特征价格模型是在特征价格模型的基础上引入空间的概念，本书的研究所用的空间特征价格模型实质上是 GWR，而 GWR 是对普通线性回归模型的扩展，将数据的空间位置嵌入到回归参数中，利用局部加权最小二乘方法进行逐点参数估计，每个局部点位上都有一套对应的模型参数估计值，其中权是回归点所在的地理空间位置到其他各观测点的地理空间位置之间的距离函数。在局部模型中，"距最近地铁站的距离" 这一特征的系数不再只有一个全局估计值，而是在每个局部点位上都有一个估计值，因此可用来定量表示地铁增值作用的空间异质性，即

$$y_i = A_0\left(u_i,\ v_i\right) + \sum_{k=1}^{n} A_{ik}\left(u_i,\ v_i\right)x_{ik} + E_i \tag{4.21}$$

式中，$\left(u_i,\ v_i\right)$ 为第 i 个采样点的坐标；$A_{ik}\left(u_i,\ v_i\right)$ 为第 i 个采样点上的第 k 个回归参数，是地理位置的函数。

若 $A_{1k}\left(u_1,\ v_1\right) = A_{2k}\left(u_2,\ v_2\right) = \cdots = A_{nk}\left(u_n,\ v_n\right)$，则 GWR 就退变为普通的线性回归模型。

特征价格模型采取两种形式，即线性形式、半对数形式，分别如公式（4.22）、式（4.23）所示：

$$Y = A_0 + A_1X_1 + A_2X_2 + \cdots + A_nX_n + R \tag{4.22}$$

$$\ln Y = A_0 + A_1X_1 + A_2X_2 + \cdots + A_nX_n + R \tag{4.23}$$

式中，Y 为不动产价格；$X_1 \sim X_n$ 为特征；R 为误差，是随机变量；$A_0 \sim A_n$ 为待估计的模型参数。

2）模型的特征参数

影响房地产价格的特征变量可以分为三大类，包括宏观层面的区位特征、中观层面的邻里特征和微观层面的结构特征。其中，区位特征用来表征房地产在城市全局层面的区位好坏，如城市中心可达性等特征；邻里特征用来表征房地产周围环境中各类资源的可获得性和丰富程度，如公共设施的服务水平等；结构特征是指房地产本身的一些特征，如层高、楼龄等。

本书的研究开展了三阶段特征遴选工作。首先，根据研究目的和现有数据资源情况，设计了三大类、19 小类的特征体系（图 4.38）；然后，构建基于 OLS 的全局特征价格模型，通过逐步回归法，剔除了具有全局多重共线性问题的 4 个特征；最后，在此基础上，构建基于 GWR 的局部特征价格模型，剔除了具有局部多重共线性问题的 5 个特征，最终形成了三大类、九小类的特征集合。

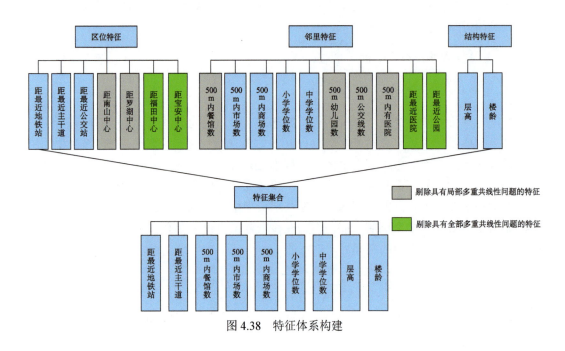

图 4.38　特征体系构建

3）模型的评估指标

（1）单价增量速率、单价增量与增值总量。

如果特征价格模型采用线性形式，即以单价增量速率、单价增量与增值总量来定量评价地铁增值作用。其计算公式如下：

$$单价增量速率=A_1 \tag{4.24}$$

$$单价增量=（D-L）\times A_1 \tag{4.25}$$

$$增值总量=\sum_{i=1}^{n}(D_i-L_i)\times A_{1i}\times S_i \tag{4.26}$$

其中，单价增量速率 A_1 是指地铁增值作用强度，具体是不动产每靠近地铁站 1m，地铁促使其单价上涨 A_1 元/m², A_1 为"距最近地铁站的距离" X_1 这一特征的系数。

单价增量是指不动产的单价因为地铁的影响而增加的部分；D 为不动产距离最近地铁站的距离；L 为地铁增值作用的临界距离，一般取 1～2km，超过这一距离，地铁不再产生增值作用。

增值总量是指不动产因为地铁的增值影响而增加的总价值；i 为建筑物编号，i=1,2,3,4,…,n，S 为单栋建筑物总建筑面积。

（2）单价增比速率、单价增比与增值总量。

如果特征价格模型采用半对数形式，即以单价增比速率、单价增比、增值总量来定量评价地铁增值作用。其计算公式如下：

$$单价增比速率=A_1 \tag{4.27}$$

$$单价增比\ P=\{e[(D-L)\times A_1]-1\}\times 100\% \tag{4.28}$$

$$增值总量=\sum_i^n Y_i \times S_i \times P_i /(P_i+1) \tag{4.29}$$

其中，单价增比速率 A_1 是指地铁增值作用强度，具体是不动产每靠近地铁站 1m，地铁促使其单价上涨 A_1%。单价增比 P 是指不动产的单价增值幅度。Y 是对应的单栋建筑物的平均单价。

4）运算流程

首先，在确定地铁沿线不动产增值量化研究影响特征的基础上，进行特征数据的收集、预处理和空间化。引入空间概念的方法，建立基于 GWR 的局部特征价格模型，并构建线性形式和半对数形式两种模型的评价指数及计算方法。然后，在进行评价指数的计算之后，对线性形式和半对数形式模型进行对比，分析模型差异。最后，进行地铁增值作用分析与评价，分析地铁增值作用的整体特征、地铁增值作用的时间特征，以及地铁增值作用的测算。其运算流程图如图 4.39 所示。

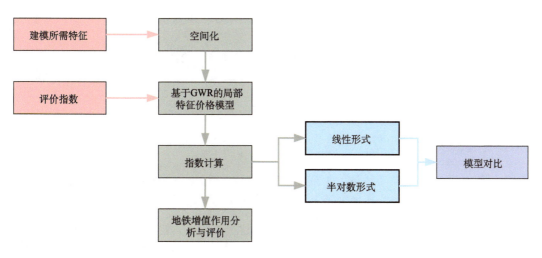

图 4.39　运算流程图

4.5.2　深圳地铁沿线不动产增值

对深圳市城市轨道交通系统进行研究,选择了深圳地铁沿线 2km 以内的部分住宅型建筑物作为研究对象,从深圳市规划和国土资源委员会获取 6669 栋住宅型建筑物 2013 年度的平均交易单价。这些建筑物分布在距其最近地铁站 1～1979m,平均距离为 646 m。这些建筑物中的房屋交易单价平均值为 21569 元/m²,中位数为 19862 元/m²。以不动产交易均价作为因变量,以距最近地铁站、距最近主干道、500m 内餐馆数、500m 内市场数、500m 内商场数、小学学位房、中学学位房、层高、楼龄作为特征因子,采用空间特征价格模型进行建模分析。

1. 基于 GWR 的特征价格模型(线性形式)

1)单价增量速率

图 4.40 展示了地铁沿线不动产的单价增量速率 A_1 的空间变化,表征了地铁增值作用的空间异质性。其中,市级商业中心区地铁站的增值作用均较强,如罗湖区的大剧院站、福田区的华新站和南山区的登良站等,深圳市原特区外地铁站的增值作用均偏弱。

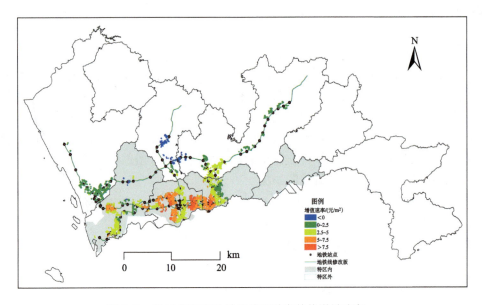

图 4.40　2013 年深圳地铁沿线不动产单价增量速率

2)单价增量

图 4.41 展示了地铁沿线住宅单栋建筑物由于地铁增值作用影响而产生的单价增量的空间分布,可以看出,地铁周围不动产单价增量存在空间异质性,原特区内商业中心地区的建筑物单价增量普遍高于原特区外。

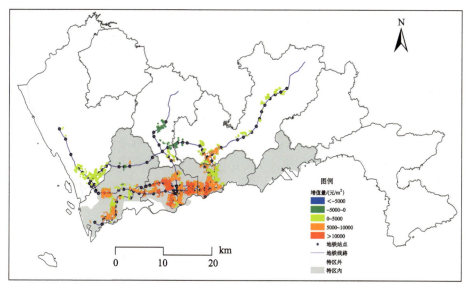

图 4.41　2013 年深圳地铁沿线不动产单价增量

3）增值总量

增值总量表征由于地铁对其沿线不动产的增值作用，而使不动产所增加的价值总量。基于 GWR 的局部模型（线性形式），得出深圳地铁沿线不动产增值总量为 7680.72 亿元。

2. 基于 GWR 的特征价格模型（半对数形式）

1）单价增比速率

图 4.42 展示了基于 GWR 的局部特征价格模型（半对数形式）"距最近地铁站"特征 X_1 的系数 A_1 估计值的空间变化，它是地铁沿线不动产的单价增比速率，代表了地铁增值

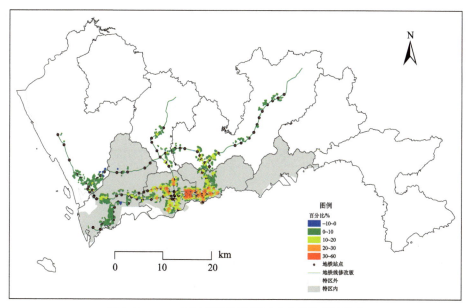

图 4.42　2013 年深圳地铁沿线不动产单价增比速率

作用强度。从 A_1 的空间变化可以明显看出深圳地铁沿线不动产单价增比速率空间分布情况，深圳原特区外的地铁站的单价增比速率偏低。

2）单价增比

本书的研究构建"单价增比"这一指标来评价空间上单栋建筑物由于地铁增值作用影响而使建筑物单价所增加的百分比，计算得到地铁沿线住宅单价增比的空间分布如图 4.43 所示。由图 4.43 可以看出，单价增比存在空间异质性，罗湖区的大剧院站、福田区的华强路站等原特区内地铁站周围住宅单价增比较高，原特区外的住宅单价增比较低。

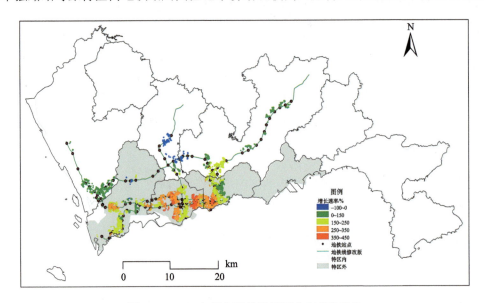

图 4.43　2013 年深圳地铁沿线不动产单价增比

3）增值总量

增值总量表征由于地铁对其沿线不动产的增值作用，而使不动产所增值的总额，基于 GWR 的局部模型（半对数形式），得到深圳地铁沿线不动产增值总量为 3510.82 亿元。

参 考 文 献

陈为公. 2010. 土地科学导论. 北京: 经济科学出版社

范辉, 刘卫东, 周颖. 2013. 基于结构-功能关系的城市土地集约利用评价——以武汉市中心城区为例. 经济地理, 33(10): 145-150

封志明, 唐焰, 杨艳昭, 等. 2007. 中国地形起伏度及其与人口分布的相关性. 地理学报, 62(10): 1073-1082

高娟, 戴兰, 陈锐, 等. 2014. 三种开发区土地集约利用评价方法比较分析. 测绘地理信息, 39(3): 62-67

葛莹, Miron J, 蒲英霞, 等. 2015. 基于边际 K 函数的长三角地区城市群经济空间划分. 地理学报, 70(4): 528-538

郭旭东, 邱扬, 连纲, 等. 2005. 基于"压力-状态-响应"框架的县级土地质量评价指标研究. 地理科学, 25(5): 579-583

何英彬, 陈佑启, 杨鹏, 等. 2009. 国外基于 GIS 土地适宜性评价研究进展及展望. 地理科学进展, 28(6):

898-904

江东, 杨小唤, 王乃斌, 等. 2002. 基于 RS、GIS 的人口空间分布研究. 地球科学进展, 17(5): 734-738

孔令曦, 沈荣芳. 2007. 城市地下空间发展可持续性评价. 自然灾害学报, 16(1): 119-122

廖文珍, 王菲凤, 张江山. 2013. 基于多边形面积法的农田土壤重金属污染综合评价. 安全与环境学报, (4): 155-159

林雄斌, 马学广. 2015. 城市-区域土地集约利用评价与影响因素研究——以珠三角为例. 国土资源科技管理, 32(1): 13-20

刘红辉, 江东, 杨小唤, 等. 2005. 基于遥感的全国 GDP 1km 格网的空间化表达. 地球信息科学学报, 7(2): 120-123

刘艳华, 徐勇. 2015. 中国农村多维贫困地理识别及类型划分. 地理学报, 70(6): 993-1007

罗静, 曾菊新. 2004. 城市化进程中的土地稀缺性与政府管制. 中国土地科学, 18(5): 16-20

罗婷文, 姚尧, 罗平, 等. 2017. 秉承三维思维的土地立体化利用评价指标研究. 资源科学, 39(1): 74-84

马素兰. 1989. 土地潜力评价. 农业区划, (3): 29-36

毛蒋兴, 闫小培, 王爱民, 等. 2005. 20 世纪 90 年代以来我国城市土地集约利用研究述评. 地理与地理信息科学, 21(2): 48-52

孟鹏, 郝晋珉, 周宁, 等. 2014. 新型城镇化背景下的工业用地集约利用评价研究——以北京亦庄新城为例. 中国土地科学, 28(2): 83-89

石辉, 张志政, 玉亚, 等. 2009. 环境质量综合评价的新方法——多边形面积法. 地下水, 31(6): 98-99

孙平军, 吕飞, 修春亮, 等. 2015. 新型城镇化下中国城市土地节约集约利用的基本认知与评价. 经济地理, 35(8): 178-183

唐焱, 杨伟洪. 2012. 城市地下空间价格及其评估研究——以南京市商业用地为例. 中国房地产, (9): 58-65

汪侠, 黄贤金, 甄峰, 等. 2009. 城市地下空间资源开发潜力的多层次灰色评价. 同济大学学报: 自然科学版, 37(8): 1122-1127

王海刚, 贾三满, 杨艳, 等. 2011. 基于 GIS 的城市地下空间资源综合质量评估研究. 上海国土资源, 32(1): 59-62

王明涛. 1999. 多指标综合评价中权数确定的离差, 均方差决策方法. 中国软科学, (8): 100-101

王万茂. 2001. 土地利用规划与可持续发展. 资源与人居环境, (4): 28-29

夏方舟, 沈悦, 严金明. 2014. 基于山水视野约束的城镇立体空间开发潜力评价. 中国土地科学, 28(5): 81-89

徐勇, 段健, 徐小任. 2016. 区域多维发展综合测度方法及应用. 地理学报, 71(12): 2129-2140

严兵. 1989. 土地适宜性评价. 农业区划, (4): 60-63

杨明, 曲大义, 王炜, 等. 2002. 城市土地利用与交通需求相关关系模型研究. 公路交通科技, 19(1): 72-75

尹君. 2001. 土地资源可持续利用评价指标体系研究. 中国土地科学, 15(2): 6-9

张彦. 2014. 基于土地集约利用的城市高架路桥下空间利用研究——以苏州为例. 苏州科技学院硕士学位论文

赵小风, 黄贤金, 陈逸, 等. 2010. 城市土地集约利用研究进展. 自然资源学报, 25(11): 1979-1996

赵小风, 黄贤金, 李衡, 等. 2011. 基于 RAGA-AHP 的工业行业土地集约利用评价——以江苏省为例. 自然资源学报, 26(8): 1269-1277

赵亚辉, 钟毅, 卫学众. 2008. 基于层次分析法的土地整理项目工程风险分析. 国土资源导刊, 5(2): 41-44

周诚. 1992. 土地价值论. 中国土地科学, (2): 10-16

Arnott R J, Stiglitz J E. 2010. Aggregate land rents, expenditure on public goods, and optimal city size. Quarterly Journal of Economics, 93(4): 471-500

Collins M G, Steiner F R, Rushman M J. 2001. Land-use suitability analysis in the United States: historical development and promising technological achievements. Environmental Management, 28(5): 611-621

Edelenbos J, Monnikhof R, Haasnoot J, et al. 1998. Strategic study on the utilization on underground space in the Netherlands. Tunneling and Underground Space Technology, 13(2): 159-165

Hess D B, Almeida T M. 2007. Impact of proximity to light rail rapid transit on station-area property values in Buffalo, New York. Urban Studies, 44(5): 1041-1068

Hopkins L. 1977. Methods for generating land suitability maps: a comparative evaluation. Journal for American Institute of Planners, 34(1): 19-29

Hulme T W, Zhao J. 1999. Underground space development in Singapore the past, present and future. Tunneling and Underground Space Technology, 14(4): 407-407

Monnikhof R, Edelenbos J, Krogt R V D. 1998. How to determine the necessity for using underground space: an integral assessment method for strategic decision-making. Tunnelling & Underground Space Technology, 13(2): 167-172.

Ratchiff R U. 1949. Urban land economics. New York: McGraw-Hill

Wang X, Zhen F, Huang X, et al. 2013. Factors influencing the development potential of urban underground space: structural equation model approach. Tunnelling & Underground Space Technology, 38(3): 235-243

Zadeh L A. 1956. Fuzzy sets. Information & Control, 8(3): 338-353

Zheng H Y, Shen L. 2008. Evaluation of urban land intensive use-take the case of a changing city of Shenzhen as an example. Journal of Natural Resources, 23(6): 1009-1021

第5章　立体化利用模式下智能规划技术

5.1　地上下空间协调的地铁线路规划

以地铁站的建设为契机，对其周边地区的地上、地面和地下空间综合开发，简称功能复合的立体化综合体。因此，合理规划地铁线路，并对连接地铁与城市其他建筑功能、形式与空间组合进行设计研究十分有必要。本书的研究立足城市地铁站点选址中存在的实际问题，结合城市空间的综合利用，考虑社会、经济、政策、生态、环境、人文等方面因素，探索多源空间大数据（基础地理空间数据、建筑物、交通、地质数据等）驱动的地铁站点选址方法，构建融合大数据分析、人工智能等的地铁线路规划模型，解决地铁站点选址中的实际问题，为地下空间利用、地铁车站设计与建设提供技术支撑。

5.1.1　基本要素

1）基本原则

根据《城市轨道交通技术规范》（GB 50490—2009）、《地铁设计规范》（GB 50157—2013）等地铁建设相关规范，地铁线路规划中一般遵循以下基本原则。

一是长度限制原则。依据线网规划、综合交通规划、法定图则和地铁相关规范，车站个数及位置选择应保持合理站间距，符合线网规划对本线服务水平的要求。通常站间距为1～2km，中心城区线路平均站间距可选1km左右，不宜超过1.5km。

二是邻近其他交通枢纽原则。地铁站点应该尽可能与飞机场、火车站、市内公交总站、口岸等其他类型的交通枢纽贯通配合，这样有利于地铁与其他交通工具进行换乘，提高整个城市的交通运输效率。

三是覆盖主要的客流集散地原则。地铁站点应该尽可能覆盖市内公交或汽车总站、大型商业中心、大型公园广场、大型展览中心、大型体育中心等可能成为大型客流集散点的区域。

四是线路敷设原则。首先，地铁站点应该尽可能选用地铁建设控制用地，避免大拆大建。其次，地铁线路敷设位置应尽量顺沿城市道路，以节省城市用地，降低对沿线环境的影响；最后，地铁线路敷设要考虑路线的曲线半径，一般为300～350m，困难情况下为250～300m，这样有利于地铁运行的安全。

五是建设代价控制原则。地铁站点及线路应该尽量避开生态保护区、历史文化遗产保护区、地质滑坡灾害区、高层建筑、复杂地下管线分布区，这样有利于减少地铁线路建设的难度，降低建设成本，提高安全可靠性。

2）影响因素

地铁线路规划的影响因素总结见表5.1，包括经济、社会、环境、规划等多个方面。

国内外学者对此开展了系列研究分析，具体如下。

表 5.1   地铁线路规划的影响因素

类型	影响因子
经济	城市国民生产总值、城市基础设施投资比例
	城市经济能力、城市建设投资
	产业布局
社会	人口因素
	城市人口
	城市交通需求
	乘车需求
环境	可达性、附近设施、空间比例、与地面空间的联系、自然和人工照明、噪声等级、空气质量等
	时间价值、出行密度及步行速度等
	城市性质与特征、用以支撑城市交通的载体道路设施条件
	路网密度
	城市建筑密度、小区设计方案、土地利用类型、基础设施情况
规划	城市规模、形态及布局
	城市结构、交通基础设施、交通规划与管理
	城市土地利用
	城市空间形态、地铁覆盖范围和发展密度

资料来源：李建新和毛保华，2001；周立新和孔庆瑜，2005；李亚男，2015；Church and Clifford, 1979；沈波和刘云，2008；Waddell et al., 2007；Durmisevic and Sariyildiz, 2001；Chine and Qin, 2004；胡超凡等，2006；Badoe and Miller, 2000；Cascetta and Pagliara, 2008；梁喜，2003；全永燊，2000；王忠强等，1999。

Durmisevic 和 Sariyildiz（2001）认为，影响地铁站点选址的关键因素为可达性和附近设施、空间比例、与地面空间的联系、自然和人工照明、噪声等级，还有空气质量。Waddell 等（2007）发现，交通系统变化影响了城市土地利用，城市土地利用变化同时反作用于交通系统。Chine 和 Qin（2004）建立了最优站间距模型，以总成本最小为目标，并对时间价值、出行密度及步行速度等做了分析，整体上能够增加乘客的可达性。Badoe 和 Miller（2000）在研究交通和城市土地利用的关系时发现，城市建筑密度、传统的小区设计方案和土地利用类型共同影响了城市交通情况。Richardson（2005）分别从乘客和轨道交通两方面建立分析框架来说明交通的持续性，政策的干预还有两者之间的相互影响。Cascetta 和 Pagliara（2008）等在研究坎帕尼亚地区的地铁系统时发现，土地利用类型、基础设施情况和运营策略三者关系紧密。Loo 等（2010）在研究基于轨道交通的公共交通导向发展时，从纽约和香港的案例中发现，社会经济、人口学特征及与其他交通方式的竞争等因素影响着轨道交通系统的发展。Derrible（2012）在研究地铁系统的网络中心性时，考察了世界范围内 28 个国家地铁系统的规模中心性的增长情况，发现其中的中介性非常明显和系统规模呈等速发展，且独立站点之间的中介性对于地铁站点选址有很大影响。

20 世纪以来,我国有多个城市进行了轨道交通项目可行性研究,上海、北京、广州、天津等城市已经进行了轨道交通的建设实践,并取得了一定的成果和经验。全永燊(2000)认为,发展规模大小与城市空间形态及地铁覆盖范围和发展密度有关,但合理规模在很大程度上取决于由城市土地使用所决定的出行总量、出行距离分布及出行方式结构。李建新和毛保华(2001)指出,发展规模受城市形态及布局、城市人口、城市面积、城市交通需求、城市国民生产总值、城市基础设施投资比例的直接影响,这些影响因素相互之间又有可能相互影响制约,如城市人口、城市面积、城市形态及布局影响城市交通需求,国家交通政策、城市交通发展战略及政策、城市国民生产总值影响城市基础设施投资比例,国家交通政策大环境影响各城市交通发展战略及政策。梁喜(2003)认为,发展规模取决于城市规模、城市形态、城市土地利用所决定的出行总量、出行距离分布、出行方式结构及社会经济发展水平等诸多因素,换言之,一个城市轨道交通发展的总体规模无疑应当与上述客观条件相匹配,否则无法保证发展运营的整体社会经济效益。周立新和孔庆瑜(2015)指出,从城市轨道交通可持续发展要求出发,影响城市轨道交通发展的因素主要有城市交通需求、城市结构、城市经济能力、城市交通结构、城市建设投资、城市交通基础设施和城市交通规划与管理。胡超凡等(2006)指出,确定城市轨道交通的合理规模要考虑多种因素,首先是城市性质与特征,用以支撑城市交通的载体道路设施条件、交通需求和发展。沈波和刘云(2008)认为,规划与建设城轨交通,通常优先覆盖大客流量集散点,支持新城发展,关注城际轨道交通和城市轨道交通对城市尺度的影响等。林丽凡和柳荫(2006)认为,在高于 1000 亿美元的城市,经济已经不再是城市修建轨道交通最大的制约因素,轨道交通的规模与城市人口和面积有着更为密切的关系,而在低于 1000 亿美元的城市多是发展中国家的城市,修建轨道交通最大的制约和影响因素是城市的经济实力,城市只能在经济实力允许的范围内有选择地解决城市较为严重的交通问题。

5.1.2 技术方案

1)基本思路

根据规划目标,地铁规划分为线网规划、线路规划和站点定位 3 个层次。其中,线网规划构建全市地铁网络图,确定地铁线路的大致走向,以及其在城市中的整体覆盖。线路规划根据线网规划的意见,设计合适的站点序列,确定某条地铁线路的具体形状及站点布局。站点定位则进行具体地铁站点的选址,改进线路规划的不足,其与实际结合得更加紧密。因此,线路规划是站点布设的前提,而站点布设是线路规划的完善。本书的研究针对线路规划,考虑站点设计原则和地上下空间综合利用,提出空间大数据支撑下的地铁站点选址模型与求解方法,并进行实验。

地铁线可以建模为若干个点连接而成的线。一个几何点表示一个地铁站点。多个几何点顺次连接,表示地铁线路经过的区域及其走向等。因此,从形式上,地铁线路可以表示为若干个点的序列,如公式(5.1)和图 5.1 所示,其中 P_0 为起始站点, $P_i(0 < i < n)$ 为中间站点, P_n 为结束站点。

$$\text{ML} \equiv \{P_0, P_1, \cdots, P_i, \cdots, P_n\} \tag{5.1}$$

图 5.1 城市地铁线路

地铁线路选址,即在满足地铁建设相关规范的情况下,选择最佳的地铁站点序列,组成地铁线路,在战略上改善城市空间结构,提升城市空间格局,在战术上改善交通网络的连接及其性能,使得地铁系统在社会方面、地铁增值方面的收益最大,在建设费用、环境方面的耗费最少。

2)地铁站点选址的影响因素筛选

城市地铁站选址是站点空间位置的布设,是地铁线路规划的重要组成部分,主要内容是确定地铁站点的数量及布局形式。城市地铁站点的选址是确定整条地铁线路站点的总体布局,尤其是站间距离的过程,还是由"线"(地铁线路)转入"点"(地铁站点)的过程。就某一个具体站点而言,其布设除受到拟建地铁线路规划相关因素的影响之外,还要考虑其他因素的影响,如站点吸引范围内的建筑物分布、道路分布格局、土地利用功能划分、与地面公交站点的衔接、与历史文化遗产保护区的冲突、与地下管线的冲突、特殊地质条件等因素。

本书的研究将影响因素分为地上因素和地下因素两大部分(图 5.2)。其中,地上因素指的是地表以上,与地铁站点规划密切相关的影响因子包括经济、社会、环境和规划等因子;地下因素指的是地表以下,制约地铁站点规划可行性的影响因子包括地质条件和地下管线两个方面。

其中,经济是重要的影响因素,主要考虑对地铁覆盖区域的土地增值、原有覆盖物拆迁赔偿和地铁系统的建设费,即地铁建设对区域的增值、地铁建设拆迁费用和地铁站点的建设费用。社会因素主要考虑城市的建筑物分布状况、服务设施分布、道路分布状况、交通衔接方式、城市交通网络结构等。生态因素主要考虑是生态保护区、绿地、文化遗产保护区等。规划因素主要考虑地铁线路规划对城市功能结构的改善、土地利用规划的发展引导作用,具体包括改善连通性,即地铁线路与现有地铁网络相结合,连接更多的城市功能中心;改善中心中介性,即地铁线路的合理选择使得一些城市功能中心的地位提升，改善了地铁网络整体的性能。

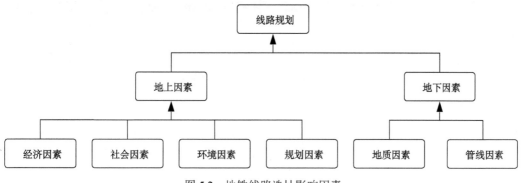

图 5.2　地铁线路选址影响因素

3）因素值计算

（1）地铁站点增值：地铁站点的建设会对现有的建筑物产生明显的增值作用。其计算公式如下：

$$住宅单价增比 = （2000-距最近地铁站距离）×0.005\% \tag{5.2}$$

$$住宅价格增强 = 现有房价×住宅价格增比×建筑面积 \tag{5.3}$$

式（5.2）～式（5.3）表明，地铁沿线 2km 范围内，地铁增值作用可统一量化为住宅每靠近地铁站 1m，地铁促使其单价上涨 0.005%，且无论在哪个地铁站，地铁增值作用均具有上述规律。其计算流程图如图 5.3 所示。

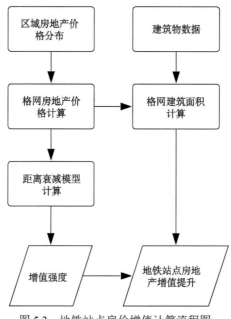

图 5.3　地铁站点房价增值计算流程图

（2）拆迁费用：地铁站点建设紧密影响区域拆迁所花费的费用。参考深圳市房屋拆迁赔偿政策，其计算公式如下：

$$拆迁总费用=待拆迁建筑物面积×1.3 \tag{5.4}$$

其中，每个格网的待拆迁建筑物面积采用格网内建筑物面积计算。其计算流程图如图 5.4 所示。

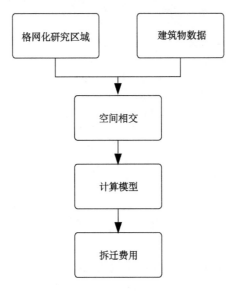

图 5.4　拆迁费用计算流程图

（3）建设费用：指地铁建设过程中隧道挖掘费用、轨道铺设费用及建造地铁站点所花费的费用。其计算公式如下：

$$f_1(L) = -1 \times \left(\mathrm{dig}L + \mathrm{pav}L + \sum_{i=0}^{|S|} \mathrm{cons}_i \right) \tag{5.5}$$

式中，$\mathrm{dig}L$ 为隧道挖掘成本；$\mathrm{pav}L$ 为铺设成本；cons_i 为建造地铁站点 s_i 的费用。

假设整个隧道有 m 段，而且每一段的地质情况可能不同。即使是同一段，隧道的地面情况也可能是不同的，所以将每一段再分成更小的部分。因此，地铁线路的建设费用是所有地铁段建设费用的总和：

$$L = \bigcup_{i=1}^{m} L_i, \quad L_i = \left\{ p_{i_1}, \cdots, p_{i_m} \right\} \tag{5.6}$$

隧道挖掘成本 $\mathrm{dig}L$ 表示如下：

$$\mathrm{dig}L = \sum_{i=1}^{m} \beta \times \gamma_i \times \left(\sum_{j=i_1}^{i_{m-1}} \left| p_j p_{j+1} \right| \right) \tag{5.7}$$

式中，$p_j, p_{j+1} \in L_i$；β 为正常难度及固定长度的建造成本；γ_i 为在地铁线路第 i 段的建造难度；$\left| p_j p_{j+1} \right|$ 为两个站点之间的长度。

轨道铺设成本 $\mathrm{pav}L$ 计算如式（5.8）所示：

$$\mathrm{pav}L = \theta \times \sum_{i=0}^{n-1} \left| p_i p_{i+1} \right| \tag{5.8}$$

式中，$p_i p_{i+1} \in L$；θ 为铺设铁轨每一千米的花费。

上述一些参数设置可以通过查阅相关地铁建设项目来获取。其计算流程图如图 5.5 所示。

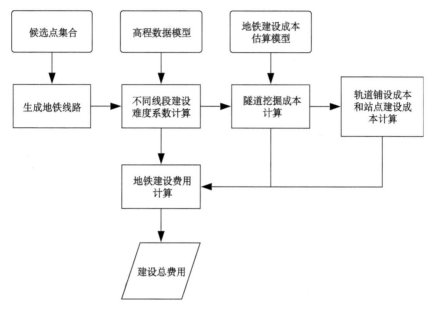

图 5.5　建设费用计算流程图

（4）建筑物密度差异（BDD）：由地铁站点附近区域的建筑密度来衡量，地铁站点应该覆盖建筑物密度差异较大的区域。其计算公式如下：

$$\mathrm{BDD}L = \sum_{i=0}^{|S|} \frac{\left| \dfrac{\mathrm{den}B(\mathrm{CITY})}{\mathrm{den}P(\mathrm{CITY})} - \dfrac{\mathrm{den}B\big[\mathrm{area}(s_i,r)\big]}{\mathrm{den}P\big[\mathrm{area}(s_i,r)\big]} \right|}{\dfrac{\mathrm{den}B(\mathrm{CITY})}{\mathrm{den}P(\mathrm{CITY})}} \tag{5.9}$$

式中，$\mathrm{den}B(\mathrm{CITY})$ 为区域 CITY 的建筑面积密度；$\mathrm{den}P(\mathrm{CITY})$ 为区域 CITY 的人口密度（人/km^2）；$\mathrm{area}(s_i,r)$ 为以站点 S_i 为中心、r 为半径的区域。

其计算流程图如图 5.6 所示。

（5）服务设施密度差异（SDD）：站点应该覆盖服务设施密度较大的区域。其计算公式如下：

$$\mathrm{SDD}(L) = \sum_{i=0}^{|S|} \frac{\left| \mathrm{den}F(\mathrm{CITY}) - \mathrm{den}F\big[\mathrm{area}(s_i,r)\big] \right|}{\mathrm{den}F(\mathrm{CITY})} \tag{5.10}$$

式中，$\mathrm{den}F(\mathrm{CITY})$ 为区域 CITY 的服务设施密度（以站点 S_i 为圆心一定范围内包含的信息点个数/以站点 S_i 为圆心一定范围内包含的服务设施个数）；$\mathrm{den}F\big[\mathrm{area}(s_i,r)\big]$ 为以站点 S_i 为中心、r 为半径的区域的服务设施密度。

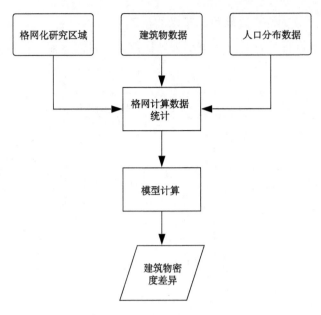

图 5.6　建筑物密度差异计算流程图

其计算流程图如图 5.7 所示。

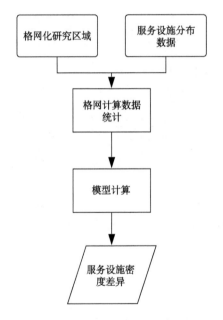

图 5.7　服务设施密度差异计算流程图

（6）道路密度差异（RDD）：道路布局对于地铁站点的选址影响由地铁站点附近区域的道路密度与全市平均道路密度的差值来衡量。站点应该覆盖道路设施密度较大的区域。其计算公式如下：

$$\text{RDD}L = \sum_{i=0}^{|S|} \frac{\left| \text{den}R(\text{CITY}) - \text{den}R\left[\text{area}(s_i, r) \right] \right|}{\text{den}R(\text{CITY})} \tag{5.11}$$

式中，$\text{den}R(\text{CITY})$ 为区域 CITY 的道路密度；$\text{den}R\left[\text{area}\left(s_i, r\right)\right]$ 为以站点 S_i 为中心、r 为半径的区域的道路密度。

其计算流程图如图 5.8 所示。

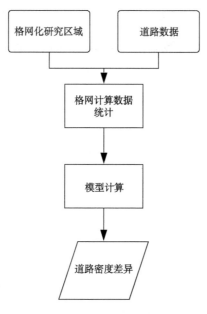

图 5.8　道路密度差异计算流程图

（7）交通网络优化：公交站点和地铁站点之间的换乘衔接是通过交通网络优化效率来衡量的。交通网络优化效率由其连接的公交站点、公交线路来定义，其包括以下两部分：地铁线路 L 所连接的公交路线的数量，地铁线路 L 所连接的两个位置的候选线路数量。

其中，两个区域之间是否有公交线路的定义如下：

$$\text{indir}\left(A_1, A_2\right) = \begin{cases} 1, \text{区域}A_1\text{和}A_2\text{之间有运行的公交线路} \\ 0, \text{其他} \end{cases} \tag{5.12}$$

假设 busline（A）表示一系列穿过区域 A 的公交路线，busstop（bl_i）表示线路 bl_i 所有的公交停站点。其评价组成如下：

$$\text{ninset}\left(s_1, s_2\right) = \begin{cases} 1, \forall x \in S_1, \forall y \in S_2, \left\|x - y\right\|_2 \geqslant 500\text{m} \\ 0, \ S_1 = \text{busstop}\left(bl_1\right), S_2 = \text{busstop}\left(bl_2\right) \\ 0, \text{其他} \end{cases} \tag{5.13}$$

$\text{ninset}\left(s_1, s_2\right)$ 定义了公交线路 bl_1 和公交线路 bl_2 是否共享一个公交停站点，它反映了停站点之间转换的可行性。如果两个停站点之间的距离大于 500m，就认为两个停站点之间是不易到达的。

交通网络优化效率评价的最终结果为

$$f_{13}(L) = \omega_{21} \times \sum_{i=0}^{|S|} \sum_{j=i}^{|S|} \left\{ \sum_{l_i / \text{lbusline}\left[\text{area}(s_i, r)\right]} \sum_{l_j / \text{lbusline}\left[\text{area}(s_j, r)\right]} \text{ninset}\left[\text{busstop}(l_i), \text{busstop}(l_j)\right] \right\}$$

$$+ \omega_{22} \times \sum_{i=0}^{|S|} \sum_{j=i}^{|S|} \text{indir}\left[\text{area}(s_i, r), \text{area}(s_j, r)\right] \tag{5.14}$$

即尽可能连接覆盖较多的公交站点，并连接较多的交通线路。其计算流程图如图 5.9 所示。

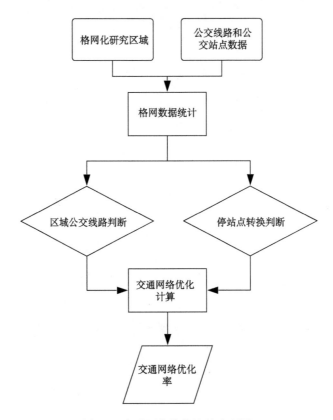

图 5.9　交通网络优化计算流程图

（8）环境因素：主要考虑的是生态保护区、绿地、文化遗产保护区，在进行数据处理时就对这些区域进行标志和统计，地铁线路规划和站点选址时需要避开这些区域。其计算流程图如图 5.10 所示。

（9）规划因素：计算流程图如图 5.11 所示。

其中，中心中介数值计算如下所示：

$$f_{41}(L) = \sum_{fc=0}^{|fc|} \left\{ \text{Overlap}\left[\text{area}(s_i, r), fc\right] + \sum_{fc=0}^{|fc|} \Delta\text{Centeral}(fc, L) \right\} \tag{5.15}$$

式中，fc 表示某个功能中心；$\text{Overlap}(A, fc)$ 表示区域 A 和功能中心 fc 是否有重叠区域；$\Delta\text{Centeral}(fc, L)$ 表示功能中心 fc 的中心中介数值的变化。

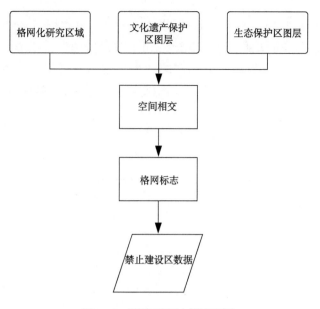

图 5.10 环境因素计算流程图

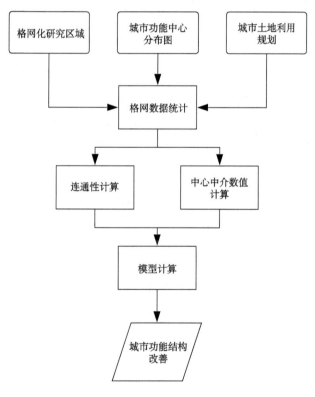

图 5.11 规划因素计算流程图

连通性计算如式（5.16）所示：

$$f_{42}(L) = \sum_{s_i=0}^{|s|} \left\{ \text{Landuse}\left[\text{area}(s_i, r)\right] \times a \right\} \qquad (5.16)$$

式中，$Landuse[area(s_i.r)]$ 表示未来的土地利用规划；a 表示土地利用开发强度。

（10）地质因素：包括地下地质条件，如溶洞、沙地等，需要丰富的地质数据。由于数据限制，主要考虑地质灾害的影响。根据城市地质滑坡风险分布图，对地块建设地铁站点的可能性进行等级划分，从而规避滑坡灾害高风险地带。其计算流程图如图 5.12 所示。

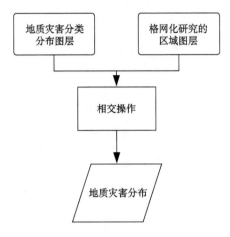

图 5.12　地质灾害计算流程图

地下管线因素：由于地下管线数据只包含具体的分布位置和管线长度信息，因此地下管线因素主要考虑的是分布密度。其具体计算是根据城市地下管线分布图与格网化的研究区域进行相交操作，获得相应格网的地下管线长度总和，最后管线长度总和与格网面积之比即地下管线密度值。其计算流程图如图 5.13 所示。

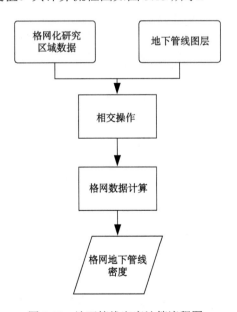

图 5.13　地下管线密度计算流程图

4）模型构建及求解过程

地铁站点选址问题即给定起始站点 P_0 和结束站点 P_n，最佳地选择中间站点 $P_i(0<i<n)$ 的位置，使得地铁线路在增值提升、社会因素等方面的收益最大，环境破坏和投资建设费用方面成本最少，并满足约束条件，其数学模型如下：

$$\begin{cases} \text{maxmize} F_{\text{total\_gain}}\left(P_i\right) \\ \text{minimize} F_{\text{total\_cost}}\left(P_i\right) \end{cases} \tag{5.17}$$

$$\text{s.t.} \quad f_{\text{buildingcost}} < C \tag{5.18}$$

$$N_{\text{ML}} < N_{\max} \tag{5.19}$$

$$\text{Distance}\left(P_i, P_{i+1}\right) < D_{\max} \tag{5.20}$$

$$D_{\min} < \text{Distance}\left(P_i, P_{i+1}\right) \tag{5.21}$$

式中，公式（5.17）为地铁选址模型的目标函数；$F_{\text{total\_gain}}\left(P_i\right)$ 为该函数最大化选址模型的收益（包括地铁增值提升、规划方面和社会方面的收益等）；$F_{\text{total\_cost}}\left(P_i\right)$ 为最小化地铁站点选址的耗费（如环境破坏、建设费用等）。式（5.18）～式（5.21）为约束条件。其中，式（5.18）要求总的建设费用不超过上限 C。式（5.19）要求地铁站点数量不超过最大数量 $N_{\max}$。式（5.20）和式（5.21）对站间距离做出了限制。

采用格网法确定地铁站点的候选区域。该方法分为框定区域、划分格网两步。第一步，根据起点、终点组成最小外包矩形，然后对其进行缓冲区操作（缓冲区宽度建议为 $bd=$ 3km，即最多两个地铁站的距离），将生成的区域作为地铁站点出现的可能区，如图5.14所示的最外围绿色矩形所围的区域。第二步，将所选区域划分成间距大小为 $gd=100$ m，格网中心点为地铁站点的候选位置，即两个候选地铁站点之间的最小分辨率为 100 m。

图 5.14　区域格网化

拟采用启发式方法求解地铁站点选址问题，分为预计算和实时求解两步，其求解流程如图 5.15 所示。预计算阶段，首先根据给定的地铁线路起点、终点、控制条件和设计参数进行区域格网化；然后，根据规划设计规则，标记不可行的候选点；最后，利用给定经济、社会、环境、规划等数据，计算影响因子，用于后续的实时求解。

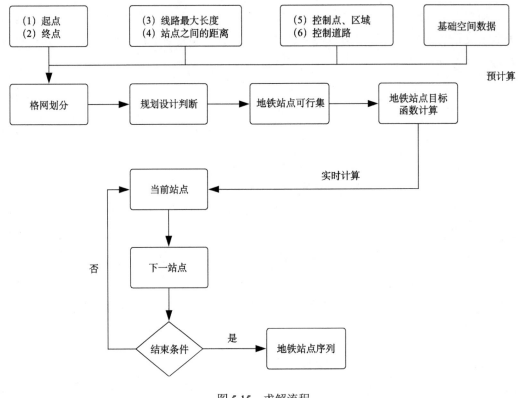

图 5.15　求解流程

此外，根据地铁线路设计的原则，候选站点过滤需要进行以下处理。

（1）站点间距：本书通过设定下一个站点的搜索范围来确定站点间距。本书计划提供基于线路的间距设定方式和基于空间的间距设定方式，从而对每个候选站点的搜索范围做出约束。

（2）地铁站点不应位于高层建筑物区域：本书的研究将 8 层以上的建筑定义为高层建筑。根据建筑物高度，查询格网内的建筑物容积率，将值超过 8 的格网标记为地铁站点不可行区域。

实时求解部分在从起点到终点的逐个地铁站点进行，在可行的站点集合中，根据总结的站点选择因素，选定较佳的地铁站点，组成优化的地铁线路，从而实现地铁线路规划。图 5.15 描述了下一个地铁站点的分析过程。根据地铁站点可行点集合，结合多个影响因素，选择最佳的 top-K 个候选点进行后续分析。最后，根据不同的影响因素权重选择出优化的地铁规划线路。

具体地，下一个站点的选择和已选站点的位置紧密相关。由于受地铁轨道转弯半径的制约，地铁线路曲线比较舒缓。因此，本书的研究将候选地铁站点限制在一个扇形区域内，如图 5.16 所示。候选区域是由最短站间距离 d_{min}、最大站间距离 d_{max} 和限制角度 α 所围成的扇形区域。候选站点即在候选区域与矩形格网重叠的区域。

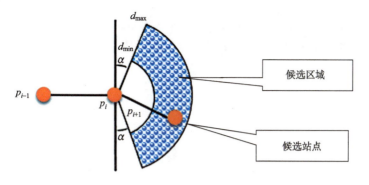

图 5.16　下一个地铁站点的选择范围

5.1.3　深圳市示范区地铁线路规划

以深圳市为实验区域，搜集了土地利用、建筑物、植被、水系、道路网络、人类活动、地质灾害、地下管线等数据，选取典型线路（深圳地铁 9 号线和 6 号线）进行线路规划及技术验证。

1）9 号线规划及验证结果

9 号线是深圳市实现"南北贯通、东拓西联""中心强化、两翼伸展"空间发展策略、形成"三轴两带多中心"城市空间布局结构、缓解交通拥堵、实现城市综合交通和公共交通发展战略的骨干线路，是深圳市中心城区内主要居住与就业片区之间的局域线。其纵贯南山、福田、罗湖三区，起于白石洲，通过香梅路，经景田路，沿梅林路，覆盖整个梅林片区至文锦南路，该条地铁于 2016 年 10 月 28 日开通，全线全长 23580 m，设站22 座，最小站间距 597 m，最大站间距 600 m。图 5.17 为地铁 9 号线已开通的线路图。

图 5.17　深圳地铁 9 号线[①]

采用本书所阐述的技术方法进行线路规划。首先，收集深圳市的人口、建筑物、交通、绿地、环境、地质数据并进行数据预处理，获得覆盖全市的多层影响因子图层；然

---

①龙岗门户网.2011.深圳市地铁 9 号线线路方案示意图. http://www.beijingholiday.com.cn/Traffic/Subway/ 131797372625812. html [2011-10-07]

后，设定 9 号线的选址参数，并进行求解，获得最佳的选址结果。因预计 9 号线经过香蜜湖、梅林、泥岗、红岭等地，参数设定如下（图 5.18 和图 5.19）。

图 5.18　几何参数设置图

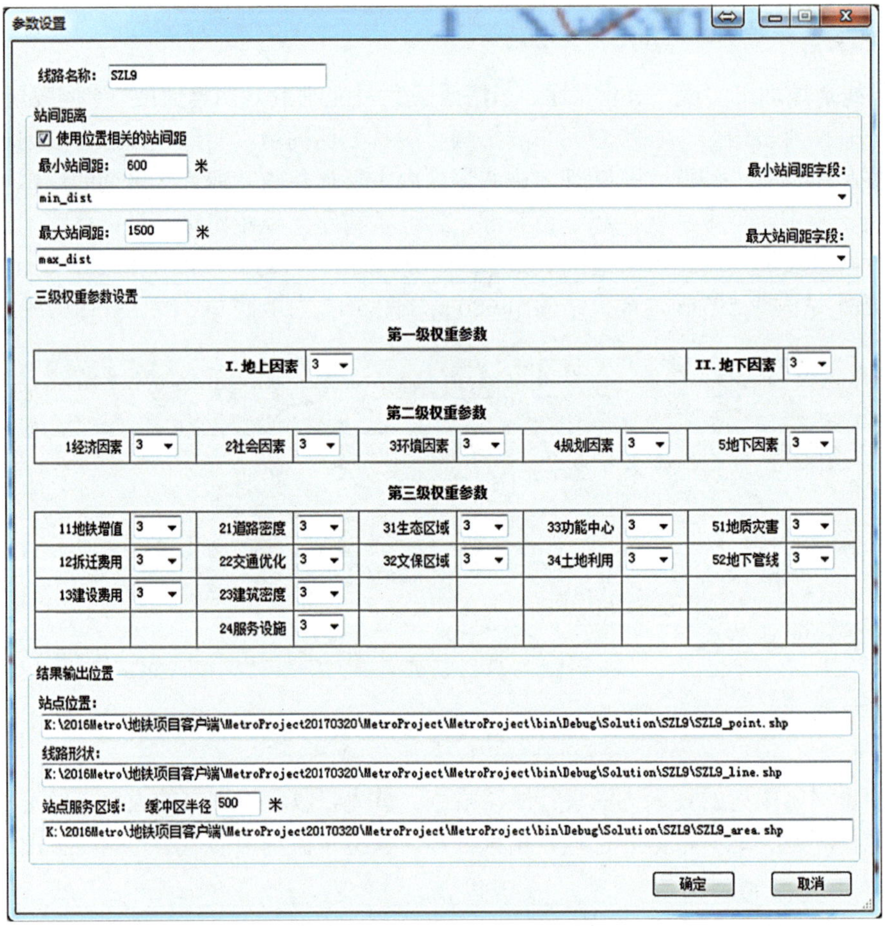

图 5.19　线路参数设置图

（1）起始站点：红树湾站；

（2）结束站点：文锦站；

（3）必经站点：共 5 个换乘站点，包括车公庙站、景田站、上梅林站、红岭站和大剧院站；

（4）选址区域：利用选址区域描绘工具设定；

（5）站间距：最小站间距 500 m，最大站间距 2000 m；

（6）权重设置：采用等权配置，即地上因素和地下因素的各级权重相等。

设定上述参数后，进行线路规划，得出 6 个较佳的方案（图 5.20），即总体最优方案、经济因素最佳方案、社会因素最佳方案、环境因素最佳方案、规划因素最佳方案、地下因素最佳方案。其中，总体最优方案一共布设 24 个站点，线路长度 22.1 km，平均站间距 0.9 km，最小站间距 0.4 km，最大站间距 1.6 km。该规划线路在必经站点与 1 号线（车公庙）、2 号线（景田站）、3 号线、4 号线、7 号线、11 号线互相换乘。

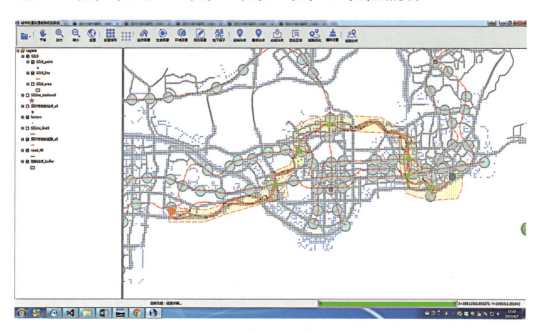

图 5.20　实验结果

规划线路经过了主要的就业地点（车公庙、红岭等）、主要的居住地点（景田、梅林、泥岗），也覆盖了主要的人流区域（如人民南路等）（图 5.21）。在规划线路站点 500 m 范围内，共有主要兴趣点 394 处，公交站点 2321 座，公交线路 626 条。在环境因素方面，规划线路距离最近的生态保护区 0.28 km，距离最近的文化遗产保护区域 0.25 km，对现有生态环境和扰动较小。在规划因素方面，规划线路经过了城市功能中心：福田和罗湖。此外，规划线路对未来高强度土地开发区域（如欢乐海岸）也有覆盖。

规划线路与现有 9 号线线路进行对比，见表 5.2 和图 5.22。专家设计的方法曲线充分利用了现有交通用地，与主要交通线路的走向较为一致。智能化方案在整体走向上与专家方案较为一致，二者在部分区域几乎重合，如红岭路附近。站点距离最小处出现在

图 5.21　规划线路站点所覆盖的人口和建筑物

红岭路站点，距离为 0.0 m。站点距离最大处出现在红树林站点，距离为 1500 m。在较为特别的区域，如滨海大道附近的福田红树林保护区，专家设计方案站间距较长，长达 2.0 km，而在线路方面，智能方案与专家方案的最大距离出现在景田-梅林段，距离为 1200 m；最小距离出现在红岭路，智能方案与专家方案几乎重合，二者之间的距离为 0。平均来看，二者之间的距离为 120.0 m（即曲线所围面积/曲线长度）。

表 5.2　智能化方案与专家方案的对比

	总长度/km	平均站间距/km	最小站间距/km	最大站间距/km	站点数量/个
智能化方案	22.1	0.9	0.4	1.6	24
专家方案	25.4	1.2	0.6	2.1	22

图 5.22　智能方案和专家方案对比

2）6 号线规划结果

6 号线智能方案共设站点 22 座，线路总长度 38.5 km，平均站间距 1.8 km，最大站间距 6.0 km，最小站间距 0.7 km（图 5.23）目前深圳市已规划的线路共设站 20 座，线路总长度 37.85 km，二者之间的距离相当接近。

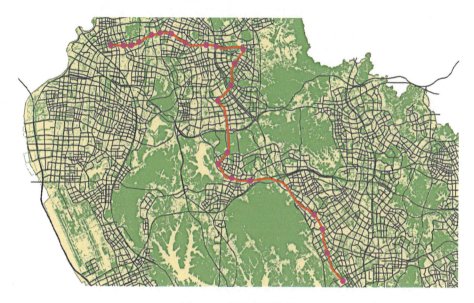

图 5.23　智能规划结果

在经济因素方面，由于地铁建设提升了站点周边区域的交通通达度，按现有房地产价格估计，产生的不动产增值总额为 223 亿元；因修建地铁站点需拆迁若干老旧建筑，在规划线路站点 50 m 范围内，需拆迁面积 39000 m²。在规划线路站点 500 m 范围内，共有主要兴趣点 64 处，公交站点 1097 座，公交线路 357 条。在环境因素方面，规划线路距离文化遗产保护区域最近为 0.58 km，对现有文化遗产扰动较小。

5.2　基于三维评价指标的绿化资源优化配置

5.2.1　基于三维绿量指标的优化配置必要性

绿化资源的优化配置是解决城市发展与土地资源紧缺矛盾、科学提升城市宜居功能的重要手段。与传统的基于城市景观美学的平面绿化资源配置相比，基于三维绿量指标的绿化资源优化配置既体现了绿化资源的空间性特征，也强调了绿化资源与人的空间联系，以及对人的效用影响。

一方面，林木、灌木和草地等绿化资源的高度不同，等面积的上述绿化资源的实际效用必然存在差异。以平面视角进行绿地资源的效用分析，忽略了绿化资源的垂直高度属性，存在较大的不确定性。伴随着土地立体化利用研究的不断深入，绿化资源的空间属性日益重要。

另一方面，人是城市的支配主体，城市的建设与发展最终必然以人为核心。因此，绿化资源的配置有必要考虑对人的效应影响。以作用于空间某处的人的所有绿化资源为指导，而非其他地均指标、比例指标作为指导，进行绿化资源配置更具有实际意义。如何通过绿化资源的空间配置提高绿化资源对人的效用，使绿化资源服务于更多的人，也是基于三维绿量指标进行绿化资源优化配置的重要目标。

立体绿化是土地资源紧缺背景下催生的新型技术手段，通过屋顶绿化、墙体绿化等手段，弥补传统地面绿化短缺造成的不良影响，维持城市健康稳定运行，因此通过技术手段分析立体绿化实施发展区域是十分必要的。

5.2.2 优化配置原则与技术路径

由于墙体绿化数据难以获取，因此本书主要以屋顶绿化作为研究对象和资源配置对象。基于三维绿量指标的优化配置是以通过绿化配置获取最大化效用为目标，同一空间位置内的每个人均能享受周围一定范围内绿化资源提供的同等效用，因此在人口密度较高（人类活动最密集）区域的可接受绿化资源效用的范围内配置绿化资源更能有效提升整体绿化资源配置效率。另外，周边绿化资源较多时，空间某点接受到的绿化资源效用已经较高，继续配置绿化资源带来的相对效用提升较低，因此在空间某点可获得绿化资源效用较低的位置布置绿化资源更为合适。综上所述，本书结合现状绿化资源的三维绿量与基于手机基站定位数据的人口活动密度，以更多人群享受更高的绿化效用为优化目标，开展绿化资源的优化配置。

基于上述思路，构建绿化资源优化配置技术路线，如图5.24所示。首先，根据遥感解译获得的不同绿地空间分布计算三维绿量，并卷积获得效用三维绿量，即周围绿化资源对空间任意一点产生效用的效用三维绿量（TG）；其次，利用手机信令数据获取活动

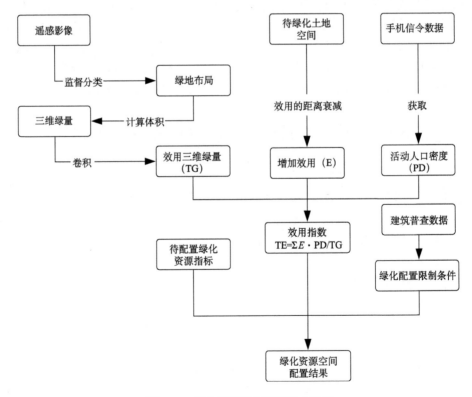

图5.24 绿化资源优化配置技术路线

人口密度（PD）；再次，针对待绿化的土地空间，计算当在待绿化土地空间增加一单位绿化资源时，周围增加效用（E），然后利用公式计算效用指数（TE），即该点增加一单位绿量后依据优化原则所衡量的、对周边效用的提升水平；最后，通过设定不同待配置绿化资源指标的情境，根据提升水平的高低，结合建筑物屋顶空间信息及绿化现状数据，进行屋顶绿化资源的优化配置。

5.2.3　优化配置方案

选取深圳市福田区沙头街道天安社区作为示范区域，天安社区东起泰然一路、西至广深高速公路、南起滨河路、北至深南路，辖区面积 1.8km^2，常住人口 21981 人，辖区企事业单位 3737 家，"三小"（小挡口.小作坊.小娱乐场所）场所 302 家,是较为典型的综合性社区。根据遥感解译，确定绿化资源类型，如图 5.25 所示，其中乔木绿化面积约 24 hm^2，灌木绿化面积约 2 hm^2，草地绿化面积约 14 hm^2。

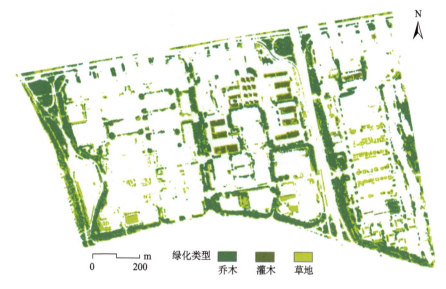

图 5.25　绿化资源现状分布格局

进一步计算周边绿化对空间任意点的效用三维绿量，限于遥感数据精度，计算三维绿量时，垂直高度取平均经验值，其中乔木为 3 m、灌木为 0.9 m、草地为 0.05 m，最终确定效用三维绿量的分布结果如图 5.26 所示。

另外，利用手机基站定位数据获取工作时间的通信数量，并将其作为衡量活动人口数量的参考。在活动人口数量高的区域配置绿化资源更有价值，限于基站数量，活动人口数量分布在示范区范围内的分辨率较低，将整个天安社区划分为 12 个不同活跃人口密度的区域，假设人口在各个子区域中均匀分布，并进行标准化处理，如图 5.27 所示。

以效用三维绿量、标准化人口系数为基础，结合考虑建筑物的空间分布，计算新增加绿化资源的效用指数，效用指数越大的区域，越适合配置相应的绿化资源，绿化资源效用指数计算结果如图 5.28 所示。

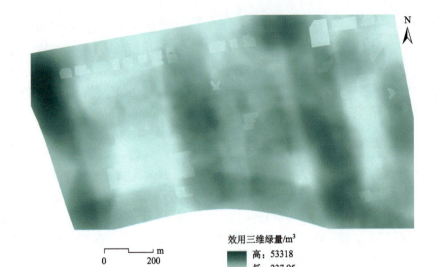

图 5.26　区域任意点的效用三维绿量

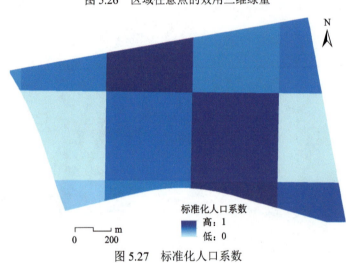

图 5.27　标准化人口系数

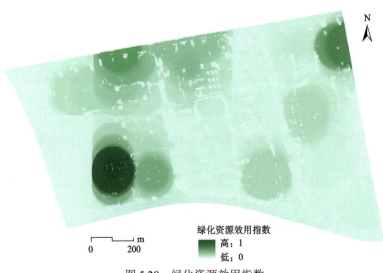

图 5.28　绿化资源效用指数

结合标准化效用指数格局和天安社区建筑布局，确定屋顶绿化范围内的标准化效用指数，如图 5.29 所示。

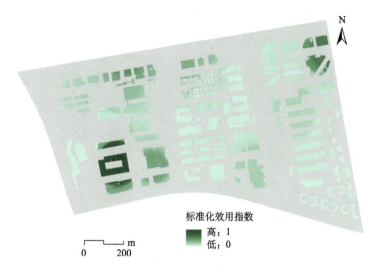

图 5.29　标准化效用指数（屋顶绿化）

计算结果表明，示范区范围内屋顶总面积为 30.5 hm²，目前没有开展屋顶绿化的面积约为 26.1 hm²，约占总量的 85%。因此，本书考虑两种政策情境下的屋顶绿化优化配置——情境一：区域屋顶绿化面积达到 25%；情境二：区域屋顶绿化面积达到 50%。具体配置方案如图 5.30 和图 5.31 所示。

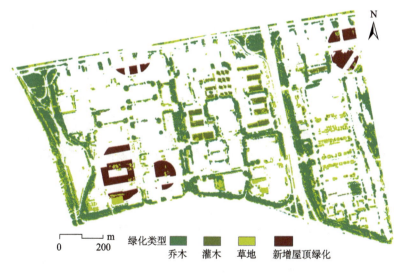

图 5.30　绿化资源优化配置结果（情境一）

需要强调，上述情境模拟得到的绿化资源优化配置结果是基于当前绿化资源现状条件下进行一次性配置的结果。事实上，在当前绿化资源现状基础上进行绿化资源优化配置后，对应的效用三维绿量和标准化效用指数均会发生变化，会对后续的绿化资源空间

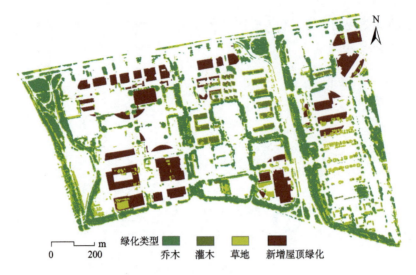

图 5.31　绿化资源优化配置结果（情境二）

优化配置产生影响，本书旨在提出基于三维绿量指标的立体绿化资源配置的方法思路，同时限于精细化配置对计算机资源硬件的需求较高，此处并未精细化模拟上述过程，可在实践中针对客观需要和计算机软硬件条件，合理设置迭代次数，实现绿化资源的分步精细化优化配置。

参 考 文 献

胡超凡, 郭春安, 蒋玉琨, 等. 2006. 北京城市轨道交通线网合理规模的研究. 铁道运输与经济, 28(10): 52-54

李建新, 毛保华. 2001. 混合交通环境下有信号平面交叉口通行能力研究. 交通运输系统工程与信息, 1(2): 119-123

李亚男. 2015. 轨道交通对城市空间发展影响评价——以北京为例. 北京交通大学硕士学位论文

梁喜. 2003. 试论重庆市主城交通规划要解决的几个主要问题. 重庆交通学院硕士学位论文

柳荫, 陆建. 2006. 城市轨道交通建设规模研究. 城市交通, (02): 16-20.

全永燊. 2000. 地铁线网规划中几个值得商榷的问题. 中国工程科学, 2(4): 75-82

沈波, 刘云. 2008. 城轨网络对北京公共交通的影响研究. 都市快轨交通, 21(1): 34-36, 43

王忠强, 高世廉, 降金琦. 1999. 城市轨道交通路网规划若干问题探讨. 西南交通大学学报, 34(3): 369-373

周立新, 孔庆瑜. 2005. 城市轨道交通系统分类法的探讨. 城市轨道交通研究, 8(2): 28-31

Badoe D A, Miller E J. 2000. Transportation-land-use interaction: empirical findings in North America, and their implications for modeling. Transportation Research Part D: Transport and Environment, 5(4): 235-263

Cascetta E, Pagliara F. 2008. Integrated railways-based policies: the Regional Metro System (RMS) project of Naples and Campania. Transport Policy, 15(2): 81-93

Chien S I, Qin Z Q. 2004. Optimization of bus stop locations for improving transit accessibility. Transportation Planning & Technology, 27(3): 211-227

Church R L, Clifford T J. 1979. Discussion of environmental optimization of power lines by spyros economides and manigeh sharifi. Environmental Engineering Division, 105(2): 438

Derrible S. 2012. Network centrality of metro systems. PloS ONE, 7(7): e40575

Durmisevic S, Sariyildiz S A. 2001. Systematic quality assessment of underground spaces-public transport stations. Cities, 18(1): 13-23

Loo B P Y, Chen C, Chan E T H. 2010. Rail-based transit-oriented development: lessons from New York City and Hong Kong. Landscape and Urban Planning, 97(3): 202-212

Richardson B C. 2005. Sustainable transport: analysis frameworks. Journal of Transport Geography, 13(1): 29-39

Waddell P, Ulfarsson G F, Franklin J P, et al. 2007. Incorporating land use in metropolitan transportation planning. Transportation Research Part A: Policy and Practice, 41(5): 382-410

第6章 土地立体化利用权属管理与三维地籍

6.1 土地立体化利用权属管理

6.1.1 管理需求

人类对于土地的利用向空中和地下空间进行延伸，出现诸如空中走廊、地铁、地下停车场、地下管线及地下隧道等（图6.1），地表及地上建筑的外观结构也在不断发生着改变。越来越多的建筑脱离原始规则的外观结构变得复杂且多样化，出现了"空中产权体"的特殊建筑形态（图6.2）。

(a)   (b)

图6.1 地下空间利用实例①

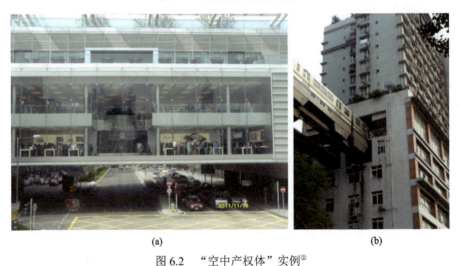

(a)   (b)

图6.2 "空中产权体"实例②

---

① 亚欧生态城.2011. 北京金融街交通组织研究及地下空间交通规划.http://www.cityup.org/city/scheme/lsjt/20110421/88986.shtml[2015-06-16]

房天下.2013. 投资有道,我家要升值啦!!!.http://076564.fang.com/ bbs/3211076564~1/526904659_526904659.htm [2013-12-26]

② 新浪博客.2011.香港经济. http://blog.sina.com.cn/s/blog_559d6af90100z9iw.html [2011-11-20]

腾讯新闻.2014. 重庆轻轨穿楼而过 震撼场面全国罕见.http://news.qq.com/a/20140801/015031.htm#p=1[2015-03-01]

土地立体化开发和利用使得其三维物理空间内部的权属呈现复杂的异质性，难以采用传统的二维地籍来区分和登记，也无法采用二维几何方法来表达其空间关系，从而给管理带来较大的挑战。同时，这种建筑体的物理实体与法律方面的复杂性需要一种新的产权体来满足空间产权管理的需要。过去 20 年来，三维地籍引起国内外的关注并得到发展。而现实生活中结构丰富多样的产权体、人类对于空中和地下空间利用的探索也对三维地籍提出了迫切需求，因此诸多问题也需要通过更为成熟统一的三维空间产权管理予以解决。如何探索完善三维地籍技术、构建三维空间产权管理制度，既是土地管理三维思维的核心技术内容，也是土地立体化利用管理的自身需求（郭仁忠和应申，2010；周甫涛，2013；Stoter and Salzmann，2003）。

6.1.2 管理内容

国际上，国际测量师协会三维地籍工作组对三维地籍的概念和表达等做过全球调研，国际标准 DSIEN.ISO 19152: 2013《地理信息土地管理域模型》对有关的术语和概念进行了一定的描述，但三维地籍的概念仍因不同的国家和背景而不同（Larsson，1991；Taneja et al.，2013）。正如二维地籍是以宗地作为基本单元和研究对象展开相关的工作一样，三维地籍同样需要一种与宗地相类似的基本单元作为研究对象来展开相关工作，这种基本单元被称为产权体，也称为三维产权体，是土地立体化利用权属管理的基本单元（文小岳等，2010）。

三维产权体是以土地权利实体、房产及其他不动产的权利空间或实体为基础，以权利空间为参考，确立的单一权属的地理空间单元（郭仁忠和应申，2010；汤开文和文小岳，2012；史云飞和贺彪，2013）。产权体是具有固定的地理空间位置、形体，由权属界线（面）封闭的、独立于主体且权利独立的一块空间域（不动产产权单元），是物质实体和权利的合成体。通常用抽象后实体的几何形体来代表其范围，但与其相关的权利空间则是由相关法律法规来确定和解释。其具有以下特征：①产权体的"基因"为其地理坐标，产权体的地理位置具有固定性。对于产权体而言，它的权利人、权属状况可能在不断地变化，但它的空间位置和范围是不变的。②产权体的核心是"空间"的占有和划分，该空间可表现为实体，也可以是"空的空间"（Ying et al.,2012）。③产权体是三维地籍管理中的最小单位，它不可再分，内部权属是一致的，该权属是它们对产权体空间划分的法律和政策依据。④产权体对象不仅是土地，也可是建筑、房产或其他不动产（如地质、水域）。⑤产权体具有独占性。产权体之间不存在交叉或重叠，这是由产权体的法律和社会属性所决定的。⑥产权体所占有（或占用）的空间具有确定的边界。这些边界可能是由现实的自然物围成，如围墙围着的宗地、房屋建筑墙体构成的住宅；也可能是由数学的方法来界定的、看不见的实体边界，如地籍宗地的范围可以有界址点、界址线来标注。⑦产权体的空间位置可以在地表或依附于地表，也可以与地表无关，在空中或地下成为独立的产权体。⑧产权体并不一定要依赖于地表宗地，虽然在空间位置有一定的参考或依赖性，但是逻辑关系上不是必需的，产权体可以单独存在。

地籍的简单性、可靠性是构建地籍系统的基本原则，而这种可靠性依赖于地籍数据的完整性（王晓艳，2015；Rajabifard et al.，2007）。三维地籍管理也应由完整的地籍数据模型来支撑，包括三维法律产权体和三维物理产权体（郭仁忠和应申，2010）。通常，法律空间突出的产权体由于其包含了所有的权益，形态较为简单；而物理实体空间突出的产权体则可能比较复杂，随自身的形状而定。如果仅有三维法律产权体，没有三维物理产权体，则用户难以在现实中定位其空间，进而不知道其空间和周边的关系。

三维地籍的差异不仅体现在概念描述方面，更重要的是体现在其面向实践应用的层次上，包括三维空间产权的开发、利用、确权及交易等（刘咏梅等，2010）。三维地籍的应用和解决方案是因地制宜的，不同的国家或地区不同，其与当地的司法体系、土地市场机制、业务流程等紧密相关。实现符合实际情况、具有可操作性的三维地籍管理需要解决以下问题：三维产权体可以表达哪些空间资源；哪些必须需要三维登记；三维产权体与实体对象和地表的关系如何；如果与现实的实体对象关联，法律产权体和实体产权体之间的关联如何；等等。而实现更为先进高效的三维地籍管理，则需要探索研究三维地籍的浏览和可视化如何高效地展示产权空间、三维产权体在表达空间资源上的有效性等。

6.2 三维地籍关键技术

6.2.1 产权体的空间表达

三维地籍中的产权体复杂多样，从现实的地下空间到几何表达的点、线、面、体需要复杂的建模过程实现这种映射。几何建模的重要任务是既要突出其外围边界特征，又要表征其内部权利空间，恰当的几何数据模型是数字环境下实现对三维地籍产权体有效表达的基础和关键（汤开文和文小岳，2012；史云飞和贺彪，2013）。

二维地籍以宗地为核心，宗地范围内的建筑物或构筑物以宗地的附着物表达，因此形成地、楼、房的 $1:M:N$ 的关系，也就是在一个地籍地块内可以有多栋建筑物（楼），而一栋建筑物内有多套区分所有权的房屋，图 6.3 是二维地籍的这种对应关系的示例。

图 6.3 以二维宗地为基础的地楼房的关系

二维地籍的基本前提是同一宗地范围内的土地权属统一，权属统一允许我们忽略高度和深度，将三维的权利空间简化为二维的多边形宗地。这个前提随着土地空间的立体化开发和利用被打破，地上、地下和地表土地权属不统一的情况时有发生，土地权属的三维特征更为明显。

归纳起来，三维地籍的形态分为3种类型。其一是土地及其附属物的关系从地、楼、房的 $1:M:N$ 的关系演变为 $L:M:N$，为多宗宗地联体建设。图6.4中的骑街楼横跨道路宗地，与两侧宗地上的建筑物相连，道路上空的建筑物与道路的权属并不一致。

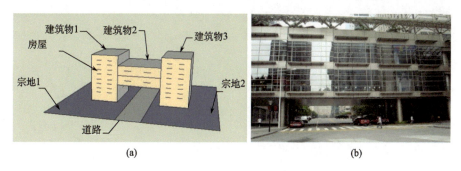

图6.4　第一种形态：$L:M:N$ 的地、楼、房关系及其实例

其二是土地及相应空间的分层开发和利用，形成垂直方向上的多元土地权利主体。深圳市的众多地铁建设案例中，存在地表和地下出让给地铁公司建地铁设施，而地上（地面标高 X 米以上）为住房的情形。图6.5（a）为一个地下商业街的实例，地表为普通二维宗地，地下有两层的商业街，再往下为地铁设施；图6.5（b）是一个住宅区的案例，普通的二维宗地由于受配套停车位限制，其地下停车场向相邻的道路地下空间拓展，形成与住宅地表相连的地下空间，而其下方是地铁空间。

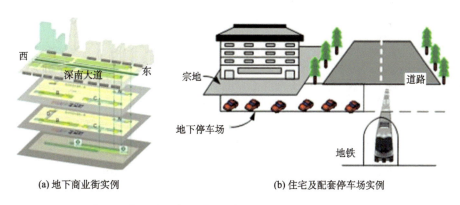

(a)地下商业街实例　　　　　　　　(b)住宅及配套停车场实例

图6.5　第二种形态：垂直方向上的土地空间多元权利主体

其三是对土地权利空间的专门限制，形成明确的三维空间。图6.6是深圳湾口岸香港海关查验区土地利用案例。按照国家规定，香港海关查验区适用香港特区法律，由于法律适用和制度管辖问题，需要同时对宗地的地上、地下空间做出限制，即对香港法律的适用范围做出规定，此案例中规定口岸区范围为地面高程±60m，而与口岸连接的深圳湾大桥的权属空间也有相应规定（图6.7）。

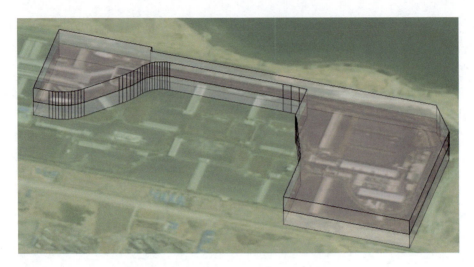

图 6.6 第三种形态：明确的三维空间限制

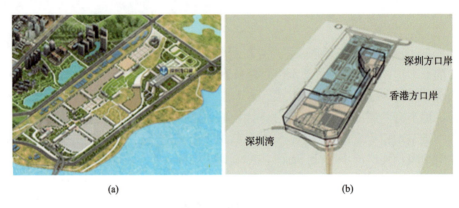

（a） （b）

图 6.7 深港西部通道立体权属空间

根据上述土地立体化利用的 3 种形态，在兼容二维地籍的情况下，三维产权体的形式可抽象为 3 类：开放式宗地、半限制宗地、全限制宗地。

开放式宗地，即传统的二维宗地，它存在的前提如前所述，是垂直方向上权属的统一。二维宗地水平方向上是全封闭的面（该面域在地理实体上不一定是平坦的），而垂直方向上未限制。实际上二维宗地表达的也是一种三维空间的概念，只是它采用投影的方式将三维空间投影到二维平面上，以投影后的二维图形代表其范围，对空间的高度或深度没有约定，是某种默认状态[图 6.8（a）]。

半限制宗地是指宗地在水平方向上全封闭，而在垂直方向上半封闭，其高度和深度一个具有约定，另一个未做约定，或处于默认状态[图 6.8（b）]。全限制三维宗地是一个边界封闭的三维空间，具有确定的权属边界，如前述的深圳湾口岸香港海关查验区土地利用空间。全限制三维宗地是三维地籍产权最典型的形式，也是三维地籍问题特殊性和复杂性的关键所在[图 6.8（c）]。

开放式宗地或半限制宗地与全限制宗地相比，其差异在于开放空间的边界不明确，但不是权利空间无限制，这种限制通常由规划建设条件表达，如城市设计（城市天际线）、

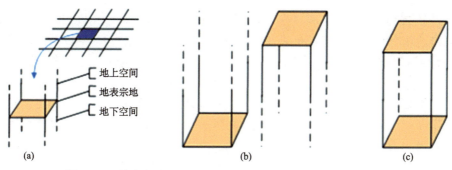

图 6.8　开放式宗地（a）、半限制宗地（b）和全限制宗地（c）

微波通道、航空管制等均会对土地使用做出高度限制。如果要给开放宗地和半限制宗地的开放空间加一个相对"宽容"的边界（给高度或深度一个较大值，如图 6.9 中的虚面），那么所有的宗地均可当作全限制宗地对待，理论上这样可以避免二维和三维数据的兼容性问题，在一定程度上可以简化数据建模和维护的复杂性。但实际上这在简化模型的同时会增加分析计算的工作量，因为在绝大多数城市，二维的开放式宗地在数量上占据绝大多数，所以地籍管理中二维地籍仍是主流，三维地籍仍是特例，三维地籍的基本策略应是在二维地籍的基础上兼容三维地籍，而不是放弃二维地籍转入完全的三维地籍管理。

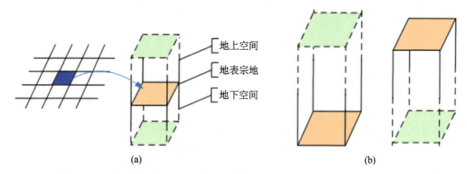

图 6.9　开放式宗地（a）和半限制宗地（b）到全限制 3D 宗地的转换

很明显，在二维地籍中土地的权利空间并不是二维的，而是垂直方向上延伸一定范围的三维空间域，由于宗地范围内垂直方向上权利的一致性，这样即使用一个二维多边形表达亦不至于引起权利空间的混淆。因此，二维宗地描述的不是土地权利空间，而是以数学形式表达的与土地权利空间相对应的几何实体。这种将几何实体（地籍产权体）和权利空间相区分的方法可以被认定为现代地籍的一个理论原则，即用数学模型定义空间几何实体（如宗地）作为描述权利空间的基础，用法律条文解释真实的权利空间。这个原则在三维地籍中同样适用，本书的研究将建立适宜的数据模型，描述土地立体化利用的土地权属几何形态及其相互关系，为土地权属管理提供分析依据和数据基础。

对于三维产权体来说，其空间的表达具有鲜明的特征。三维产权体的主体是"三维空间"，而该空间需要用三维几何体来表达其空间范围，以"体"占有的方式表达空间特征。但是，对三维几何体的表达一方面在数学和拓扑学上有严格的定义，另一方面与要表达的对象之间的关联性还不够紧密。其面临的主要挑战表现如下：①非流形体的几何（如三维内部存在自邻接）；②面向宗地的开放空间特征；③面向管理的几何表达的直线段特征（如 PSLG 或 PLC）和曲线特征。这些是三维地籍空间数据模型的重要出发点，是对三维地籍空间表达的基本要求。但是，当前的 GIS、数据库和 CAD 技术或软件并不能有效地或完整地支持这些需求，并且当前的 ISO19107 也仅仅支持简单体（流形，manifold）的几何。

对三维几何体（简称三维体）的定义约束包括封闭有界性、连通性、可定向、体空间。三维产权体是体空间，具有鲜明的体积度量。封闭有界性指表达三维产权体的几何体必须是封闭的或不透水的，并具有刚性的边界。连通性指三维产权体的体空间内是单一连通的，数学上描述为体空间内的任意两点（包括在界址面上）之间存在一个路径连通，而不和三维体的其他表面或界址面相交。可见，这种约束并没有否定三维产权体"洞"的存在。这种约束直接打破了 ISO19107 中简单体的约定，因为这种三维体在几何数据的拓扑组织上运行了自邻接或自相交（图6.10），而在 ISO19107 中约定二流形同胚于圆、三流形同胚于球。

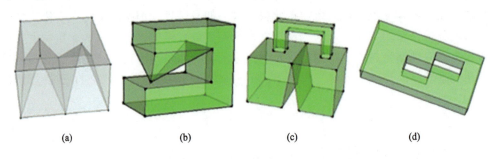

| (a) | (b) | (c) | (d) |

图 6.10   有效的非流行的三维体   （Ying et al.，2015）

面向实际应用时，在三维地籍中，高程是一个重要的概念，有相对高程和绝对高程之分。例如，相对于地表的参考面，房子的高度不变。相对高程是两个绝对高程之差，如深圳湾口岸中定义的黄海高程+60m 和–60m。相对高程通常易于用户理解（如建筑高度）。各个国家都制定自身的高程系统来支持高程表达，在三维地籍中也要引用测绘中的高程系统。

6.2.2   三维地籍的空间数据模型

数据模型不但要描述地籍产权体的几何形态，更要描述产权体之间的关系，尤其是拓扑关系，这是一个实体建模问题（王履华等，2014）。地理信息学领域关于三维空间建模有比较系统的讨论，方法很多，但不少方法不是针对实体对象的建模，而是面向空间域的建模。地籍数据建模是针对地籍产权体的实体建模，因此基于空间域的模型，如四叉树、八叉树、TIN、TEN 等均不在考虑之列。

对于三维地籍产权体而言，几何形态信息包括边的几何信息和面的几何信息，边的一般形态是折线，面的一般形态是由离散点表达的曲面。因此，可以将一般的点、线、面、体的构造关系和约束扩展到真实的三维实体，表面表达拓扑要素、描述拓扑结构的同时，增加"形点"来表达几何信息。

在三维 GIS 中的三维空间数据模型，因其在几何表达和拓扑表达上的侧重点不同，所以具有一定区别。从几何建模上来说，基于面模型的数据模型中，除边界模型外，格网模型、形状模型、面片模型、PSLG、NURBS 等都比较适于 2.5 维的地理空间实体建模（如地形）；但是由于侧重对面状物体的描述和表达，无法对真三维的实体进行准确的表达。很明显，对于地籍环境来说，这类模型可以表达二维宗地；描述三维地籍时，只有通过面片的方法，从叠置宗地的多层角度来进行变通的表达，却难以表达三维的地籍产权体。其中，PLC 可以从三维空间角度来描述点线面，它描述空间物体时具有更大的灵活性，可以作为三维地籍数据的输入模型，但是 PLC 在检测其形体是否封闭时有较大困难，其实施空间分析时的几何计算较为复杂。

基于体元模型的建模方法侧重于三维空间实体边界和内部的整体表述，通过体元的"填充"来描述和实现三维目标的空间表示。CSG 模型基于体素及其组合的方法，在建模方面具有一定的简易方便性。它通过对简单体素的组合操作，类似机械装配的方法，进行点集布尔的交、叉、并等方式来形成复杂三维体。但该模型中的组合操作却不具有唯一性,这就给计算机实施带来不确定性。基于体元的模型（包括八叉树、三维 Voronoi 图、四面体等）在描述结构简单的单一三维体时较为简单，针对特殊的应用领域（如岩体、地层），在描述复杂不规则三维目标或多目标时效率较低。更为重要的是，该类体元模型不直接表达拓扑关系，从而获取目标间的空间关系比较麻烦，影响地理目标（包括地籍对象）建模、管理和空间分析的效率。基于 TEN 的三维 GIS 系统在可视化方面同其他模型相比具有很强的优势，同时它还可以描述复杂的空间实体，并且可以非常方便地进行各种复杂的空间分析，尤其适合于地质、油藏、环境监测、考古等领域的应用。TEN 模型的不足之处在于它的数据量大，实现算法复杂，面对这种情况，许多学者针对不同的应用要求，将 TEN 同其他数据模型集成，开发"混合"型三维 GIS 系统，在需要精确建模的地方使用 TEN，而在其他地方则使用线框模型等进行建模。

在三维拓扑模型中，3DFDS 基本几何元素有节点、弧、边和面，SSM 在三维 FDS 模型的基础上进行了一定的简化，SSM 基本几何元素只有节点和面，面向对象模型的基本几何元素是节点、线段和三角形。面向对象模型与三维拓扑数据模型的最大区别在于它用三角形来构成面和体，而三维拓扑数据模型是用一般意义的平面，三角形可以看作是最简单的面。而 3DFDS 和 SSM 的区别在于是否描述弧段和边。边界表达模型以目标的边界为基础，定义和描述三维目标的几何外形。可见，边界模型是显示地表达三维目标的几何构造，一方面具有内部的几何信息和拓扑构造，另一方面具有目标唯一性。这就使边界表达模型在三维目标建模（特别是复杂目标）和空间分析中具有重要的应用，同时边界模型便于目标的可视化和数据更新。当然该模型存在数据量大、关系复杂、难以进行体积计算和内部属性表达的缺点，动态维护和更新的代价较大。

地籍环境中的对象主要有界址点、界址线、宗地和产权体。数字地籍是地籍空间现象的建模和表达，其建立在三维空间之上。三维地籍建模的过程实际上是三维空间中与地籍相关的权利实体抽象概括为几何实体的过程。因此，在建模之前，应先理清与三维地籍相关的实体。三维空间中与地籍相关的实体有很多，如宗地、房产单元、商铺、广场、地下停车场和地铁隧道等，按实体的几何特征可将其分为 4 类：点状实体、线状实体、面状实体和体状实体。

为表达三维地籍中的实体，可以使用 3 类基本的空间几何元素点（point）、弧段（arc）和多边形（polygon），依据面向对象的思想，将具有相同属性特征的对象归纳为一类，通过基本几何元素构造出复杂的几何元素并抽象为拓扑的节点（node）、线（edge）、面（face）和体（body），其逻辑层次关系如图 6.11 所示。

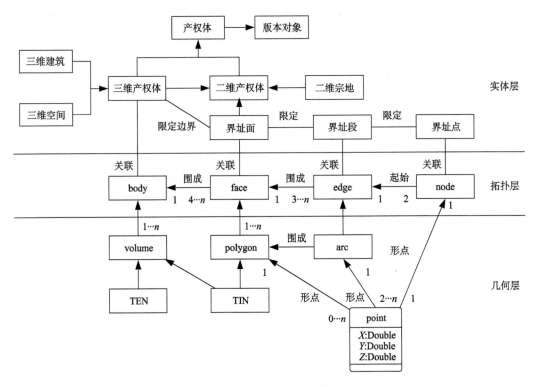

图 6.11　面向三维地籍的空间数据模型

在基于类边界表达的模型中仅表达了三维地籍产权体的拓扑信息，没有表达几何形态信息。对于三维地籍产权体而言，几何形态信息包括边的几何信息和面的几何信息，边的一般形态是折线，面的一般形态是由离散点表达的曲面。因此，可以将一般的点、线、面、体的构造关系和约束（如前述的 PSLG 和 PLC）扩展到真实的三维实体，在采用 PLC 表达拓扑要素、描述拓扑结构的同时，增加"形点"来表达几何信息。

此外，在前述对 B-Rep 边界表示法特点的分析中指出，BGRep 的缺点在于对实体本身的计算处理效率较低，而对实体几何体的处理是地籍管理中不可或缺的功能，解决这个问题的途径是借助于四面体格网 （tetrahedronized irregular network, TEN）模型，通过对 PLC 的三维单纯形（即四面体）分解（tetrahedronization），迂回实现空间几何体的各类几何计算。

6.2.3　三维几何体的构建和有效性验证

三维产权体并不一定是一个孤立的三维对象，尤其在城市环境中，由于城市立体空间的开发和利用，划分出许多产权体，此时三维产权体表现出很强的聚集特征。这需要三维地籍的三维空间拓扑来有效地表达空间关系、空间分割，并且这些群集三维产权体之间不能存在交叉和融合，甚至不能有三维缝隙或裂缝。三维产权体的构建就成为三维地籍的一个关键技术难点。

1. 三维产权体的构建

三维产权体是三维地籍的基本单元，对三维产权体的空间管理是三维地籍管理的核心内容。三维产权体的空间数据原则上可以由规划、测绘得到，但是构建真三维对象并维护三维产权体的空间关系是需要突破的技术难题（张玲玲等，2010a，2010b；王林伟等，2012）。现有基于图像或点云的方式构建三维对象的方式并不适合于构建三维地籍对象，因为它们关注现实的物理实体表面，得到的实体模型通常与三维地籍对象不一致。按照当前可视化的规则，每个建筑物是一个独立的完整的"包围盒外壳"状的形体，内部没有分割。建筑和城市建模领域中的建筑信息模型（building information model,BIM）或CityGML可适当间接转换或利用来获得三维产权体数据，但是需要认清它们和三维地籍之间的语义差别和基本对象的差别。例如，在三维地籍中关心产权体的边界，而BIM和CityGML中提供产权体（如房屋）内部的结构细节在三维地籍中并不需要。

在构建三维产权体的基础上，三维产权体的几何和拓扑关系维护变得十分重要，包括对三维边界的修正和更新、空间拓扑关系的维护，以及三维体的分割和合并。

1）基于 AutoCAD 的三维数据构建

根据现有城市规划、土地和房地产管理的情况，涉及空间数据的内容主要包括建设用地方案图、宗地图和竣工测量报告。由于基本数据的生成都是 CAD 数据，如何充分利用传统 CAD 来构建三维体成为项目的首要任务。针对新型立体化土地空间关系的土地管理立体化技术体系的适配构建研究，从三维空间管理的角度出发，有效地过滤和选择 CAD 数据，并利用空间拓扑关系来构建三维产权的空间数据，应对立体化土地管理三维信息管理系统进行再构建。

原有 CAD 数据为多层平面图，为构建三维产权体，需要建立相邻高层平面图的匹配关系和邻接对应关系，然后增加相应的竖向界址线和界址面，从而构建三维产权体。

2）基于拔高构建三维产权体

由于土地空间立体开发和利用的空间约束限定，通常三维产权体的几何形态较为规则或形态简单，同时空间划分的层次也在初始阶段表现为数量较少，此时根据平面 CAD 图形进行拔高拉伸，来构建三维产权体是一个快速有效的方法。以建筑住宅的三维产权体为例，在进行拔高拉伸时需要关注 3 个方面的 CAD 信息：①底面信息；②生成竖向界址面所依赖的框架，现实中可能表现为墙体的生成；③顶面信息。图 6.12（a）是楼层平面，包括房屋产权的阳台设施、电梯井等公共空间，考虑到不同的楼高或建筑层数等实际要求或因素；构建三维产权体的线框图如 6.12（b）所示，表面渲染图如图 6.12（c）所示，可见不同的楼层高度，不同楼层的平面图也不同[图 6.12（c）右下角的窗户错层]。

现有较多的软件或经一定的开发都可支持对平面图形的拔高。当相邻层高的空间水平分割和垂直分割一致时，拔高方法效用最高。但是当不同高度的水平分割不一致时，拔高生成三维产权体在构建空间关系时较为复杂，需要重组水平分割的拓扑关系来参与三维产权体的构建。

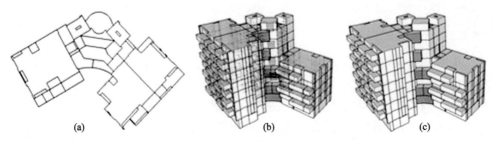

图 6.12　基于拔高生成三维产权体

（a）平面 CAD 图；　（b）三维产权体线框图；　（c）三维产权体的效果图

3）基于离散面片的三维产权体构建

尽管土地空间立体利用的形态具有一定的简单性和规则性，但这并不能说明三维产权体的简单性，尤其是当土地空间立体利用形成群集三维产权体时，三维产权体之间的空间关系和位置关系是相互影响和关联的。在构造和维护它们时，只有保持几何空间数据的单一性和正确性，才能保证其空间关系和位置关系的准确。

基于离散面片的三维产权体构建是基于三维空间拓扑关系的，需要明确点、线、面、体 4 个拓扑维度间的构造关系。在构建三维产权体时首先需要验证输入的离散面片集合具有可构建性，这在三维几何和拓扑分析上具有较大难度，通常通过数据的预处理来减少或剔除干扰的几何面片，包括排除孤立的点、线、面。郭仁忠和应申（2011）针对基于离散面片构建三维产权体进行了详细讨论，该方法是基于三维造型来生成三维产权体的重要手段。

2. 三维产权体的验证与修复

如前所述，三维产权体的几何体具有封闭、可定向、连通等特征，因此对三维产权体的验证除了保证其在属性、权利人和权力方面的信息外，表达"基因"空间的三维几何体的验证成为三维地籍管理和维护的技术内容。

三维几何体的验证主要包括对几何体构成要素（即点、线、面）的构造关系约束、拓扑约束及三维体约束。例如，每个边至少关联两个面，当所有的边都是关联两个面时，此时三维几何体为流形体；当有边关联的面超过 2 个时，此时三维体可能是非流形体。靳凤攒等（2015）详细描述了各种规则和约定。经典的欧拉公式（$V-E+F=2$）说明简单体的顶点数、边数和面数之间的关系；非流形的多面体采用欧拉-庞加莱公式验证：$V-E+F-(R-F)-2(s-G)=0$。其中，R 为二维环，s 为壳，G 为三维洞。如图 6.13 所示的 2 个三维，有

（1）$E=36, F=16, V=24$，$R=18, s=1, G=0$，有 $24-36+16-(18-16)-2(1-0)=0$

（2）$E=48, F=20, V=32, R=22, s=1, G=1$，有 $32-48+20-(22-20)-2(1-0)=0$

原则上三维几何体所具有的规则都可以用来验证三维几何体的有效性。但是由于几何数据组织和处理的差别，不能满足三维几何体的约束和规则时，需采取相应的方法进行修复，只有这样才能更好地利用已有的三维数据去创建三维体。这些对几何数据的处理包括剔除孤立的线和面、剔除悬挂的线和面。

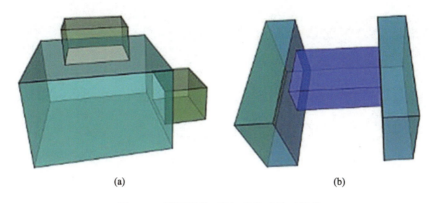

(a)   (b)

图 6.13   满足欧拉-庞加莱公式的三维体

6.2.4   地籍产权体的时空变化、空间分析与操作

三维地籍变化具有多时间尺度，建筑立体空间中产权与几何实体变化的多样性与异步性不同于传统变化，体现更微观、局部、细节的特点。应在充分考虑三维地籍产权体对象间空间层次性的基础上，面对三维地籍产权体变化的微观、准确的动态表达，力求探寻产权体实体变化的完整性、准确性与最小灵敏度，建立基于多层次事件的三维地籍动态表示模型（王履华等，2014）。

地籍产权体之间的关系是进行地籍产权体查询和空间分析的关键。地籍产权体在内容、主客体、表达等方面的复杂性，使得地籍产权体之间的关系多种多样。从地籍产权体的几何形态表达上，它具有点、线、面、体的特征，所以具有点、线、面、体之间的拓扑关系；从地籍产权体的空间位置上，它们存在方位的关系；从地籍产权体的实体构造或定界角度上，它由界址点、界址线、分割面等来确定；从地籍空间形式上，它具有二维和三维性；从语义上，地籍产权体存在分宗、合宗（二维或三维）等。以上这些情况可能发生和存在于地籍产权体的内部、目标本身和目标之间。

三维空间实体间的关系远比二维空间复杂。因此，厘清三维空间拓扑关系是构建三维产权体空间关系的核心。三维地籍空间拓扑数据模型是三维查询、分析和操作的基础。本书的三维地籍数据模型能灵活地支持定位表达和空间拓扑关系建立、查询，以及产权体的分析、计算。基于边界表达模型的数据结构可以进行空间临近和拓扑查询分析；而基于 TEN 的体结构可以实现产权体的单纯形剖分；借助单纯形，易于实施产权体的体积计算、空间变化（如缓冲），以及分割合并方面的分析与计算。图 6.14 展示了房屋产权体的四面体化，图 6.15 展现了基于 TEN 的产权体合并。

三维产权体的空间操作一方面要考虑几何体的关系和操作，另一方面要考虑产权的社会和法律特性。从社会和法律角度来说，三维产权体在空间和时间上都不能有任何重叠和交叉，这也是其独占性的要求。但是随着对产权体管理和业务流的需要，三维产权体在空间的几何表达、权属和权属人的信息等方面是可以发生变更的。

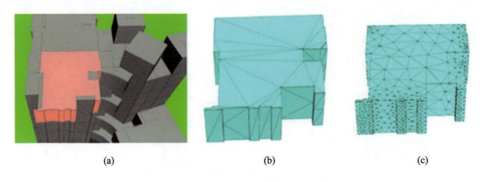

(a)   （b)   （c)

图 6.14　地籍产权体的 TEN 建模

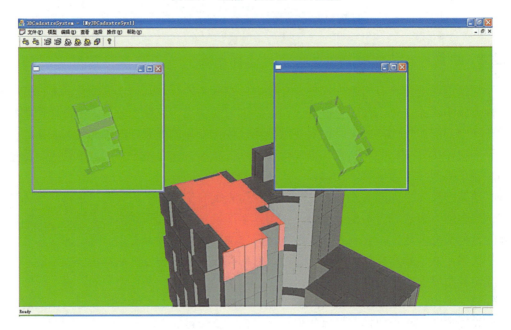

图 6.15　产权体的分割与合并

　　三维地籍加上时间维就构成了四维地籍，时间的引入一方面说明了三维产权体的生命周期，另一方面强调对三维产权体的管理和业务操作。由于当前技术和软件对三维几何体的支持不足，四维地籍的操作和支持性也严重不足。三维产权体空间形态的演变规律和权属变化的逻辑都直接影响三维地籍管理过程，同时也是其空间操作和分析的关键内容之一。

参 考 文 献

郭仁忠, 应申. 2010. 三维地籍形态分析与数据表达. 中国土地科学, 24(12): 45-51

郭仁忠, 应申, 李霖. 2012. 基于面片集合的三维地籍产权体的拓扑自动构建. 测绘学报, 41(4): 620-626

姜仁荣, 庄穆煌. 2012. 城市土地立体化利用问题及支撑技术研究——以深圳市为例. 今日中国论坛, (12): 105-106

靳凤攒. 应申. 李霖等. 2015. 三维几何体的验证规则及修复方法研究《武汉大学学报(信息科学版)》40(2): 258-263

刘咏梅, 李谦, 江南. 2010. 三维地籍与城市立体空间开发的信息技术应用分析——以南京市为例. 地球

信息科学学报, 12(3): 392-398

史云飞, 贺彪. 2013. 三维地籍产权体的语义限定与几何表达. 山东科技大学学报(自然科学版), 32(3): 83-88

汤开文, 文小岳. 2012. 多层次三维地籍产权体模型的语义表达研究. 测绘通报, (12): 32-36

王林伟, 王向东, 张弛. 2012. 三维地籍数据模型的构建与技术实现. 中国土地科学, 26(12): 35-40

王履华, 孙在宏, 曲欣, 等. 2014. 三维地籍数据模型及时空关系研究. 中国土地科学, 28(7): 39-45

王晓艳. 2015. 浅谈在地籍调查中的几个问题. 水能经济, (4): 133

文小岳, 李志文, 李光强, 等. 2010. 二维地籍模型到三维地籍模型的转换方法. 测绘通报, (4): 66-69

张玲玲, 史云飞, 郭仁忠, 等. 2010a. 三维地籍产权体的定义与表达. 地球信息科学学报, 12(2): 207-213

张玲玲, 史云飞, 许秀荣. 2010b. 三维地籍建模方法研究与实现. 测绘科学, 35(3): 210-212

周甬涛. 2013. 城市三维地籍的建立研究. 上海国土资源, 34(2): 15-19

Larsson G. 1991. Land Registration and Cadastral Systems: Tools for Land Information and Management. Boston: Addison-Wesley Longman Publishing Co

Rajabifard A, Williamson I, Steudler D, et al. 2007. Assessing the world wide comparison of cadastral systems. Land Use Policy, 24(1): 275-288

Stoter J, Salzmann M. 2003. Towardsa 3D cadastre: where do cadastral needs and technical possibilities meet? Computers Environment & Urban Systems, 27(4): 395-410

Taneja A, Ballan L, Pollefeys M. 2013. City-scale change detectionin cadastral 3d models using images. Computer Vision and Pattern Recognition, 9(4): 113-120

Ying S, Guo R Z, Li L, et al. 2012. Application of 3D GIS to 3D Cadastre in Urban Enviroment. 3rd International Workshop on 3D Cadastre: Deuelopmont-s and Practices. 25-26 Oct. 2012. ShenZhen. China

Ying S, Guo R Z, Li L, et al. 2015. Construction of 3D volumetric objects for a 3D cadastral system. Transactions in GIS, 19(5): 758-779

第7章 空间建设用地使用权与权利冲突管理

7.1 空间建设用地使用权基本范畴界定

随着土地立体化利用的不断发展，传统物权法的"一物一权"理论，即一宗土地上只能成立一个所有权或一个使用权，已经不能满足现实需要。对土地及空间的分层开发，需要在发展传统物权法理论的基础上，创设新的制度形式予以保障。我国《物权法》第136条规定"建设用地使用权可以在土地的地表、地上或者地下分别设立，新设立的建设用地使用权不得损害已设立的用益物权"，确立了空间分层利用的合法性，明确了我国民事主体可以取得对地上、地下空间的利用和开发的权利，该权利属于建设用地使用权的一种，可视为空间建设用地使用权。

7.1.1 空间建设用地使用权的概念

在源自罗马法的传统民法观念中，土地所有权为"上穷天寰，下及地心"。因此，土地所有权的范围即包括了地表所有权、空中所有权、地下所有权。对此，大陆法系国家的法律均有具体规定。例如，《日本民法典》第207条规定"土地所有权于法令限制的范围内，及于土地上下"；《德国民法典》第905条规定"土地所有权人的权利扩及于表面上的空间和表面下的地层"。在该立法框架之下，土地所有权人对自己所有之土地，自然有以地表为中心的上下垂直范围的支配力（陈祥健，2003）。随着土地立体化利用成为常态，这些空中或地下的建筑物具有独立的经济价值，而且离开地表，地上、地下的空间有独立的支配力，这与当时土地所有权的"充分性"和"一物一权主义"相悖（陈祥健，2003）。因此，关于土地所有权的法律制度开始发生变化，各国以空间为对象的空间权法律制度逐渐确立。

与国外空间权法律制度的多样性不同，我国空间权法律制度主要体现在《物权法》第136条，并将其限于空间建设用地使用权（在日本和我国台湾地区又称为"区分地上权""分层地上权"），对于存在于其他立法条例下的空间所有权、空间役权等我国法律没有明确规定。根据物权法定原则，只有法律才能规定物权的种类和内容，当事人不得创设。因此，对我国空间权法律制度的探讨主要聚焦于空间建设用地使用权相关内容。

空间建设用地使用权是与普通建设用地使用权相对的概念。以地表为客体设立的建设用地使用权是普通建设用地使用权，以地下、地上的一定空间为客体设立的是空间建设用地使用权。空间建设用地使用权应当以普通建设用地使用权所必需占用的空间范围以外的其他空间为客体。因为普通建设用地使用权在实际行使过程中也要占用土地上下一定的空间，如嵌入地下的地基。此外，普通建设用地使用权还需要有采光、通风等额外空间，即使在没有明确约定的情况下，建设用地使用权的权利主体也应该有权在合理范围内对建筑物占有的空间享有一定的利用权，以便行使权利。因此，本书所称的空间建设用地使用权的客体范围不包括普通建设用地使用权所占有的土地空间范围。

7.1.2 空间建设用地使用权的客体

所谓权利客体，是法律关系主体享有的权利和承担的义务所共同指向的对象。传统民法认为，物权的客体仅限于有体物，且满足特定性与独立性两大要件（杜苍深和罗平，2015）：一是特定性。物权是对物的直接支配权，决定物权客体必须是现实存在的、具体确定的物，而非抽象存在的物。这样才能使法律关系明确，并便于公示和保障交易安全。罗马法上有"所有权不得未确定"之法谚，德国民法也有"物权标的特定性原则"。二是独立性。依社会经济或法律观念得以单独的、个别的、以一"完整"之物存在。其判断标准以能否独立满足人们生活需要为准。盖因物之一部分不仅难以实现直接支配的实际利益，还难以公示归属。

在传统技术条件下，不仅土地空间的面积、形态和体积无法精确界定，而且必须与土地相结合才有利用的经济价值，一旦与土地相分离，其本身无任何利用价值或独立发挥功能的可能性。因此，土地空间通常被认为是土地的一部分，不能从土地分离出来独立成为物权的客体（杜苍深和罗平，2015）。在现代社会，人类可以支配的对象空前扩大，且仅将物权客体限定为有体物不利于有效保护当今人们所有无形财产的权利。日本学者我妻荣主张法律学对物之概念应予扩张，不应以物理学上之物的概念为限，就如对人之概念应予扩张，不应以生理学上之自然人为限，还应包括法人一样，物除有体物外，凡具有排他的支配可能性，皆得充之。基于该观点，只要空间有独立的经济价值，并有排他的支配可能性，即可成为物权的客体（温丰文，1988）。

现代科学技术的不断发展为土地空间成为物权客体提供了可能。首先，空间可以成为特定物。在现代三维测量技术下，土地的三维空间可以明确，不与地表接触的空间也可测绘。平面土地可经人为划分而成为特定物，立体的空间也应当成为可划分的特定空间。其次，空间是可排他性利用支配的物，在明确了权利义务的空间中，权利人可对空间绝对地支配利用。再者，空间当然具有独立的经济价值。最后，空间作为一种不动产，可和土地一样通过一定方法公示，从而产生对抗效力。由此可知，空间可以视为"物"，从而成为物权之客体。

7.1.3 空间权的权利分类

所谓"空间权"，为域外法律概念中各类空间权利的统称。各国及地区对空间权利制度所包含的权利类型有不同的分类，我国法律仅将空间权限定于空间建设用地使用权，回避了空间权的权利类型问题。对空间权的分类研究，有助于深化对我国空间建设用地使用权概念内涵与外延的认识。

从比较法角度看，空间权可以分为空间所有权与空间利用权，空间利用权又可以分为物权性质的空间利用权和债权性质的空间利用权。

1）空间所有权

空间所有权是离开地表的空中或地中横切一断层的空间而享有的所有权。在土地私有制国家，法律规定空间附属于土地，并对土地所涉及的空间深度和高度予以明确规定，超出部分则归国家享有。我国实行土地公有制，土地归国家和集体所有。因此，国家所有的土地地表连同相应的地上地下空间归国家所有，农村的其他集体所有的土地空间所有权归集体。国家可以基于公共目的对集体所有的空间进行征用，并给予相应补偿。

根据传统物权法理论，土地的上空及地下被视为土地的一部分，整体被视为一物。若承认空间权存在，土地所有权人必须将土地的上下空间与地表分离。这种情况下，空间所有权制度是否与一物一权原则相违背？本书认为，介于土地这一不动产的特殊性，于物理上是接连不断、延绵无垠的，但一块土地有时为数个不等之物而同时允许存在数个所有权，有时仅为一物而只允许存在一个所有权。这其中土地的"一物性"，完全是通过法技术的运作，即登记簿所登记的土地笔数或个数体现出来的。所以，离开地表的空中或地中，如具备独立的经济价值，且有排他的可能性时，即可依不动产公示方法——登记表现其独立的所有权（赵秀梅，2011）。由此看来，空间所有权的成立与一物一权主义并不相悖。

2）空间利用权

空间利用权是指以空间水平断层为对象，以使用收益为内容的权利。空间利用权包括物权性质的空间利用权和债权性质的空间利用权，但是债权性质的空间利用权主要通过双方合意达成，由合同法规制。

物权性质的空间利用权有空间地上权和空间役权两种。地上权是大陆法系国家《物权法》中最重要的用益物权种类之一，指以在他人土地上有建筑物或其他工作物或竹木为目的而使用其土地的权利。地上权人已获得土地所有权人所有的土地地上权，则对土地的使用、收益范围与土地所有人相同，不以地表为限，还扩及于土地的上空及地下。空间地上权与普通地上权在本质上并无差异，但其客体范围有着量的差别，空间地上权是以在他人土地的空中或地下有建筑物或其他工作物为目的而使用其空间的权利。因此，空间地上权仅以地表上空或下空的一定范围的空间为客体，其权利内容和范围与我国空间建设用地使用权一致。

空间役权是指在他人土地上下特定空间提供自己土地便宜使用的权利。空间役权与普通地役权存在诸多相通之处，但也存在重要区别：一是性质上，空间役权除具有地役权的性质外，还具有人役权的性质（温丰文，1988）。人役权是为了特定人的利益而设定的，无需需役地的存在。二是权利关系上，空间役权主要针对"纵向"的立体关系，如地表建造超重量级建筑物或者施予重压，将使空间隧道陷落，必须有限制或禁止在地表上进行此类施工。三是涉及对象上，地役权涉及的是两块土地所有人之间的关系，空间役权涉及的则是不同层次空间的利用人之间及其与土地所有人之间的关系。四是空间役权的适用具有事先性。普通地役权是在既存不动产之间产生的，需役地和供役地必须同时存在方可产生，而空间地役权在其标的物（特定空间）有时还未使用之前就开始发生作用，如土地使用权人基于不得妨害地面建筑的安全或生活宁静等合理请求，可以主张与地下建商场、铁路等空间利用权人协商对其空间的深度进行合理变动或采取其他措施等（彭诚信和臧彦，2002）。综上可知，空间役权的种类较普通地役权更为复杂、存在形式更加多姿多彩。

7.2 我国空间建设用地使用权制度构建

我国《物权法》第 136 条的规定否定了空间权是一项独立物权，将空间权附属于建设用地使用权，规定"建设用地使用权可以在土地的地表、地上或者地下分别设立"。可见，土地立体化利用从法律权利视角就是对土地空间从地上、地表、地下垂直分割，纵向划分不同宗地，分别设立建设用地使用权。《物权法》虽然肯定了空间可以独立作为权利的客体，承认其本身是一项具有法律意义的财产，但缺乏针对性、操作性和系统性的法律制度安排。

7.2.1 国内立法现状

迄今为止，我国尚不存在调整空间建设用地使用权的专门立法，仅存在规范土地立体化利用，尤其是地下空间开发利用的单行法规。从调整对象看，可以将这些法规分为两大类。

一是人防工程立法，主要是对平战结合原则及地下空间开发应当考虑的防灾需要等做了原则性规定，这些规定需要具体细化才有可操作性，如《中华人民共和国人民防空法》（1996 年颁布，2009 年修订）第五条"国家对人民防空设施建设按照有关规定给予优惠。国家鼓励、支持企业事业组织、社会团体和个人，通过多种途径，投资进行人民防空工程建设；人民防空工程平时由投资者使用管理，收益归投资者所有"、第十四条"城市的地下交通干线以及其他地下工程的建设，应当兼顾人民防空需要"等。与此同时，各地也陆续颁布了相应的地方性法规，如广东省实施《中华人民共和国人民防空法》办法（1998 年）、《上海民防条例》（1999 年）、《北京市人民防空条例》（2002 年）、《上海市民防工程建设和使用管理办法》（2002 年）等。

二是民用工程立法，主要是对城市地下空间开发的规划、用地、建设及登记管理等环节进行规定，为科学统筹地上、地下空间资源开发利用提供了法律依据。除了《物权法》以外，还有建设部《城市地下空间开发利用管理规定》（1997 年）、国务院《不动产登记暂行条例》（2014 年）、国土资源部《不动产登记暂行条例实施细则》（2016 年）、《不动产登记操作规范》（2016 年）等。另外，各地也陆续颁布了相应的地方性法规、办法，如《深圳市地下空间开发利用暂行办法》（2008 年）、《苏州市地下（地上）空间建设用地使用权利用和登记暂行办法》（2011 年）、《上海市地下空间规划建设条例》（2013 年）、《杭州市地下空间开发利用管理办法》（2017 年）等。

纵观上述梳理可以发现，目前空间立法存在以下问题：一方面针对同一问题的地方立法之间通常存在较大冲突，为以后的统一立法造成困难；另一方面是科学性不足，侧重于表面问题，不重视深层次问题的解决，实际操作性差。

目前，我国对日益重视对空间资源的开发利用。2017 年，国土资源部在《关于加强城市地质工作的指导意见》中明确提出，我国到 2020 年要探索形成城市地下空间资源系统化、产业化、绿色化开发利用模式，到 2025 年要建立系统完备的地下空间资源开发利用管理制度，从而为我国空间权制度的理论研究和专门立法的推进提供十分有利的契机。

7.2.2 其他地区空间权法律实践及比较

为了适应和保障土地立体化利用需要，一些国家和地区对空间分层区分、开发利用及产权界定等问题开展了深入广泛的理论研究，并通过政策和立法在实践中予以不断完善。

1）美国

美国属于英美法系，其空间权法律制度采取单独立法的模式。一方面是因为美国将空间视为一种独立的、不附属于土地的财产；另一方面也是源于法系观点的迥异。美国不存在空间所有权可能违反土地所有权"一物一权"原则的问题，没有将空间权归入用益物权的体系内讨论，更不需要空间权的法律性质与物权法的体例安排取得统一。作为习惯法国家，美国先以判例形式确立了空间权制度。最早确立空间可以租赁及让渡的判例是在19世纪50年代。20世纪初，"将地上下空间进行分割并确定范围进而出售、出租该空间以获取经济利益已屡见不鲜"。1927年，伊利诺伊州制定了《关于铁道上空空间让与租赁的法律》，即美国历史上关于空间权的第一部成文法。1946年，联邦最高法院进一步确立了土地所有者的上空空间具有权利利益，并可以单独成为权利客体，同时坚持联邦法律和民用航空委员会规则，使得民用航空委员会规定的最低飞行高度之上的空间成为联邦的和公共的领域。1962年，联邦住宅局制定了《国家住宅法》，规定了空间权可以成为抵押权的标的。1970年，美国有关部门倡议各州使用"空间法"这一名词来制定各自的空间权法律制度。1973年，俄克拉何马州制定了《俄克拉何马州空间法》，规定空间作为不动产可以所有、转让、租赁、设定担保等，也可继承。该法的制定被认为是"对此前判例与学说关于空间权法律问题基本立场之总结"，基本确立了美国的空间法制度。

2）德国

德国将空间地上权归入"地上权"的范畴调整，视作一项独立的用益物权。因为在大陆法系国家的观点中，土地的绝对所有权已涵盖空间权，空间权被土地所有权所包含，并且在一物一权的原则下，空间权定性为用益物权更加合理。1896年制定的《德国民法典》第四章中已经对空间权做出了相关规定。1919年，德国颁布了《地上权条例》，使德国的空间权制度得以完善，但根据该条例的规定，其地上权既包括普通地上权也包括空间地上权，并没有对二者加以区分，均是指以在他人土地表面、上空及下空拥有工作物为目的而使用他人土地及空间的权利。德国当代民法中还规定了"次地上权"，即以地上权为本权而再次设立的地上权。次地上权概念的提出为土地上下空间脱离地表而独立地成为民法物权的客体提供了新的法律手段。

3）日本

日本同样将空间权归为"地上权"调整。1966年修改《民法典》时，日本在其中增加了有关空间权的规定。该条第一项规定："地下或空间，因定上下范围及有工作物。可以以之作为地上权的标的，于此情形，为行使地上权，可以设定行为对土地的使用加以限制。"可见，其将空间权界定为一种地上权，其范围为地下或上空的某一特定断层空间。第二项规定："前款的地上权，即使在第三人有土地使用或收益情形时，在得到该权利者或者以该权利为标的权利者全体承诺后，仍可予以设定。于此情形，有土地收益，使用权利者不得妨碍前款地上权的行使。"由此可见，日本将空间权也视为一种独立的财产权，在其《不动产登记法》中还规定了空间权登记的内容（除必须登记设定目的、存续期间、地租额外，尚必须登记空中或地中的上下范围及有关土地使用的限制等）和程序。

相比较看，不同国家和地区关于空间权立法的模式大致可归为以下几类。

一是将空间权视为一项全新独立的权利。例如，美国将空间权视作一种单独的权利，制作单行法调整。这种立法模式非常灵活，既对空间的财产化趋势做出了反应，也促进了空间利用，为经济发展提供定纷止争的法律保障。

二是将空间权视为一种独立的用益物权。德国、日本等大陆法系国家将土地空间权纳入"地上权"的体系，承认其法律地位和独立价值，同样是为了顺应时代的发展，为空间权提供更符合其特点的法律调整。

三是不承认空间权是独立用益物权，将空间权涵盖在现有的某一项用益物权之下。这种立法模式容易面临的问题是空间权的内容往往不是现有某一种用益物权能囊括的，需要多种用益物权多管齐下。其优点在于用尽现有法律救济而不徒增负担，缺点在于不能为空间权提供明确的法律回应，现有用益物权的调整机制不完全适应空间权调制所需的特点，在一定程度减损了法律保障。

7.2.3 我国空间建设用地使用权制度构想

确立和完善空间建设用地使用权制度，对于界定土地权利归属，实现定纷止争，保护权利人合法利益，规范经济秩序，促进土地空间高效有序利用至关重要。

1）明晰空间建设用地使用权的设立规则

空间建设用地使用权的设立主体应当是土地所有权人。空间建设用地使用权是一项基于土地所有权设立的用益物权，所以土地所有权人，即国家可以成为设立的主体。普通建设用地使用权人不能成为空间建设用地使用权的设立主体，因为土地所有权人只是将建筑物、构筑物及其附属设施所占用的空间转移给建设用地使用权人，该空间之外的空间仍属于土地所有权人所有。普通建设用地使用权人将自己占有使用的空间转移给他人利用，产生的不是空间建设用地使用权而是空间地役权、空间租赁权等。

空间建设用地使用权不得损害已设立的用益物权。依据法条的精神，空间建设用地使用权可以分层设立，但不得损害已设立的用益物权，要做到以下几点：第一，客体范围不重叠，空间建设用地使用权的范围不得与普通建设用地使用权的范围重叠；第二，权力行使范围不冲突，新设立的建设用地使用权不得妨碍已设立的用益物权人的占有、使用和收益的权利（付坚强，2014）。

依据我国现行法律法规，空间建设用地使用权的基本设立方式有出让和划拨两种。物权法规定，工业、商业、旅游、娱乐和商品住宅等经营性用地，以及同一土地上有两个以上意向用地者的，应当采取招标、拍卖等公开竞价的方式出让。值得注意的是，经营性用地是根据利用土地的项目具有经营性来界定的，地表开发利用的项目具有经营性，其所界定的范围仅限于地表，而对地上、地下空间没有界定；对于非经营性使用，且只有一方申请主体，不存在两个以上竞争者的地上地下空间，可采取协议方式出让。地上地下空间建设用地使用权出让金也应有国家规定的最低限额，建议比照垂直投影地表的建设用地使用权出让金，按一定办法和比例折价收取（付坚强，2014）。

采取出让方式设立空间建设用地使用权的，应当采取书面合同形式订立建设用地使用权出让合同，并应载明建筑物、构筑物及其附属设施占用的空间。同时，当事人还应向登记机构申请建设用地使用权登记，空间建设用地使用权自登记时设立，登记机构向建设用地使用权人发放建设用地使用权证书。

划拨方式是指空间建设用地使用者经政府批准，无偿取得空间建设用地使用权的行为。其适用范围包括国家机关用地、军事用地、城市基础设施用地、城市公益事业用地、国家重点扶持的能源、交通、水利等项目用地及法律、行政法规规定的其他用地。国务院2008年印发的《关于促进节约集约用地的通知》提出，除军事、社会保障性住房和特殊用地等可以继续以划拨方式取得之外，对国家机关办公和交通、能源、水利等基础设施、城市基础设施，以及各类社会事业用地要积极探索实行有偿使用，对其中的经营性用地先行尝试实行有偿使用，其他建设用地严格实行市场配置、有偿使用。空间建设用地使用权的划拨可参照适用。

《物权法》第137条对国有建设用地使用权的设立方式规定为可以采取无偿划拨和有偿出让取得方式。例如，《土地管理法实施条例》第29条规定，国有土地有偿使用的方式包括国有土地租赁和国有土地使用权作价出资或入股。因此，空间建设用地使用权的设立方式除出让和划拨以外，还可以考虑采取国有土地租赁和国有土地使用权作价出资或入股等法律允许的方式。

另外，考虑到土地立体化开发存在复杂性、渐进性和不确定性，不同性质的土地空间可能难以分割剥离，基于经济性、安全性和施工效率考量，需要一体化开发，这种情况下的空间建设用地使用权如何设立有待进一步突破。国土资源部2014年发布的《节约集约利用土地规定》提出，对于不同用途高度关联、需要整体规划建设、确实难以分割供应的综合用途建设项目用地，市、县国土资源主管部门可按照一宗土地实行整体出让供应，综合确定出让底价。综合用途建设项目用地供应，包含必须通过招标拍卖挂牌方式出让的，整宗土地应采用招标拍卖挂牌的方式出让。但若其中的非经营性空间占比过大，可能"带不动"非经营性空间，陷入无人竞买之境地，并面临公共空间零碎化、私有化等问题。对此，我们建议可以研究建立适用整体打包出让的"立体综合用地""立体配建用地"规则，以及经营性空间单独出让的"零星空间""立体一级开发"和普通建设用地使用权人取得空间建设用地使用权的"优先权"规则等。

2）明确空间建设用地使用权的消灭规则

空间建设用地使用权的消灭是指空间建设用地使用权人由于法律规定而丧失权利。空间建设用地使用权作为用益物权的一种，其消灭原因与普通建设用地使用权相同：第一，空间建设用地使用权存续期间届满，主要是指通过出让方式取得的空间建设用地使用权期限届满，因为通过划拨方式取得的空间建设用地使用权通常用于公益事业，没有期限限制。第二，空间建设用地使用权被撤销或征收，撤销是指土地管理部门在法律规定的条件下，取消空间建设用地使用权，收回土地上下空间的行为，是国家实施的单方行为，属于行政处理或行政处罚；征收是为了公共利益的需要而强制性的将非国家财产收归国有的制度。第三，空间建设用地使用权因抛弃而消灭，但空间建设用地使用权的抛弃不得损害他人利益和社会公共利益，如因划拨取得的使用权基于社会公益的目的一般不允许抛弃；又如使用权设定了抵押的，非经抵押权人的同意，空间建设用地使用权人也不得抛弃（付坚强，2014）。空间建设用地使用权消灭的，空间上其他不动产的归属，按照《物权法》第149条的规定处理。

3）厘清空间建设用地使用权行使的限制

一是国家独占空间所有权原则。我国宪法和《物权法》均规定我国土地归国家和集体所有，城市的土地为国家所有，农村的土地归集体所有。因此，借鉴土地所有权制度的相关内容，城市空间也应为国家独占所有，并可以依法转让。市场主体若想取得空间建设用地使用权，则需要一定的转让手续，并受限于国家对城市空间独占的所有权。

二是国家征用及发展公益事业优先原则。《城镇国有土地使用权出让和转让暂行条例》第42条规定，在特殊情况下，国家根据社会公共利益的需要，可以依照法律程序提前收回土地使用者依法取得的土地使用权，并根据使用年限和利用土地的情况给予相应的补偿。因此，同样的空间利用若遇到国家征用和发展公益事业、建设公共设施时，空间建设用地使用权人的权利必然同样会受到限制，典型的如地下空间开发需让渡一部分空间给人防工程。

三是空间有限利用原则。从理论上说，空间利用权应及于人类有能力开发利用的全部空间。但是，正如土地的过度开发要以土地荒漠化为代价一样，过度开发利用空间同样会造成无法挽回的后果。例如，空中建筑物反射面积过大而引发的温室效应，地下建筑密度过大而引发的地下空洞和地表下沉等。一般来说，不同层次的空间因可利用的程度不同而有不同的价值，具体表现为以地表为中心向两侧递减，以建筑密集地区为中心向建筑稀疏地区递减（慎先进和董伟，2007）。因此，我国借鉴国外及相关地区的先进经验，并结合实际对不同地区的空间利用率和高度给予限制，从而制定出我国的空间利用率。

四是空间无害利用原则。空间无害利用原则包括两方面：一是合法性，即依法利用他人土地上下空间；二是合理性，即这种"利用"以不给权利人的人身和财产造成损害或只是轻微损害为条件。空间建设用地使用权人需要让渡一部分的空间使用权于他人的无害利用行为，因此必须掌握"无害利用"的限度，超过该限度即构成侵权行为（石少侠和王宪森，1994）。空间无害利用行为应有以下特点：首先，该行为所取得的利益应当大于损害；其次，无害利用行为以具有正当利益为前提，并在可选择时选择无害的行使方式；最后，行使权利时，必须围绕权利的存在目的，不得有超出权力设置目的的行为。

7.3 土地立体化利用的权利冲突管理

土地立体化利用导致土地空间关系错综复杂，对传统基于"一物一权"的权利关系确定逻辑与协调方法带来了全方位的挑战。尤其是，传统土地管理模式不能精细化描述、界定与管理三维产权空间，导致存在潜在的产权纠纷和社会稳定风险。因此，土地立体化利用背景下的不动产权利冲突与协调管理问题是一个迫切需要研究和解决的问题。

7.3.1 土地立体化利用的权利冲突问题

对于土地立体化利用出现的问题，为便于理解，本书从两个真实的案例说起。

案例一：冶炼公司诉讼地铁公司土地权益争议案。

某冶炼公司于 20 世纪取得案件争议宗地的"用地批文"和"用地通知"。依当时法律，其效力等同于现在的建设用地规划许可证和建设用地批准通知书。2005 年，市地铁公司需在该宗地地下 20m 深处开挖隧道，地铁公司与冶炼公司协商约定，冶炼公司拆除该宗地地上建筑物供地铁公司修建隧道，地铁公司需在工程完工后返还该宗地并支付补偿费和借地费。2008 年，地铁公司在宗地下方不足 2m 处修建环形通风隧道，并在地表修建通风口，导致冶炼公司无法在宗地修建大型仓库，只能改建停车场，宗地经济效益大为降低。为此，冶炼公司要求地铁公司作出赔偿，地铁公司认为其通风口建设工程有合法规划，通风口地表已取得《国有土地划拨决定书》，对冶炼公司的损失发生不存在过错，不需对冶炼公司作出赔偿。冶炼公司为此向人民法院提起诉讼。

法院审理认为，通风口建设有合法规划，通风口所占地表取得了《国有土地划拨决定书》，地铁施工结束后也取得了《国有土地使用权证》，取得方式为划拨。通风口有合法的规划手续并且享有空间用益物权，只是实践中不对此单独发证，地铁公司不构成侵权。但新的建设用地使用权不得损害已有的用益物权，地铁公司的通风口对冶炼公司造成了实际损害，依据公平原则，判令地铁公司补偿冶炼公司 60 万元（付坚强，2014）。

本案例具有以下关于空间开发的代表性问题。

一是多种权利冲突。本案例中，地铁公司不应取得该宗地的土地使用权，冶炼公司已先取得宗地地表的建设用地使用权，地铁公司若又在该片宗地地表取得建设用地使用权，这就使得同一宗地内出现两个土地使用权。根据一物一权原则，对于同一个标的物，不能存在两个以上性质不相容的权利，地铁公司与冶炼公司的土地使用权必然会发生冲突。据此，地铁公司不应取得通风口地表的《国有土地划拨决定书》。

二是建设用地使用权的范围不明确。根据《物权法》第 136 条的规定，建设用地使用权可以在地表、地上、地下分别设立。冶炼公司的建设用地使用权不仅包括地表，还应当包括地表上下的一定空间，而该空间不能与空间建设用地使用权相重叠。一般认为，整体建设的空间建设工程，即与地表建筑物、构筑物或附着物连为一体的建筑物、构筑物或附着物，其所占用的土地权利可以确定为普通建设用地所有权。单建的空间建设工程，即不能与地表建筑物连为一体，独立开发建设的空间建筑物、构筑物或附着物，其占用的空间范围应登记为空间建设用地使用权，与普通建设用地使用权区别开来（付坚强，2014）。本案例中，地铁公司在宗地下不足 2m 处修建通风隧道属于单建的建设工程，根据冶炼公司的陈述，地铁公司所占用的空间应属于冶炼公司建设大型仓库等建筑物及其附属设施所占用的必要空间。因此，冶炼公司建设用地使用权的客体范围不清，直接导致建设用地使用权客体范围与空间建设用地使用权客体范围相冲突，引发争议。

三是相邻空间相互利用关系问题。地铁公司无法通过传统民法理论来解决其地下的采光和通风问题,冶炼公司的宗地和地铁公司的通风隧道及通风口是纵向相邻的建筑物,传统的相邻关系和地役权无法解决纵向空间的支撑、利用关系。

案例二:深圳市丰盛町地下商业街的空间建设用地使用权出让。

深圳市丰盛町地下商业街开发功能为商业,是单建地下工程,位于深南大道两侧、地铁车公庙站区间,属于深圳市写字楼群最为密集的商务办公区。地下街东西全长 500m,地面为道路两侧绿地。地下空间用地面积 12481.76m²,总建筑面积 26625 m²。共设地下 3 层:负一层为下沉式露天街区;负二层为连接车公庙的地铁站;负三层为设备房;负四层为地铁轨道线。原规划建有 22 个出入口串联起周边 19 栋写字楼和 3 座星级酒店。

丰盛町地下商业街于 2005 年 1 月公开挂牌出让空间建设用地使用权,并被深圳市仁贵投资发展有限公司以 1680 万元竞得。当时出让地价参照地面同地段商业用地三分之一的价格,每平方米 1300 多元,2009 年建成后销售均价达每平方米 20 万元,充分体现出轨道站点地区地下空间的商业价值。商业街产权分层登记,允许商业部分销售转让。

在开发过程中,丰盛町地下商业街逐渐暴露了一些不足。

一是缺乏政府的支持与引导,与市政、人防、城管等部门缺乏有效的沟通与协调。在丰盛町建设过程中,遇到很多市政设施的保护和迁移问题,且大量的人防工程指标较多限制了地下空间设计的灵活性。

二是相邻空间的衔接问题。丰盛町地下商业街与地铁站点、地下过街和周边建筑的连接设计深度不够,专业性不强,项目之间的连通、协调关系未能在工程设计中做详细设计,如缺乏与建筑及通道之间接口的定位、标高等,后期具体项目建设时缺乏标准,不能取得审批。

三是建设用地使用权范围问题。企业仅获得地下层的使用权,其地面出入口和通风口等相关必要的配套设施用地未获得明确的产权。企业希望通过补充协议获得这部分用地的使用权或是将已建构筑物移交给政府,但因涉及部门较多、缺乏相关管理规定,迟迟未得到结办。

7.3.2 物权客体特定原则与三维地籍技术

物权客体特定原则是指一个物权客体应以一物为原则,一个所有权或他物权不能存在于数个物之上。我国《物权法》之所以坚持这一原则,是由于物权是权利人对于物具有直接的支配权,必须确定物权的客体特定、独立,物权的支配范围明确、具体,以使得物权易于实现;另外,物权关系的清晰明确,有利于物权的保护,同时可以明确法律关系,保护交易安全(钱明星,1998)。

空间建设用地使用权作为用益物权的一种,也要符合物权客体特定原则。实践中,空间建设用地使用权客体确定重点在两方面的工作:一是需在已存在的城市建设用地之间明确划分空间范围,如丰盛町地下商业街与地铁站点、地下过街和周边商务楼宇等建筑衔接的前期设计不够详细,各衔接点建成之后又存在高度、水平和标准不一等情形,难以实行统一管理及划定权属;二是需要三维地籍技术重新确定立体建筑的空间,以明确权利范围,定纷止争。现代建筑的设计灵活多变,人们利用空间的意识也越来越强,挑高阳台、复杂结构建筑愈加常见,也不乏商业街将一片空间切割为数个空间转让给数个产权人进行经营的案例,传统二维地籍技术已不能反映空间利用的需要。

具体言之，土地立体化利用对于三维地籍技术主要存在法律和现实两方面需求。

（1）法律层面：我国《物权法》第136条承认了空间建设用地使用权的存在，即划分普通建设用地使用权和空间建设用地使用权，在地表、地下、地上均可分别设立建设用地使用权。空间作为一种三维产权体，只有将其用一种明确的方法表达出来，才能界定空间权利的客体，并且在不动产登记环节予以公示，保护交易秩序与安全。

（2）现实层面：传统二维地籍对于土地在三维空间的利用情况，通常采用投影的方式将三维权利实体投影到二维平面上，以投影后的二维图形来代表其范围进行注册。这种管理模式在基于地表的土地利用方式和建筑物结构比较简单的情况下是适合的。但当一宗土地的地表、地上、地下的不同空间分属不同的权利人，并且土地利用状况和建筑物结构复杂时，投影的方式不能显示空间的交错重叠，很难反映土地空间利用的真实情况[①]。

目前，三维地籍技术研究已经日趋成熟，具备较强的空间数据建模能力，有行之有效的空间分析和计算方法，其成为土地立体化利用时代的必要手段。一方面，三维地籍在空间上对土地利用的不同层面的权利进行登记，可以准确反映土地在不同层次空间利用的分布情况，提供了权属单元的空间范围，明晰了产权体的界限，减少了产权纠纷，为不同层次土地利用者的合法权益提供了保障；另一方面，三维地籍技术不仅可以实现产权体的有效查询、分析和管理，还可以通过虚拟现实、可视化手段，利用视图变化、透视处理等功能，展现产权体所在空间位置、形态及与周边产权体的空间关系。可视化手段在解决复杂结构建筑的产权纠纷时尤其有利。当前已有的空间测量系统建模的建筑物形态通常是规则的，并假设建筑物的各层是严格一致的。现实中，各楼层的单元格局不可能完全一致，往往楼层之间交错重叠，而三维地籍技术可以对其灵活调整、处理[①]。

在三维地籍技术的支持下，可以采取以下不同方案优化土地空间利用：①立体一级开发，参照现行平面一级开发审批流程，在审批各环节的输入、输出文件均以三维形式描述与表达宗地信息；②分阶段、逐步明确产权空间范围，将核发建设用地批准书环节设置在核发划拨决定书/签订土地使用权出让合同之前，即在建设工程规划许可环节之后再签订出让合同，以解决出让环节前难以确定产权空间范围的问题，并逐步细化、明确建设用地使用权的范围，允许施工建设对合同约定的产权空间范围进行调整；③建立弹性确认机制，在工程规划许可审批环节设置弹性，在该环节前允许根据施工图设计审查情况对出让合同/用地方案图确定的建设用地使用权范围进行一定范围内的调整，或者在规划验收审批环节设置弹性，允许施工建设对土地出让合同约定的产权空间范围进行调整，并以竣工后实际物质空间范围作为建设用地使用权的范围。

7.3.3 物权公示、公信原则与空间建设用地使用权登记

物权公示与公信原则是物权变动的基本规则。公示原则要求物权的产生、变更、消灭必须以一定的、可以从外部查知的方式表现出来。这是因为物权具有排他的性质，如果没有一定的可从外部查知的方式将其变动表现出来，就会给第三人带来不测的损害，影响交易安全（钱明星，1998）。公信原则体现在人们信赖这种公示而做出一定的行为，

[①] 史云飞.2009.三维地籍空间数据模型及其关键技术研究.武汉大学博士学位论文

即使登记所表现的物权状态与真实物权状态不吻合，也不影响物权变动的效力。

不动产登记是指将不动产物权变动的法律事实记载于国家专门设立的不动产登记簿的过程或事实。其具有三大功能：一是产权确认功能。确认不动产物权的权属状态，赋予不动产物权法律效力，建立不动产与其权利人之间法律支配关系的功能。二是公示功能。通过登记，将不动产物权的设立、转移、变更的情况向社会公众公开，以使公众了解某不动产之上形成的物权状态。三是管理功能。一方面是对不动产登记形成的产权登记档案、地籍图纸等反映不动产权属状况和历史情况的档案资料进行管理，另一方面是对申请登记权利的真实性和合法性进行审查，并通过不动产登记对不动产交易进行监督（付坚强，2014）。不动产以登记作为物权公示方式，起到维护不动产交易安全的作用。

目前，我国没有专门针对空间建设用地使用权的登记立法，相关规定隐含在关于普通建设用地使用权登记的规定中。例如，《不动产登记暂行条例》（国务院令第 656 号）第八条第三款规定，"不动产登记簿应当记载以下事项：（一）不动产的坐落、界址、空间界限、面积、用途等自然状况"，即该规定首次将土地登记对象从平面四至扩展到立体空间，从而解决地上、地下设立的土地权利的登记问题。但这一规定较为原则，仍然没有具体规定空间建设用地使用权的登记项目和登记办法。涉及地下空间建设用地使用权的登记主要是地方层面的立法，是由已经产生现实空间开发需要的城市各自规定，且规定不一，如《杭州市土地登记划宗及分摊方法若干规定》（2005 年）、《上海市城市地下空间建设用地审批和房地产登记试行规定》（2006 年）、《苏州市地下（地上）空间建设用地使用权利用和登记暂行办法》（2011 年）等。空间建设用地使用权虽然已被《物权法》所认可，但物权一旦无法登记，就失去其公示效力，自然也就无法收益、处分。因此，基于物权公示、公信原则要求，空间建设用地使用权登记制度亟待建立。

1）登记对象与登记内容

通常而言，普通建设用地使用权的支配范围也包括地表上下一定范围的空间，但此部分空间不属于空间建设用地使用权调整范畴，无需为空间建设用地使用权登记。例如，结建的空间建设工程与地表建筑物、构筑物和附着物连为一体，其利用的空间是普通建设用地使用权效力所及范围，而单建的空间建设工程是独立开发的，其效力所及范围则应登记为空间建设用地使用权范畴。

从登记事项来划分，登记内容分为两大类：一类是土地空间的自然状况，包括空间的位置、用途、地下三维坐标位置、空间上的建筑物面积与体积、建筑物结构、地下层数、建筑类型、竣工日期等；另一类是土地空间的权利状况，包括空间建设用地使用权的主体和性质，如权利主体、权利取得方式、权利的存续方式，如果该空间建设用地上设定了权利负担，还要进行他项权登记。

2）登记方式

登记既要测绘出空间的水平面积，还要测绘出空间的上下范围，这是空间建设用地使用权与普通建设用地使用权登记的根本区别。空间登记的难点在于空间上下范围的测定。一般空间上下范围是指两个不同高度的水平之间所形成的范围。国土资源部和国家工商行政管理局于 2008 年 4 月发布的《国有建设用地使用权出让合同》示范文本之说明

第 4 条提到，出让宗地空间范围是以平面界址点所构成的垂直面和上下界线高程平面封闭形成的空间范围，出让宗地的平面界线按宗地的界址点坐标填写；出让宗地的竖向界线可以按照 1985 年国家高程系统为起算基点填写，也可以按照各地高程系统起算基点填写；高差是垂直方向从起算面到终止面的距离，这种做法有其不足，无论是以平均海平面还是国家高程系统为参照，在实务中都可能无法通过该记载直接看出该空间到地表实际的距离，因为每个地区海拔不一，而且同一个城市的不同区域甚至不同项目，其地面的高低起伏也不相同（付坚强，2014）。

日本是以地理学上的经纬度及平均海平面为测量基准，一般是以东京湾的平均海平面为基准，但实际测量中该办法难度较大，所以日本还有一种测量方法是以用地范围之内或附近地区某一特定地点为基准。中国台湾地区除了在理论上借鉴上述日本两做法外，还有一种测量方法，如果在空间权设定时已有建筑物、构筑物及附属设施的存在，就以该建筑物、构筑物及附属设施的实际高度来确定。这种测量方法的缺陷在于空间权设定时，有关建筑工程通常还未开始建设。因此，台湾在实际的土地测量中主要采取相对高程测定方式，即通常由设定人自己选定一个特定的基准点，以此为标准进行测定，如台北捷运南港线测定地上空间权的范围时，就以自己设定的桩号作为测定的基准（付坚强，2014）。

在进行不动产登记时宜参考中国台湾地区的做法，从绝对测量标准改变为相对测量标准。按照实践的现场分析，设定人选定一个特定的基准点，以此为标准测定空间的上下高度，为了管理与规划的协调，尽可能在同类工程中制定可以参照的标准，将基准点选定尽可能按一定依据统一起来。

3）登记效力

对于登记效力，我国存在登记生效主义和登记对抗主义两种制度。"登记生效主义"，即以登记作为物权变动的生效要件之一，有学者将其称为"实质登记主义"。其特点是登记不仅起到公示作用，同时也具有决定物权变动是否生效的作用。"登记对抗主义"，即物权变动无需登记即可生效，但不经登记不能对抗善意第三人，有学者将其称为"形式登记主义"，意味着登记对于相关物权变动之行为具有确认或证明的效力，但不对当事人的实体权利起决定作用。

《物权法》总则第 9 条和第 14 条明确了不动产物权变动以登记生效为原则，凡法律规定应当登记之物权变动，自"记载于不动产登记簿时发生效力"。《物权法》分则中的具体规定有第 139 条、第 145 条、第 150 条关于建设用地使用权之物权变动的规定，第 187 条关于不动产抵押权之设立的规定，第 224 条、第 226 条、第 227 条、第 228 条关于部分权利质权之设立的规定。同时，《物权法》在第 24 条、第 127 条、第 129 条、第 158 条、第 169 条、第 188 条、第 189 条中规定了关于特殊动产、土地承包经营权、地役权、动产抵押权、动产浮动抵押等权利的登记对抗主义。

空间建设用地使用权属于建设用地使用权的一种。根据《物权法》第 139 条的规定，设立建设用地使用权的，应当向登记机构申请建设用地使用权登记。建设用地使用权自登记时设立。因此，空间建设用地使用权应当采取登记生效主义，权利自登记时设立。

4）增加空间权登记内容

目前，我国不动产登记相关规定已将空间建设用地使用权登记纳入统一的不动产登记制度，但未就空间建设用地使用权和普通建设用地使用权进行划分，并未改变空间建设用地使用权登记制度空白的现状，未对地上、地下空间大量开发的土地利用做出制度回应。《不动产登记暂行条例》本身也是发展的产物，改变了过去不动产登记过分浓厚的公法色彩，将土地、房屋等不动产旧有的条块管理统一起来，大为增进了不动产登记确认产权、维护交易秩序和交易安全的功能，在其不断完善的过程中，应明确空间建设用地使用权的不动产登记内容和方式。在中国台湾地区，相邻空间的约定也可登记，这种做法值得参考，因为意思自治下的约定对于明确空间产权的权利义务、调整空间相邻关系有重要意义。

7.3.4　物权优先效力与权利冲突

物权的优先权是指权利效力的强弱，即同一标的物上有数个利益相互矛盾、冲突的权利并存时，具有较强效力的权利排斥或优于具有较弱效力的权利的实现。其主要表现如下：一是物权之间的优先效力；二是物权相对于债权的优先效力。

物权相互之间的优先效力，原则上是以物权成立时间的先后确定物权效力。一般来说，两个在性质上不能共存的物权不能同时存在于一个物上，因此后发生的物权不能成立（钱明星，1998）。若物权在性质上并非不能共存，则后发生的物权仅于不妨碍先发生的物权的范围内得以成立，即先发生的物权相对后发生的物权居于优先地位。具体来说，物权之间的共存关系存在以下几种情况：一是所有权与其他物权。他物权人得在一定范围内支配所有人的财产，他物权当然具有优于所有权的效力，如地上权人得优先于土地所有人使用土地；二是用益物权与担保物权原则上可以同存，以占有为要件的质权、留置权与用益物权不能并存为例外；三是用益物权与用益物权，不管其种类是否相同，一般都难以并存，但地役权有时可以并存，如消极地役权附存于地上权的土地上，两个通行权共存于同一供役地上；四是担保物权与担保物权一般都能并存，例外的是当事人有特别约定时不能并存，另外留置权之间不能并存（钱明星，1998）。

物权对于债权的优先效力是指在同一标的物上物权与债权并存时，物权有优先于债权的效力。其主要体现在两个方面：一是物已为债权的标的，若就该物再成立物权时，物权有优先的效力，物权能排除债权的影响对物进行支配和利用，不动产租赁使用权的"买卖不破租赁"例外。二是在债权人依破产程序或强制执行程序行使其债权时，债务人在财产上成立的物权仍具有优先效力，即在债务人财产上设有担保物权的，担保物权人享有优先受清偿的权利，这称为别除权；不属于债务人所有之物，所有人有取回该物的权利，这称为取回权（钱明星，1998）。

空间建设用地使用权与其他权利的冲突，同样遵循物权优先于债权，先设定的物权优先于后设定的物权的原则。但其存在两种例外：一是"买卖不破租赁"的不动产租赁使用权效力优先于物权；二是用益物权效力优先于所有权。

理论上，空间建设用地使用权人面临的权利冲突主要有以下 3 种情况。

1）空间建设用地使用权与土地所有权的冲突

土地所有权与空间建设用地使用权的关系，本质上是所有权与用益物权的法律关系。《物权法》允许土地所有人在其可支配的权利范围内，在地上和地下的空间分别设定空间建设用地使用权。此空间权设定后，土地所有权人的权利范围再次缩小，土地所有人对空间的支配权会受到空间权人权利的限制，但土地所有权人仍可以在空间权人支配的空间范围外再次设定其他用益物权。这样，在同一宗土地上垂直空间中就存在数个权利，所有权人与空间建设用地使用权人的权利是垂直相邻的。例如，土地所有人为甲设定在地下 10~30m 修建地下商城的空间权后，土地所有人还可以为乙设定在地面至地上 5m 修建高架桥的空间权。为了防止其他用益物权人妨害自己行使对特定空间的支配权，空间权人可以与土地所有权人做出特别约定，不得对其所使用的特定空间造成妨害或形成危险。

空间建设用地使用权与土地所有权的冲突主要体现在空间建设用地使用权对土地所有权的限制。该限制仅限于限制土地所有权人利用土地的形态，而不得限制土地所有人的法律行为。例如，出让、租赁土地及在其他空间上设定空间建设用地使用权等，即空间建设用地使用权人只能与所有人约定相互间使用收益的限制，而不能限制处分，土地所有人可以自由处分土地[①]。

总之，遵循用益物权优先于所有权原则，空间建设用地使用权晚于土地所有权设立，但为使该定限物权发挥公用，必定需要限制所有权的行使，即使土地所有权人将土地所有权转让他人，空间建设用地使用权也可对抗第三人。同时，土地所有权人在空间建设用地使用权范围外，可以另行设定用益物权，只要新设定的用益物权不损害先设立的用益物权即可。

2）空间建设用地使用权与普通建设用地使用权的冲突

空间建设用地使用权可能在普通建设用地使用权设立前设立，也可能在普通建设用地使用权设立后设立。若土地所有权人在设立普通建设用地使用权之后，再设立空间建设用地使用权是否需要取得普通建设用地使用权人的同意？

我们认为，设立空间建设用地使用权一般情况下不需经过普通建设用地使用权人的同意，因为分层的建设用地使用权权利范围本是各自独立，彼此权利行使不发生冲突。空间建设用地使用权的利用客体只能是空间，尽管一定的空间对应着相应范围的垂直的土地，但这并不否认空间和土地在利用上的独立性。同时，空间建设用地使用权人在对地上地下空间进行利用时，只涉及特定的空间范围，而对地面权利没有任何物权意义上的诉求（赵秀梅，2012）。

但是，当空间建设用地使用权的实现需要普通建设用地使用权人的协助或对普通建设用地使用权的行使造成妨害时，空间权人应征得普通建设用地使用权人的同意，否则普通建设用地使用权人的权益将极有可能遭受侵害。例如，土地所有权人在地表设立了普通建设用地使用权，范围是地表以下 3m 到地表以上 15m，随后土地所有权人仍想在

---

① 陈铭利.2006.区分地上权应用及展望之研究.台北大学博士学位论文

地表 15m 之上设立空间建设用地使用权,且权利行使需要普通建设用地使用权范围内地表建筑的支撑,则必须取得普通建设用地使用权人的同意。但为公共利益如修建城市综合体和交通枢纽时,可能并不能完全就使用空间与普通建设用地使用权人达成一致协议。因此,由于公共利益所需,可以打破普通建设用地使用权人的同意原则。

　　3)空间建设用地使用权之间的冲突

　　地下空间的建设中,已经出现了分层分别设立空间建设用地使用权的实践,那么后设立空间权是否需要取得既存的空间权人同意?

　　一般认为,设立空间权的两个空间互不重叠时,不需要取得既存的空间权人同意,但既存的空间权范围有特别限制且限制区跟新设区有重叠时,如果该限制的约定经过登记,可以对抗第三人,就需要既存原约定双方的同意。

　　若规划划分给两空间权人的空间范围发生重叠,又分两种情形:第一种情形是先存在大范围的空间建设用地使用权,再设定小范围的空间权,且与已存在的大范围空间建设用地使用权的空间有部分重叠;第二种情形是先存在小范围空间建设用地使用权,再设定大范围的涵盖小范围的空间建设用地使用权。有学者认为,无论上述哪种情形都不需经过先存在的空间权利人的同意,而可以直接采取"无妨害原则"处理权利冲突。我们认为,无妨害原则必须控制在极小的范围内。例如,土地所有权人为甲设定在 0~10m 内的空间权,在此权限范围内,乙设定一个或某几个广告牌,此时因为甲已经在先设定权利,如果该广告牌影响甲对此空间的使用,乙必须经过甲的同意,否则乙不能享有排他的支配权。反之,如果在乙仅仅利用极小范围的空间,并且不会对甲造成任何妨害的情形下,可以适用无妨害原则而不经过甲的同意使用其空间,但无妨害原则还应该限制非以营利为目的,若乙在使用该空间时获得利益,则该利益应该归甲所有(赵秀梅,2012)。此外,甲还可为乙再次设定空间权,即以空间权为本权而再次设立的"次空间权"。

7.4　立体新型相邻空间利用关系及其制度创新

　　在错综复杂的城市空间关系中,存在着各种相互利用关系。例如,为确保地下商城顾客可以顺利通行而需要利用其他地下建筑物的空间,为保证高压电线顺利输电而设立的禁止周边空间建立各种设施,为地下空间的采光、通风等需求而在地表建设附属设施等空间与空间之间的互相利用。在相互利用的过程中必然产生各种法律问题,如在充分解决空间利用方需求的同时,如何保障空间被利用方的权益不受损害,成为空间开发利用急需解决的现实问题。

7.4.1　立体新型相邻空间利用关系及其特征

　　城市中的空间关系包含两个层面:一是城市基面与城市实体要素构成的空间关系;二是城市基面与城市公共空间构成的空间关系。前者主要存在以下几种情况:一是城市建筑实体物本身从其他实体物的中部地面、侧面、中上部、侧上部、地下中部、地下侧部穿过形成空间关系;二是城市建筑实体物跨过了城市其他实体物的上方,为了保持自身的联系性,实体物有时要跨越有阻碍作用的实体物或是利用建筑层面作为资深的组成部分；三是城市建筑实体物与城市其他实体物相互连接（张鹏，2013）。后者则主要表现如下：一是建筑实体物从公共空间的上面跨过，如城市快速公交系统（BRT）经过的较多属于公共空间范畴；二是建筑实体物从公共空间地下穿过，如地铁、地下商场等。

以上情形形成的立体新型相邻空间利用关系具有以下特征。

（1）具有综合利用特点。土地立体化利用意味着空间利用价值的实现仅靠自身无法得到满足，必须大量地、系统地借助于相邻不动产。就地下空间而言，牵涉到地面出入口、地面建筑承重、地面采光、地面排水等问题；就地上空间而言，牵涉到地面支撑、地面通风、地面噪声地面震动等问题，因此空间上对相邻不动产的利用需求不是单向的，而是一系列综合性利用的需求（张鹏，2013）。

（2）具有双向利用特点。土地立体化开发后，相邻不动产间的利用往往是相互的，地上空间及建筑物正常使用需要利用地表及其建筑物，地表及其建筑物正常功能的实现也需要利用地上空间及其建筑物。例如，地上空间建筑物需要以地表作为地面支撑，而地表建筑物则需要借助于地上空间进行采光、通风（张鹏，2013）。

（3）具有利益失衡的特点。在某些情况下，只能以牺牲某不动产正常利益以换取另一不动产基本利益的实现。一定范围的空间横隔在一定的空中或地下，与上下左右相邻不动产共存于有限范围内，要同时兼顾所有相邻不动产的利益需求存在较大困难。若一定范围的地上空间为建筑物，则必然会给地表建筑物造成通风、采光等严重不良影响。鉴于空间立体开发的结构复杂性、资源稀缺性，相邻空间不动产之间往往难以实现利益均衡、利益共享，需要以牺牲相邻不动产权利人的正常利益需求为代价。

（4）具有事先约定的必要。一定范围内空间的开发和相邻不动产开发利用之间会产生一定的紧张关系。一是空间利用关系内容繁琐，涉及各方不动产；二是多以牺牲相邻不动产权利人正常、合理的利益需求为代价。如果没有事先约定，而一味地指望权利成立后、运行中的各方协商，轻则颇费周折、时间及金钱成本过高，重则协商不成，阻碍权利实现。因此，在空间利用时，应当在设立空间使用权时明确此后相邻空间利用关系的具体内容。

传统民法理论与实践中，往往用地役权和相邻关系来调整相邻不动产利用关系问题。但地役权和相邻关系制度是以传统的、平面的相邻不动产利用关系为调整对象设计的，城市土地利用立体化后，相邻空间利用关系呈现出以上新的特点，地役权和相邻关系是否仍具有足够的调整功能？

7.4.2 传统地役权与相邻关系的不适应性

相邻关系是指两个或两个以上相互毗邻的不动产所有人或使用人之间，一方行使所有权或使用权时，享有要求另一方提供便利或接受限制的权利。其实质是相邻不动产所有人或使用人行使权利的延伸或限制。地役权则为以不动产（需役地）便宜而使用另一不动产（供役地）的权利，其主要有3种方式：一是需役地权利人可持续或非持续地合理使用供役地，或免除需役地自身负担；二是抑制供役地效用，如采光、禁止建筑或眺望地役权；三是限制供役地上的某种营业。

相邻关系和地役权是两类既有共性又有个性的权利，均是城市土地空间相互利用的方式，能够协调权利人之间对不动产的利用关系，减少权利行使中的冲突成本，保障建筑物等不动产的经济价值，防止财产损失或浪费。不同的是，相邻权属于所有权，其内容和性质均由法律直接规定，是立法对相邻土地利用所做的最低限度的调解，其适用范围以相邻土地为限，且权利范围不得约定或超出法律规定的范围。地役权作为一项独立的用益物权，是对相邻关系的必要补充，其内容和范围主要由当事人意定，需要登记来产生对抗第三人的效力，且供役地和需役地不需要毗邻，运用更加灵活便利。

综合新型立体相邻空间利用关系的特点与地役权、相邻关系制度可以发现，传统地役权、相邻关系制度在调整空间利用关系方面有以下欠缺。

首先，传统相邻关系和地役权无法满足调整对象的综合性需求。传统相邻关系制度往往只是若干独立的有关某方面利用相邻不动产的规定，而缺乏对相邻不动产综合性、整体性利用的相关规定。例如，《物权法》第 86~第 92 条就分别针对排水、通行、铺设管线、通风与采光等不同事项做了独立的权利义务安排。而在立体的空间利用中，相邻不动产之间的利用关系具有综合性特点，如地下空间建筑物和地表之间的采光、排水甚至承重问题，其解决是无法分离、割裂的，必须一体化考量，当相邻空间利用需要整体性解决时，传统的相邻关系制度就捉襟见肘。

其次，地役权及相邻关系制度调整方法均为单向。相邻关系制度设计中的权利义务配置往往都是一方设定权利，一方承担义务，地役权作为独立的用益物权，是以需役地人对供役地的利用为内容，无法同时实现供役地人对需役地的利用需求。而在相邻空间利用中，相邻不动产之间的利用关系具有互换性、双向性，不动产/空间的正常使用需要相邻不动产/空间予以配合，而相邻不动产/空间的价值发挥也需要依赖于该不动产/空间的使用。因此，解决单向需求的地役权和相邻关系制度，无法统筹协调空间利用关系中各权利人间的互相利用关系。

最后，地役权及相邻关系制度均为事后调整方式。设立地役权以供役地和需役地存在为前提，若需役地尚不存在，地役权也就无从设立。同样地，相邻关系也是不动产设立之后，为实现相邻不动产的和谐共处，法律才强令一方适当限制自身权利的行使。但如前所述，空间利用关系有事先确定的必要，不能完全寄希望于权利设立后再与相邻不动产权利人协商。因此，传统的相邻关系及地役权恐怕都难以适用于立体化的空间利用关系（张鹏，2013）。

7.4.3 相邻空间关系利用制度构建建议

针对传统地役权与相邻关系对于调整纵向空间相互利用关系的不足，本书建议可以借鉴中国台湾地区的相邻空间利用关系约定制度予以完善。所谓相邻空间利用关系约定制度，是指空间建设用地使用权人可以与其他土地使用权或空间使用权人就其权利行使过程中和相邻不动产之间所产生的相互利用、限制等情形，进行整体性、互惠性、事先性的约定。

相邻空间利用关系约定制度的特点在于，它可以充分照顾到空间利用的特点，兼顾各方当事人的利益，能够满足相邻空间利用关系的综合利用需求。鉴于中国台湾地区"民法"第 841 条对于相邻空间利用关系约定制度所作出的规定，简要讨论我国建立相邻空间利用关系约定制度的可能性。

（1）相邻空间利用关系约定制度的法律属性。作为一种新的不动产/空间相邻关系法律调整方法，在法律构造上融合并超越了传统的相邻关系制度和地役权制度，一方面，该制度包含了相邻关系和地役权的制度内容，将依相邻关系制度而生的权利义务借助于当事人约定予以明确，此外更是赋予当事人约定设立相关地役权的自由；另一方面，该制度具有相邻关系制度所不能比拟的综合利用、实现调整的优点。从法律属性上来说，该制度是通过债权约定的方式对物权利用和限制进行约定，该制度下双方的权利义务均属于对物支配性质的物权关系。

（2）相邻空间利用关系约定制度的基本内容。相邻空间利用关系约定可以由空间使用权人与相邻不动产的所有权人、用益物权人约定，约定的内容非常广泛，凡是与空间建设用地使用权今后设立、运行过程中有关的需要利用或限制相邻不动产的情形均可以约定，既可以是基本需求的相邻关系权利义务的明确，也可以是较高需求的创设，甚至可以是相关不动产权利人合法权利的排除。

（3）相邻空间利用关系约定的登记。该约定的登记是一种新型不动产登记，可以参考地役权的登记方式，采取登记对抗主义。相邻空间利用关系约定登记首先应由参与约定的各方当事人共同向不动产登记机关提出"相邻空间利用关系约定"登记申请；其次，不动产登记机关审查后应在各方不动产登记簿中分别予以登记；最后，不动产登记机关应当在不动产登记簿中记载约定的相关事项，并将约定的协议副本保存于各方不动产登记档案中。相邻空间利用关系约定的内容应当自各方达成合意即发生效力，但未经登记的，不得对抗善意第三人（张鹏，2013）。

另外，在调整相邻空间利用关系中，首先应当发挥城市规划的积极作用，由政府部门实现编制科学、合理的城市地上、地下空间开发建设规划，对相邻不动产之间的通风、采光、排水等各方面内容作出一般性但全面的规定。有关空间/地表建设用地使用权人在从国家获得建设用地使用权的同时，应当遵守城市规划而产生的相邻不动产之间互相利用或限制的情形。同时，配合以相邻空间利用关系约定制度，空间利用主体可以以合同的方式就具体的空间利用方式、超出政府部门规定的利用范围、特殊需求等另行约定（张鹏，2013）。

总之，在空间权法律制度尚未被我国民法完全确立的当前阶段，为解决日常土地空间利用问题，为各政府机关行政管理、司法机关处理类似纠纷提供处理依据，并促进土地、空间的相互利用，保障相关当事人的合法权益，可以考虑推进相邻空间约定制度建设，促进相邻空间的相互利用。

另外，我国也可以探索设立债权性质的空间租赁权，即空间所有权人或空间建设用地使用权人将自己权利范围内的特定空间（全部或一部分）出租给第三人使用。双方的权利义务关系由空间出租人与承租人依合同约定，不受《物权法》的规制，从而可以更具弹性的协调解决立体新型相邻空间利用关系，促进稀缺空间资源的最大化利用。

参 考 文 献

陈祥健. 2003. 建立我国空间建设用地使用权制度若干问题的探讨. 中国政法大学学报, 21(1): 62-73
陈祥健. 2002. 关于空间权的性质与立法体例的探讨. 中国法学, (5): 102-108
杜茎深, 罗平. 2015. 论基于物权路径引入发展权之不可行性. 中国土地科学, 29(4): 11-17
付坚强. 2014. 土地空间权制度研究. 南京: 东南大学出版社

彭诚信, 臧彦. 2002. 空间权若干问题在物权立法中的体现. 吉林大学社会科学学报, (3): 95-99

钱明星. 1998. 论我国物权法的基本原则. 北京大学学报(哲学社会科学版), 35(1): 28-37, 157

慎先进, 董伟. 2007. 空间权若干法律问题研究. 江西社会科学, (2): 182-186

石少侠, 王宪森. 1994. 土地空间权若干问题探析. 政治与法律, (1): 26-29

温丰文. 1988. 空间权之法理. 法令月刊, 39(3): 7-78

张鹏. 2013. 论我国相邻空间利用关系约定制度的构建. 法商研究, (3): 21-28

赵秀梅. 2011. 土地空间权与物权法基本原则之关系. 北京航空航天大学学报(社会科学版), 24(1): 50-56

赵秀梅. 2012. 土地空间权与其他权利的冲突及协调——以《物权法》第136条的适用为中心. 法律适用, (3): 43-47

第8章 土地立体化利用管理系统构建

8.1 立体绿化评价调控专题系统

8.1.1 系统设计

为实现立体绿化评价与调控功能，本书研发了绿量评价与绿化资源配置支撑系统，以三维绿量为核心，从市域、片区、小区等宏、中、微观尺度进行城市立体绿化评价（图 8.1）。系统名为"城市三维绿量自动化评价系统"，可实现 3 个不同尺度的绿量自动评价，在主界面根据不同图标选择进入不同尺度的绿化评价子系统（图 8.2）。

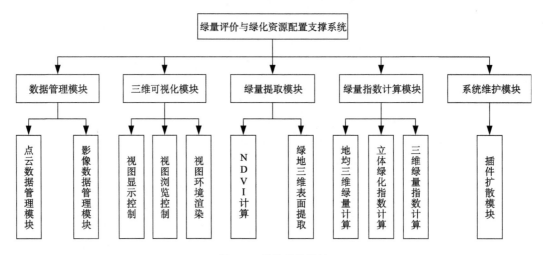

图 8.1　系统总体设计

系统主要功能设计如下。

（1）数据的管理：系统能够读取遥感影像数据及三维点云数据，并进行三维可视化展示；

（2）数据的浏览：系统可以对点云数据进行多角度、多视图的观察浏览；

（3）数据控制：可以实现影像及三维点云数据的放大、缩小、漫游等浏览交互功能；

（4）数据调用与表达实现地图漫游、缩放、属性浏览查询、制图等 GIS 软件基本功能；

（5）空间量算：实现三维空间中面积及距离的测量；

（6）绿地提取：实现基于遥感影像的城市绿地范围的提取；

（7）三维绿量提取：根据绿地范围，结合植被信息进行三维绿量的提取，能够按三维绿量渲染显示；

（8）城市绿量评价：计算地均三维绿量、立体绿化指数、三维绿量指数等城市绿量评价指数，进行城市绿量的自动化评价。

图 8.2 系统主界面图

8.1.2 功能模块

1. 数据加载、显示、漫游、缩放等基础功能

可以加载 las 格式点云数据、GeoTiff 格式影像数据、obj 格式模型数据（图 8.3，图 8.4）。按住鼠标左键旋转数据、按住鼠标中键平移数据、按住鼠标右键缩放数据，也可在工具栏找到旋转、平移、放大、缩小等功能。

图 8.3 影响数据加载（城市尺度）

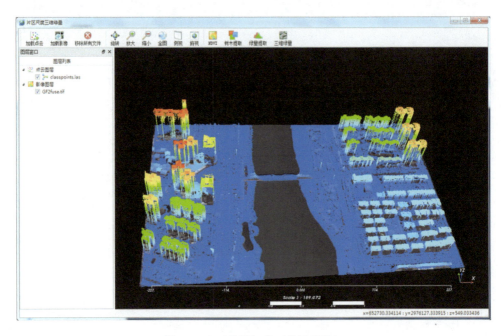

图 8.4　点云数据加载（片区尺度）

2. 绿量提取功能

1）NDVI 计算

通过提取遥感影像近红外波段数及红外波段，计算 NDVI 植被提取结果（图 8.5）。

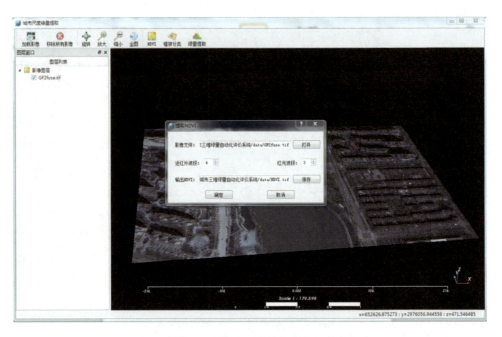

图 8.5　NDVI 计算波段选择（城市尺度）

2）植被分类

根据NDVI计算结果，设置合理阈值，区分植被与非植被区域，以及乔灌草分类（图8.6）。

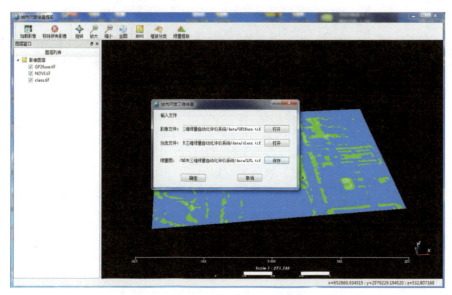

图8.6　基于NDVI的植被分类（城市尺度）

其中，蓝色代表非植被区、深绿色代表针叶林、浅绿色代表阔叶林、黄绿色代表灌木、浅黄绿色代表草地（图8.7）。

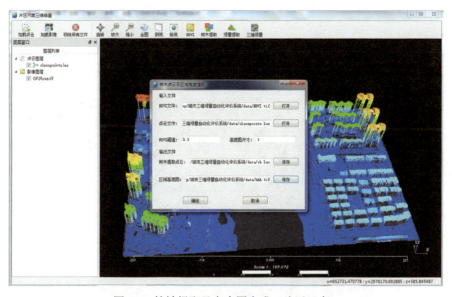

图8.7　植被提取及高度图生成（片区尺度）

3. 三维绿量提取

根据NDVI植被分类结果，结合相应影像数据、点云数据，提取区域绿化范围，由用户设置植被树种属性等关键参数，以栅格形式提取三维绿量结果（图 8.8）。

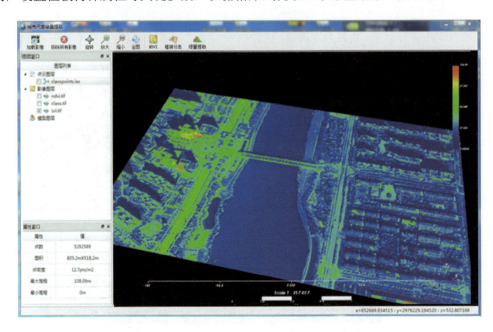

图 8.8　三维绿量计算结果（城市尺度）

在片区尺度，经过三维点云数据加载、特征提取、特征分类、表示结果等步骤，可实现三维绿量的三维展示（图 8.9）。其核心是需要对点云进行分类，区别出来哪些是地面点（包括绿量点），哪些是非地面点（包括建筑点），具体思路如下（图 8.10）。

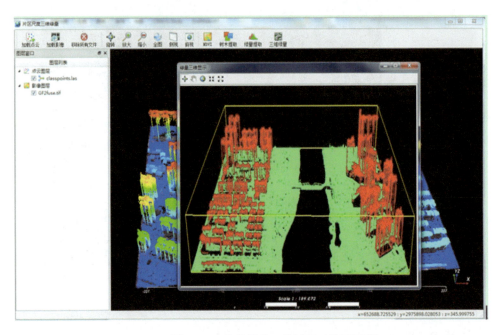

图 8.9　三维绿量的三维展示（片区尺度）

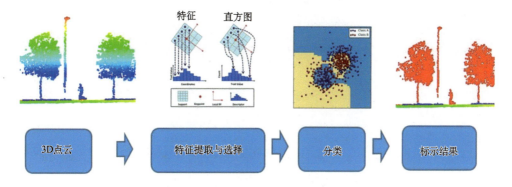

图 8.10　三维绿量三维可视化的实现过程

（1）利用 Tile 对点云进行分块，交换 Y 及 Z 坐标、计数、剔除部分噪点；

（2）通过 Tile 再次分块，判断每块中最低点的值，默认与最低点高度误差在 1m 范围内的点为绝对地面点，其他点为未分类的（其中有疑似地面点、建筑物、植被等点）；

（3）通过绝对地面点构建 DEMRaster，判断与 DEMRaster 之间的距离小于 0.5m 的未分类点也为地面点，0.5~2m 的为植被点，2m 以上的为建筑物点；

（4）最后对分好类的点云进行分类提取合并即可，*Tile 处理点云的优点在于可使速度提高 6 倍以上。

4. 绿化优化配置

在系统中设定缺省比例、地均绿量、人均绿量、一定数值以上绿量的提升比例等优化参数的目标值，可实现绿化变化检测，显示优化后的绿化规划区域，并由系统自动得出绿化配置方案及相关数值（图 8.11~图 8.14）。

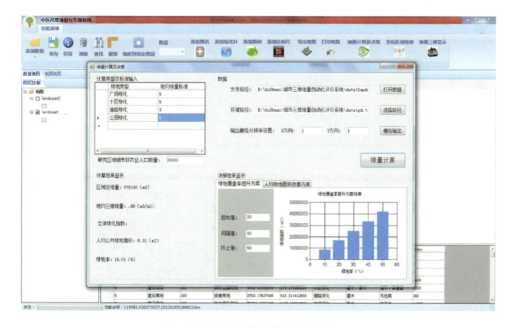

图 8.11　优化参数设置界面

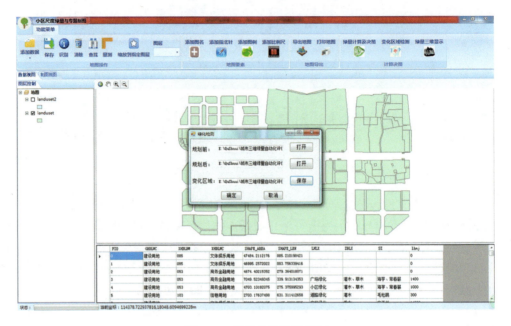

图 8.12　绿化变化检测界面

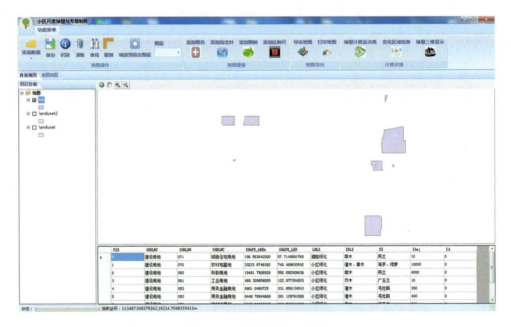

图 8.13　新增绿化显示界面

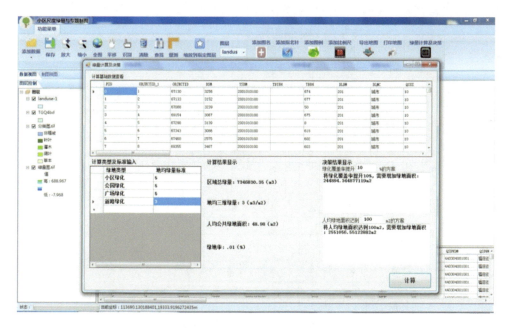

图 8.14 绿化配置优化方案数值界面

8.2 地铁沿线不动产增值评价专题系统

8.2.1 系统设计

地铁增值量化评价的方法是一个流程化的地理空间数据的处理过程，因此软件的功能模块及业务流程也将参照这个处理过程来设计。整个处理流程大致分为数据输入与处理、特征计算、模型构建、交叉验证、增值评价、增值查询及制图出图等 7 个步骤。在数据输入与处理模块，主要对基础数据进行分类整理及初步处理，按照一定的数据组织方式存储在物理磁盘上，并在软件界面上展示出来。在特征计算模块，对影响房价的各类指标特征进行计算，并记录在配置文件中，构建特征库。在模型构建模块，选取特征库中的任意组合指标构建地理加权模型，进行建模，存储并展示建模结果及模型的性能参数。如果性能指标达不到预期水平，可重新选择指标组织重新建模；如果性能指标符合预期，则可以使用交叉验证模块对当前模型进行验证。在性能良好模型的建模结果的基础上，对建筑物单点、地铁站聚合、地铁线整体 3 个研究对象进行增值评价，量化评价结果并展示，增值查询模块用于查询研究对象的增值量化结果（图 8.15）。

8.2.2 功能模块

根据系统的业务需求，本书设计了五大功能模块，即数据导入模块、特征计算模块、模型构建模块、交叉验证模块和增值评价模块（图 8.16）。下面将介绍各个模块的详细设计。

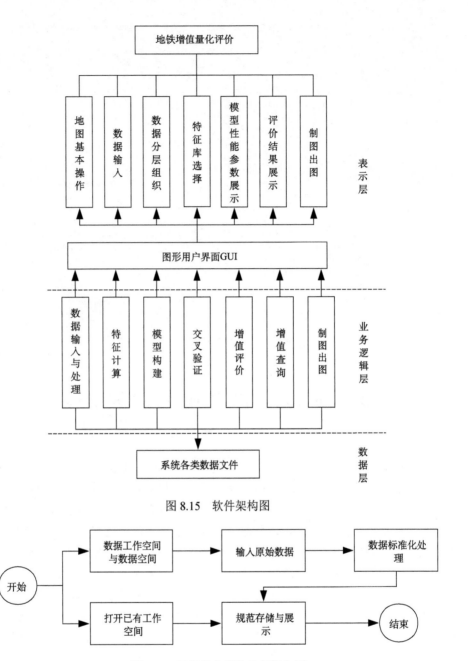

图 8.15　软件架构图

图 8.16　数据录入模块执行概念图

1）数据导入模块

数据导入向导模块负责对原始数据进行标准化的处理，以统一规范的形式存储并展示（图 8.16）。

2）特征计算模块

特征计算模块的主要功能是构建影响房价涨跌的特征指标库，包括了计算基本特征

（距最近地铁的距离）、标记已建特征、导入外部特征及新建特征（图 8.17）。特征按照影响方式可分为 4 类：距离类型特征、范围类型特征、辐射类型特征及密度类型特征。距离类型特征是指对建筑物的房屋交易价格影响效应的大小与其距目标远近呈线性关系的特征，代表性特征有地铁站、主干道、商圈等。范围类型特征是指对建筑物的房屋交易价格影响效应的大小由建筑物是否落在目标物范围内决定的特征，根据目标物的有无等级分为两类，代表性特征有重点中学、重点小学等。辐射类型特征是指对建筑物的房屋交易价格影响效应的大小由建筑物是否落在目标物服务辐射范围内决定的特征，根据目标物的有无等级分为两类，代表性特征有医院等。密度类型特征是指对建筑物的房屋交易价格影响效应的大小由目建筑物步行范围内目标物的个数之和或目标物某属性之和决定的特征，代表性特征有百货、幼儿园、超市、公交等。

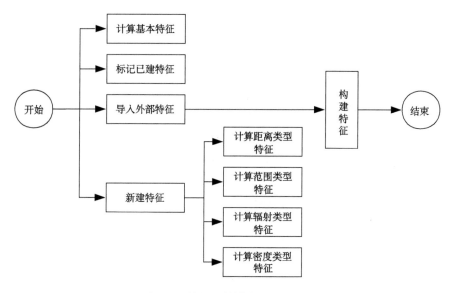

图 8.17　特征计算模块执行概念图

3）模型构建模块

模型构建模块的主要功能是利用任意组合的特征指标构建地理加权回归模型，对比各个模型的性能参数，判断各个特征组合的优劣（图 8.18）。

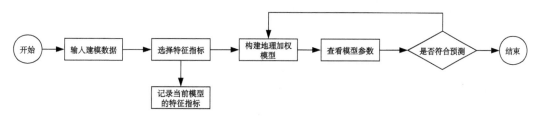

图 8.18　模型构建模块执行概念图

4）交叉验证模块

交叉验证模块负责对性能参数符合预期的评价模型进行精确性验证，其目的是为了得到可靠稳定的模型。在给定的建模样本中，拿出大部分样本进行建模，留小部分样本用刚建立的模型进行预报，并求取小部分样本的预报误差，记录它们的平方和。这个过程一直进行，直到所有的样本都被预报了一次而且仅被预报一次。把每个样本的预报误差平方加和，称为 PRESS（predicted error sum of squares）（图 8.19）。

图 8.19　交叉验证模块执行概念图

5）增值评价模块

增值评价模块则是利用建模结果数据对增值情况进行量化评价，包括单点评价、地铁站聚合评价及地铁线聚合的整体评价（图 8.20）。

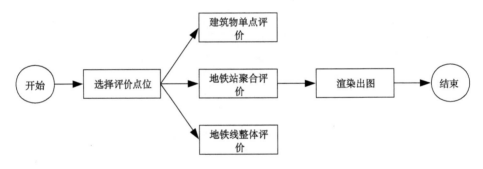

图 8.20　增值评价模块执行概念图

8.2.3　系统界面

本系统支持环境为 NET Framework 4.5，ArcGIS 10.2，运行环境为 Windows XP、Windows 7。系统经过初始化工作空间、数据导入、特征计算、单点评价、交叉验证、聚合评价等过程，得出最终评价结果。主要界面如下。

数据导入功能界面：数据导入有两种方式，一种是直接导入已储存在数据空间中的数据，另一种是导入新的原始数据。导入新的原始数据时，用户根据系统向导（图 8.21）输入数据基本信息，系统根据用户输入的信息对这些数据进行标准化处理，涉及的信息有建筑物数据、建筑物唯一编码字段、建筑物面积字段、交易数据、交易数据连接字段、交易数据价格字段、价格字段类型、地铁线数据、地铁线唯一编码字段、地铁站数据、地铁站唯一编码字段等。

图 8.21 数据导入向导界面

特征计算功能界面如下（图 8.22，图 8.23）。

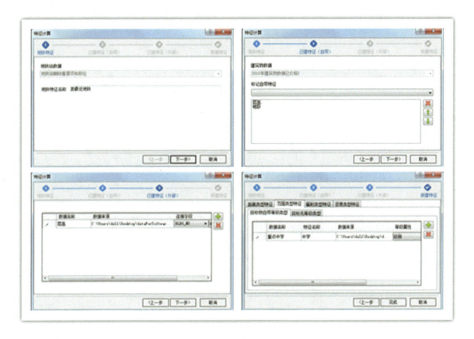

图 8.22 特征计算向导界面

单点评价与模型构建功能界面如图 8.24 所示。

图 8.23　系统特征库界面

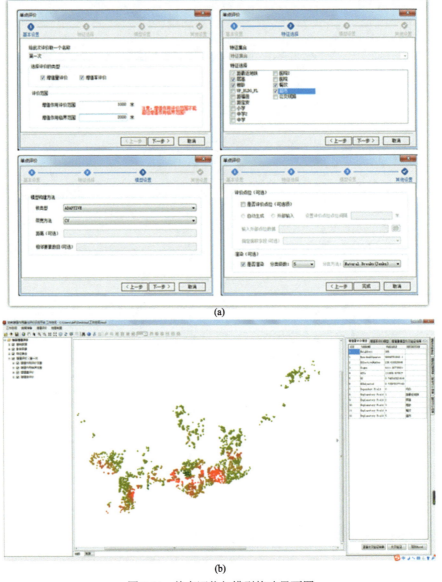

(a)

(b)

图 8.24　单点评价与模型构建界面图

交叉验证功能界面如图 8.25 所示。

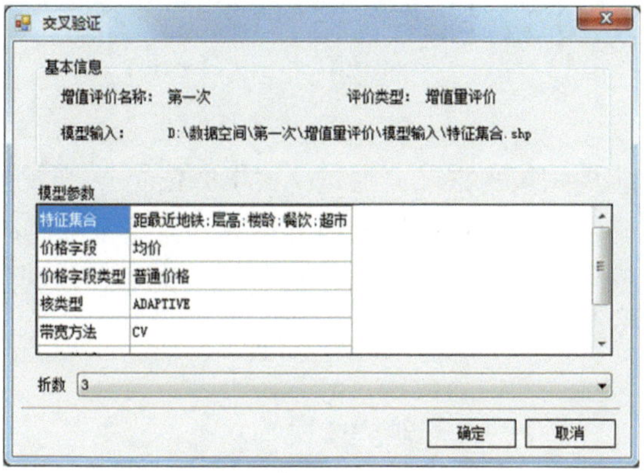

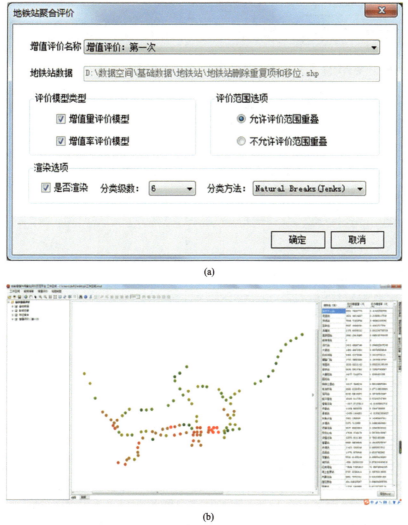

图 8.25 交叉验证界面图

增值评价功能界面如图 8.26 所示。

(a)

(b)

图 8.26 增值评价界面图

8.3 地铁线路智能规划系统

8.3.1 系统设计

基于地铁线路智能规划技术方法，通过 ArcGIS Engine 开发了基于空间大数据的地铁站点选址系统。该系统主要由数据输入与处理、站点选址和线路分析 3 个部分组成，包括文件操作、地图操作工具、格网划分、影响因子计算、控制条件设定、路径优化和线路评价七大部分。系统基本框架如图 8.27 所示。

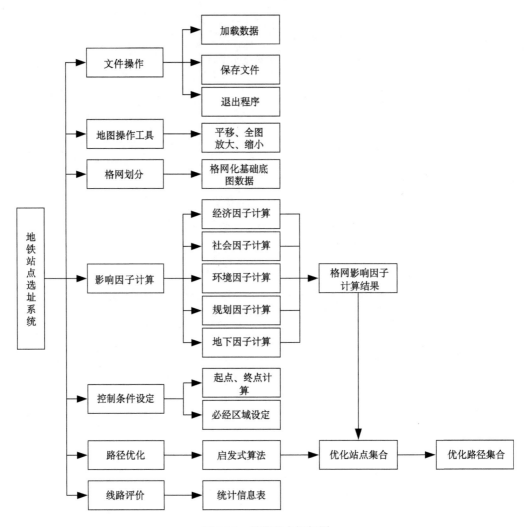

图 8.27　系统基本框架图

其中，文件操作模块主要进行数据加载、保存文件、退出程序等操作；格网划分模块根据指定的空间范围、格网大小、禁止选址区域，将可行空间划分为格网，并生成格网中心点文件，作为站点候选位置；影响因子计算模块通过指定各类数据，逐步计算站点后续位置处的经济、社会、环境、规划和地下因子值，并进行归一化；控制条件模块包括采用空间对象工具指定初始站点、终止站点和必经区域；路径优化模块根据空间条件的设定，结合格网点的影响因子，利用启发式优化方法，生成地铁站点选址方案，并给出影响因子值；线路评价模块根据指定的地铁站点（点对象）和线路（线对象），计算其经济、社会、环境、规划和地下因素的值，并提取相关的空间数据（图 8.28）。

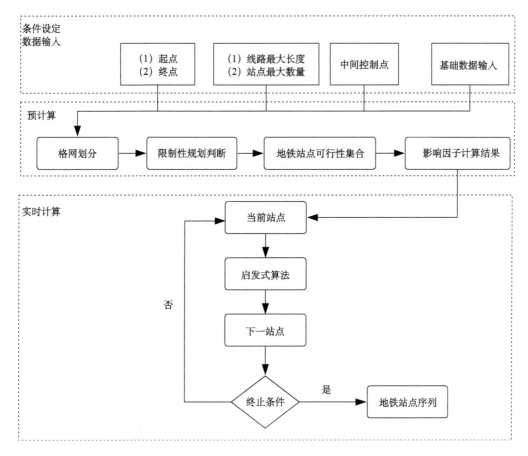

图 8.28　系统处理流程图

8.3.2　功能模块

该部分主要表示的是系统的功能模块组成。系统主要有基本操作模块、格网划分模块、经济因子计算模块、社会因子计算模块、环境因子计算模块、规划因子计算模块、地下因子操作模块、路径优化模块、路径分析模块 9 个模块。

基本操作模块：主要包括文件操作和工具操作两个部分，文件操作包括加载.mxd 类型的地图文档、加载.shp 格式的数据、保存程序最终的界面运行结果，工具操作包括地图的平移、放大、缩小和全视图操作（图 8.29）。

格网划分模块：主要功能是输入研究区域基础底图格网化之后，输出格网面图层和格网中心点图层两个部分。需要用户选择需要格网化的基础空间数据、设定格网的宽度，以及设置禁止建设区图层，按照用户设定的格网大小，对研究区域进行等大小格网划分，通过函数计算获得格网图层和格网中心点图层（图 8.30）。

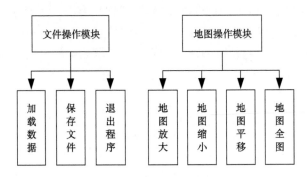

图 8.29　基本操作模块的组成

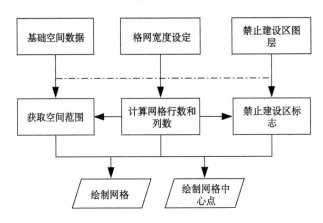

图 8.30　格网划分模块流程图

经济因子计算模块：主要功能是计算研究区域的地铁增值作用、拆迁费用、建设费用 3 个部分（图 8.31）。

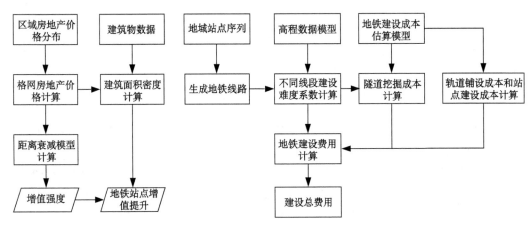

图 8.31　经济因子计算模块流程图

社会因子计算模块：主要功能是计算道路密度差异、交通网络优化、建筑密度差异、服务设施密度差异 4 个部分（图 8.32）。

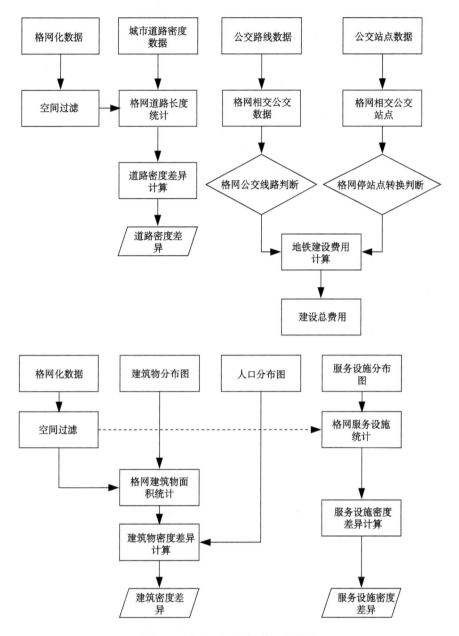

图 8.32　社会因子计算模块流程图

环境因子计算模块：主要功能是基本生态保护线和文化遗产保护区范围在研究区域格网中位置的标志，需要计算研究区域内的生态线和文化保护区所在的格网范围（图8.33）。

规划因子计算模块：主要功能是根据城市未来土地利用规划及重点发展区域，计算研究区域的中心中介性及路网连通性，具体是通过研究区域土地利用规划数据和城市功能中心数据计算，获得研究区域城市连通性和中心中介性的变化（图8.34）。

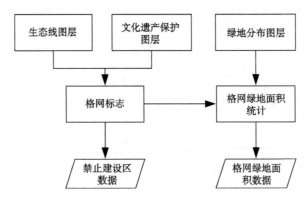

图 8.33　环境因子计算模块流程图

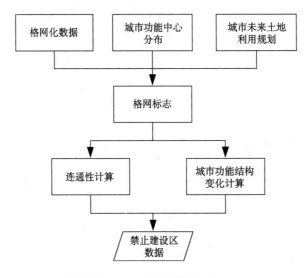

图 8.34　规划因子计算模块流程图

地下因子操作模块：主要功能是根据地质灾害图层数据和地下管线数据分别来获取研究区域的地质灾害易发区域和地线管线密度分布（图 8.35）。

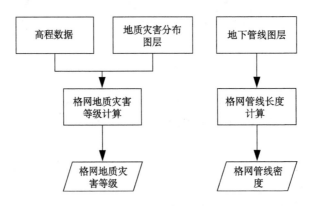

图 8.35　地下因子计算模块流程图

路径优化模块：主要功能是利用控制条件和格网化后的影响因子计算结果，通过启发式算法计算出最佳的地铁线路。具体步骤是先将用户设置的开始站点作为当前站点；根据当前站点的位置，从候选站点中选择合适的最优站点集合，并结合影响因子计算结果，选择其中一个候选站点作为下一站点；将下一站点作为当前站点；判断当前站点是否到达用户设置的结束站点，如果到达则输出站点序列及路线，并退出程序；否则，转向重新选择最优站点（图 8.36）。

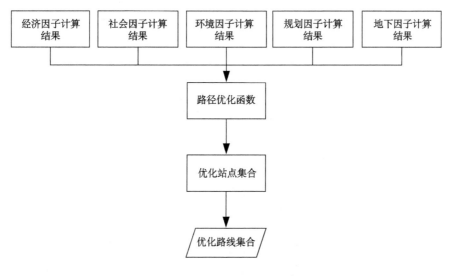

图 8.36　路径优化模块流程图

路径分析模块：根据已经建成地铁站点和地铁线路统计出它们一定半径缓冲区范围内各个影响因子的数据，并通过表格显示。

8.3.3　系统界面

本系统中界面部分的设计主要是通过 Windows 的 Form 控制来实现的。利用 Windows Form 中提供的丰富控件，创建所需的命令窗口、按钮、菜单、工具栏和其他屏幕元素，使其很方便地与用户进行交互，完成数据的输入和参数设定。功能界面区分为 4 个部分，功能区①：显示地图文件各个图层，并且右键提供图层相关操作；功能区②：加载的地图数据显示区域；功能区③：即工具栏，提供各种操作和计算功能；功能区④：显示相关参数和程序运行进度条（图 8.37）。

文件操作功能界面：位于程序主界面的最上方的文件操作按钮，通过点击图标按钮，实现对地图数据的加载、程序运行结果的保存和程序的退出（图 8.38）。

地图操作工具功能界面：位于程序主界面的最上方的操作按钮图标是地图操作工具，通过点击图标按钮，可以对地图进行平移、放大、缩小、平移和全图视图（图 8.39）。

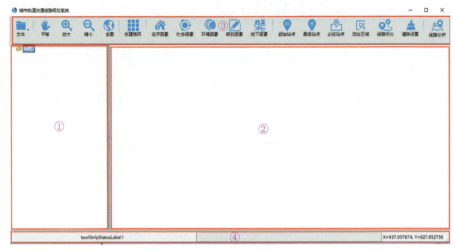

图 8.37　系统功能分区图

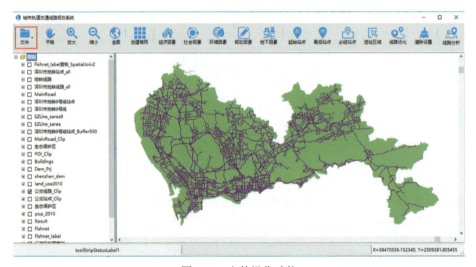

图 8.38　文件操作功能

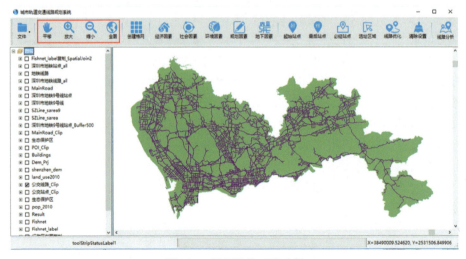

图 8.39　地图操作工具功能

格网划分功能界面：位于程序主界面最上方的格网划分功能按钮，通过点击图标会弹出一个窗口，需要用户选择需要格网化的图层数据、设定格网的宽度、选择禁止建设区图层，以及输出数据的存储路径设置。通过函数计算，将获得一个.shp 类型的数据文件，该数据文件中将包含各个影响因子的属性字段值，以及一些初始化的属性字段值（图8.40）。

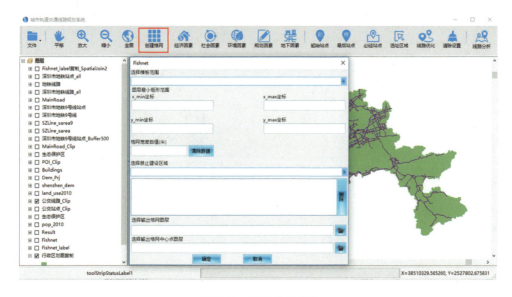

图 8.40　格网划分功能

经济计算功能界面：位于程序主界面最上方的经济因子计算功能按钮，通过点击图标按钮之后会弹出一个窗口，需要用户输入道路数据、公交站点数据、公交线路数据、建筑物数据、服务设施数据、人口分布数据。通过程序计算可获取研究区域建筑物密度差异、道路密度差异、服务设施密度、交通网络优化度、人口密度（图 8.41）。

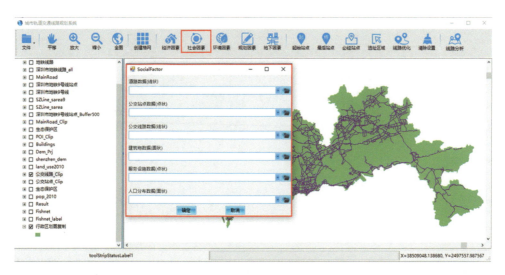

图 8.41　经济计算功能

社会因子计算功能界面：位于程序主界面最上方的社会因子计算功能按钮，点击图标按钮会弹出一个窗口，需要用户输入研究区域道路数据、公交站点数据、公交线路数据、建筑物数据、服务设施数据、人口分布数据。通过程序计算可获取研究区域的道路密度差异、建筑物密度差异、服务设施密度差异、交通优化度、人口密度分布（图 8.42）。

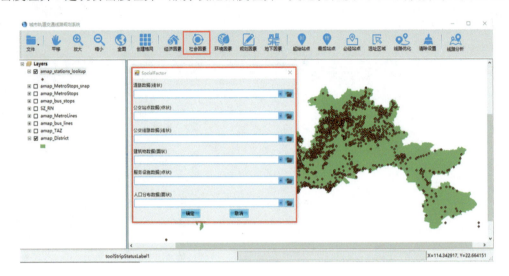

图 8.42　社会因子计算功能

环境因子计算功能：位于程序主界面最上方的环境因子计算功能按钮，点击图标按钮会弹出一个窗口，需要用户输入研究区域生态保护区数据、文化遗产保护区数据、绿地数据。通过程序计算可以将这些区域所在的位置进行标志，这样在地铁站点布局和地铁线路规划过程中就可以规避这些区域，达到保护生态环境和历史遗迹的目的（图 8.43）。

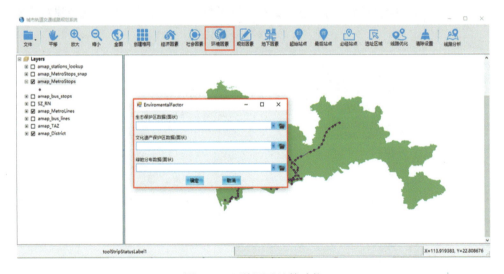

图 8.43　环境因子计算功能

规划因子计算功能：位于程序主界面最上方的规划因子计算功能按钮，点击图标按钮会弹出一个窗口，需要用户输入研究区域土地利用规划数据、城市功能中心数据、现有地铁站点数据、现有地铁线路数据。通过程序计算可以获得研究区域城市连通性和中心中介性的度量值（图8.44）。

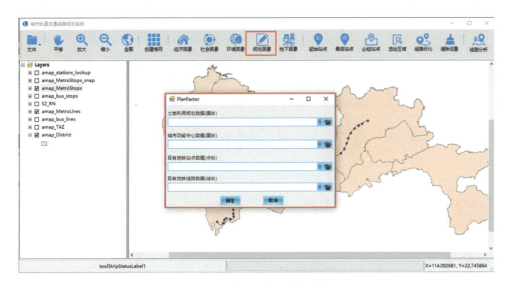

图8.44　规划因子计算功能

地下因子计算功能：位于程序主界面最上方的地下因子计算功能按钮，点击图标按钮会弹出一个窗口，需要用户输入研究区域的地质灾害数据、高程数据、地线管线数据。通过函数计算可以获得研究区域地铁站点布局和地铁线路规划中地质危险的区域，以及地下管线密度分布（图8.45）。

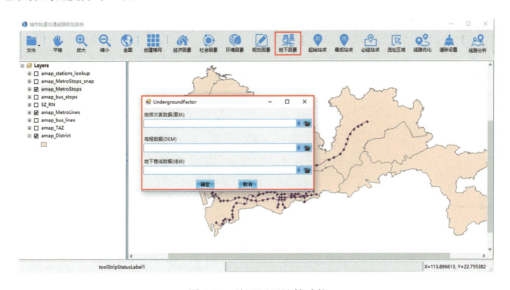

图8.45　地下因子计算功能

条件设置功能界面：位于程序主界面最上方的条件设置按钮是程序运行时必须要设置的，包括起点设置、终点设置、必经站点设置、具体选址区域设置和清除设置工具。

这些设计都是通过鼠标点击操作来完成的（图 8.46）。

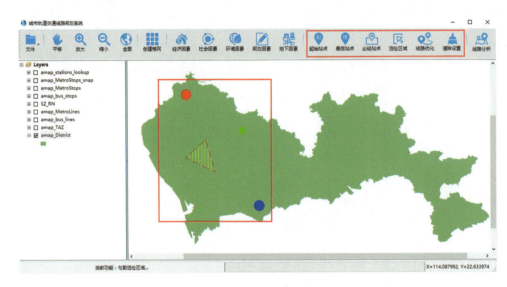

图 8.46　条件设置功能

路径优化功能界面：路径优化功能是本系统的核心部分，它的计算是基于一系列影响因子的计算结果，再根据启发式算法求解出优化的地铁规划线路。点击路径优化按钮后会弹出一个参数设置窗体，在路径优化算法运行之前，需要用户输入地铁站点的个数和站间距约束条件、各影响因子的权重选择（图 8.47）。

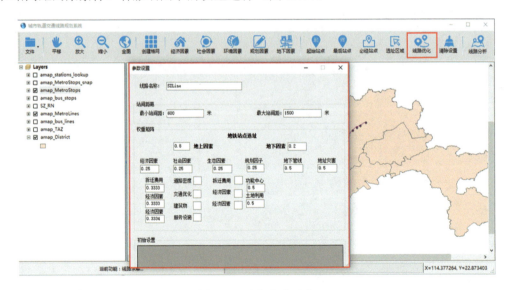

图 8.47　路径优化功能

路径分析功能界面：路径分析功能根据用户规划的地铁站点和地铁线路，统计一定范围内各个影响因子的值（图 8.48）。

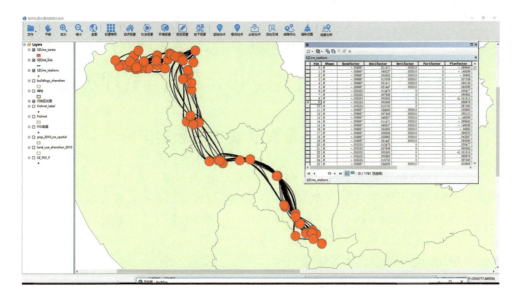

图 8.48　路径分析功能

第9章　深圳市土地立体化利用与管理实践

9.1　城市减量发展模式的必然选择

深圳为广东省辖市，地处广东省南部，珠江三角洲东岸，与香港一水之隔，东临大亚湾和大鹏湾，西濒珠江口和伶仃洋，南隔深圳河与香港相连，北部与东莞、惠州接壤。目前深圳市有 8 个行政区和 2 个新区（图 9.1），下辖 59 个街道办事处，全市 2015 年年末常住人口 1137.87 万人，实际管理人口超过 2000 万人。早在 2004 年，深圳市全部户籍人口完成农转非，城镇化水平达到 100%，名义上实现了全市土地全部国有，但城中村和村中城的形态并存（刘芳等，2014）。

图 9.1　深圳市市域示意图

深圳市是中国改革开放建立的第一个经济特区，是中国改革开放的窗口，已发展为有一定影响力的国际化城市，创造了举世瞩目的"深圳速度"。深圳市经济总量长期位列中国大陆城市第四位，人均 GDP 居全国大中城市第一位，是中国大陆经济效益最好的城市之一，2015 年深圳市全市生产总值达 17502.9 亿元，第二和第三产业增加值占全市生产总值的比重分别为 41.2%和 58.8%。人均生产总值 157985 元。全市产业配套体系完善，高新技术产业、现代物流业、金融服务业及文化产业是城市重点发展的四大支柱产业，经济发展具有低投入、低能耗、高产出、高效益的特点。

深圳市是中国地域最小的"特大城市"，土地面积小、建设用地比例高是深圳市土地资源的主要特征。深圳市市域面积 1997 km²，仅为北京市行政区面积的 1/10，与一线城市上海、广州之间同样差距明显（图 9.2）。根据 2015 年深圳土地利用变更调查，全市建设用地 975 km²，接近总量的 50%，远高于北京（21.42%）、上海（36.49%）、广州

（16.64%）、香港（24.14%）等城市。

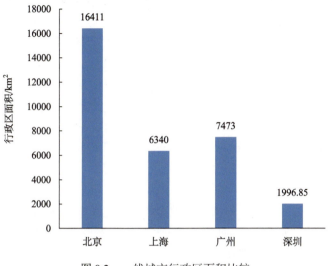

图 9.2 一线城市行政区面积比较

从镇、市到特区，深圳市作为国家改革试验田承担了重要使命。1931 年设立深圳镇，1979 年 3 月撤宝安县设立深圳市，1980 年 8 月深圳经济特区正式成立， 2010 年 5 月，深圳经济特区延伸至目前的市域范围。建市近 40 年来，深圳市建设用地规模从 1979 年的 3km^2 增加到 2015 年的 975 km^2，增长超过 300 倍。近年来，深圳市新增建设用地规模逐年减小，2009 年年底深圳市建设用地规模约 900 km^2，表明 2009 年以前年均新增建设用地面积约为 30 km^2。2010 年以后，深圳市新增建设用地面积逐年减少，2012 年是一个重要拐点，2012 年之后，计划新增建设用地面积锐减到不足 2011 年的一半，且呈逐年递减趋势（图 9.3）。根据《广东省深圳市土地利用总体规划（2006-2020 年）》，2020 年深圳市建设用地比例控制在市域面积的 50%以内，而 2015 年深圳市土地利用变更调

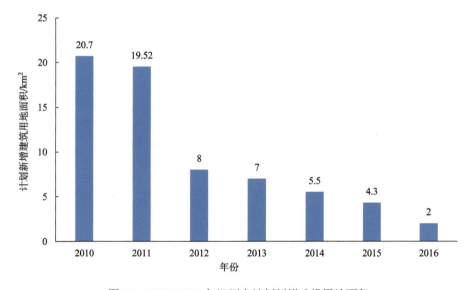

图 9.3 2010~2016 年深圳市计划新增建设用地面积

查数据显示，全市建设用地面积已接近 50%，按照图 9.3 中的计划指标执行，2016 年计划新增建设用地面积已超出规划标准，2017 年将无规划内建设用地新增指标可用，深圳市新增建设用地已达到饱和。

改革开放以来，深圳市人口经济飞速发展。数据显示，1980 年深圳市常住人口仅 33.29 万人，全市生产总值 2.7 亿元，近 40 年间，深圳市常住人口增长超过 30 倍，人口密度达到 5697 人/km^2，经济增长更是达到惊人的 6000 余倍，地均产值 8.76 亿元/km^2。《广东省深圳市土地利用总体规划（2006～2020 年）》中，土地节约集约利用规划目标为计划到 2020 年，人均城镇工矿用地不超过 76.09 m^2/人，建设用地产出率不少于 20 亿元/km^2，据 2015 年统计，两项指标水平分别达到 85.69km^2/人和 17.95 亿元/km^2，数据结果表明，目前深圳市土地利用情况与规划目标之间仍存在一定差距，特别是在人均建设用地面积指标上。同时，深圳市产业用地问题日益凸显，主要表现在以下 3 个方面：一是新增产业空间有限；二是原特区外产业用地利用效率低下；三是城市更新用地多规划为经营性用地，存量产业空间不断被挤压。此外，深圳市民生配套与其他一线城市相比明显不足，深圳市万人床位数和三甲医院数在一线城市中垫底，医疗设施亟待完善；各类学校数明显少于其他一线城市，尤其是高等教育院校、教育资源紧张，土地空间发展需求强烈。

建设用地减量增长是城市发展的土地空间需求和有限的土地资源共同促进产生的新型发展模式（王卫城等，2011）。建设用地减量增长是指通过逐年减少新增建设用地，逐年增加城市更新改造用地，开展建设用地清退等手段，实现建设用地总规模增长速度下降，规模总量"微增长""零增长"甚至"负增长"（图 9.4）。换言之，建设用地减量增长，即基于土地用途管制，通过有增有减、有收有放的方式达到减量发展目标，将新增建设用地指标与建设用地清退指标严格挂钩，强调"严控增量、盘活存量"。《广东省深圳市土地利用总体规划（2006~2020 年）》就提出，2011~2020 年实现建设用地"微增长"，

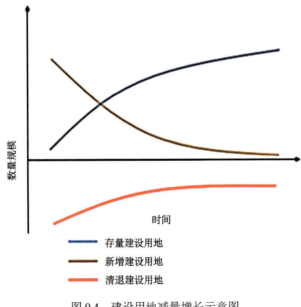

图 9.4　建设用地减量增长示意图

建设用地规模总量净增 4600 hm^2，建设用地增长速度逐年下降的减量增长规划目标。2015 年，中共中央国务院印发的《生态文明体制改革总体方案》提出，全面实施建设用地总量控制和减量化管理，将建设用地减量增长提高到国家战略层面。

向地上地下发展，以地表、地上、地下空间分单元开发和多功能利用为特征的土地立体化利用，成为深圳市减量发展的必然选择之一。

9.2 土地立体化利用实践案例

深圳市是较早开展土地立体化利用的城市之一。随着 2005 年深圳市于全国首次公开出让丰盛町地下商业街两宗地下空间使用权，土地空间使用权的分层设立开始进入土地管理的实践范畴，城市开发向地上地下空间延伸，土地分层分空间出让已逐步成为土地利用的重要形式。目前，深圳市土地立体化利用已初具规模，形成地下空间利用与分层开发、立体交通与节地模式、立体绿化与节能宜居生活，以及片区统筹地上地下综合开发等实践项目。

地下空间开发方面，深圳市确定福田中心区、华强北商业区、罗湖商业中心区、宝安中心区、前海枢纽地区、龙华客运枢纽区、光明新城、南山商业文化中心 8 个地区为深圳市地下空间重点开发地区。目前已在福田中心、华强北商业区、罗湖商业中心区建成商业中心、商务办公型综合体、地下街等；在会展中心、世界之窗、深圳北等建立了大型交通枢纽。

立体交通方面，截至 2016 年，深圳地铁共有 8 条线路、168 座车站，运营线路总长 285 km^2，轨道交通线路长度居中国第四，构成覆盖深圳市罗湖区、福田区、南山区、宝安区、龙华区、龙岗区 6 个市辖行政区的地铁网络[①]，此外深圳市共有立交桥 193 座、人行天桥 403 座[②]。

立体绿化方面，根据《深圳市城市绿化发展规划纲要（2012-2020）》确定的目标，各区（新区）每年完成 1~2 处立体绿化建设或改造提升，力争 2020 年市域范围内 30%~50% 的人行天桥挂绿，全部符合建设条件的立交桥披上绿装，中心城区屋顶绿化率达 5%，市域范围内屋顶绿化率达 1.5%。2016 年，深圳市颁布实施《深圳经济特区绿化条例》，建立强制和鼓励立体绿化制度，并计划当年完成 46 万 m^2 的立体绿化。据统计，深圳市已绿化屋顶面积 155 万 m^2，占全市屋顶面积的 1%，同时已绿化立交桥 83 座，已绿化人行天桥 123 座[②]。

城市综合体建设方面，2016 年上半年统计数据显示，目前深圳市共建有城市综合体 45 个，原特区内外数量大致相当。另据市场统计，深圳市 100 万 m^2 以上的综合体项目达 25 个，坂田、龙华和蛇口是主要分布区域[③]。

---

①新浪深圳.2016. 285 公里深圳轨道交通里程已进入全球前十. http://shenzhen.sina.com.cn/news/s/2016-12-07/detail-ifxyiayr9327523.shtml[2016-12-07]

②深圳新闻网.2016.深圳绿化条例正式实施 新建高架桥人行天桥等将强制实施绿化. http://www.sznews.com/news/content/2016-10/09/content_13962308.htm. [2016-10-09]

③魅力深圳.2017.2016 深圳卖得最好的房子都是综合体, 综合体是什么. http://city.shenchuang.com/city/20170203/423097.shtml[2017-02-03]

深圳市长期土地立体化利用实践为城市土地立体开发积累了宝贵的经验，创新使用深圳市城市更新模式开展城市转型建设，充分把握相对较强的经济实力、持续稳定的经济增长、快速发展的地铁交通等突出优势，快步踏入土地立体化利用门槛，尝试构建高度城市化地区的土地利用集约机制。

1. 地下空间利用典型案例

1）车公庙丰盛町地下商业街

车公庙丰盛町地下商业街项目东西全长 500 m，共设 3 层，负一层为下沉式露天街区，负二层与深圳车公庙地铁站 4 个出入口融为一体，负三层为设备房（图 9.5）。项目共分 5 区，A 区位于深南路北侧，与地铁车公庙站 A、B 两出入口直接连接；B 区位于深南路南侧，与农园路人行通道直接连接；C 区位于深南路南侧，与地铁 C、D 两出入口直接连接；D 区横穿深南路南北两侧，与丰盛町 B 区与 E 区连接；E 区位于深南路北侧，与东海商务中心连接。项目共有 22 个出入口串联起周边 22 幢写字楼和 3 座星级酒店，在以丰盛町为中心的 1 km^2 范围内，商务写字楼面积达 320 万 m^2[1]。

图 9.5　车公庙丰盛町地下商业街[2]

2）福田连城新天地

深圳市福田连城新天地位于深圳市福田区福华路地底，前身是兴建深圳地铁 1 号线时一并兴建的人防设施，是深圳市的一座地下街式商场（图 9.6）。商场项目跨度长达 663 m，面积约为 27000 m^2，两端连接会展中心站与购物公园站，也有多个出入口通往附近商厦，并预留出入口连接广深港高速铁路福田站，在福华路车路中央分隔区安装玻璃天幕，以引入室外光线。2015 年连城新天地二期开通，与连城新天地一期和三期形成

①丰盛町商业步行街.2010. 关于丰盛町.http://www.fashiontime.net.cn/aboutus.asp?ArticleID=1[2010-07-15]
②邹亮.2016.地下空间规划编制与实施的几点思考.宁波: 中国城市规划学会工程规划学术委员会 2016 年学术研讨会

无缝连接，二期项目跨度 448 m，总建筑面积约为 1.3 万 m²[①]。

图 9.6　连城新天地[②]

3）广深港客运专线福田站综合交通枢纽

广深港客运专线福田站综合交通枢纽总建筑面积约为 14.7 万 m²，于 2015 年投入使用，是目前亚洲最大、全世界列车通过速度最快的地下火车站，也是目前仅次于美国纽约中央火车站的全球第二大地下火车站。车站中心轨面埋深 28.95 m，设 8 线 4 站台 21 个出入口及 12 个消防疏散口，地下一层为换乘大厅，地下二层为站厅层和候车大厅，地下三层为站台层。广深港客运专线福田站暨综合交通枢纽工程是集高速铁路、城际铁路、地铁、公交及出租车场站等多种交通设施于一体的综合交通枢纽工程（图 9.7）。以高速铁路火车站为核心，以轨道交通接驳换乘为纽带，乘客通过四通八达的地下人行系统，以及配套的公交和出租车等交通设施，可方便、快速地实现换乘，以福田站为核心，深圳地铁 1 号线、2 号线、3 号线、4 号线、11 号线和规划中的 14 号线，以及配套的公交场站和出租车、社会车辆停靠站，在这里组成深圳市城市核心区内的零距离换乘综合交通枢纽[③]。

①赢商网.2014.深圳福田连城新天地简介. http://www.winshang.com/bk-zmsj-862.html[2017-07-04]

②深圳新闻网.2013.连城新天地　美食数码服饰优惠多样. http://www.sznews.com/zhuanti/content/2013-09/16/content_8533562.htm[2013-09-16]

③本地宝. 2015.　深圳福田亚洲最大地下火车站建成，最快 15 分钟抵香港"血拼". http://sz.bendibao.com/news/ 2015820/721165.htm [2015-08-20]

图 9.7　广深港客运专线福田站暨综合交通枢纽工程①

4）布吉地下污水处理厂

布吉污水处理厂是我国第一座大规模、全地下、具有标志性意义的污水处理厂，也是深圳河湾水污染治理系统工程中的重要环节，是改善布吉河、深圳河水质的关键性工程（图 9.8）。项目位于深圳市龙岗区布吉街道粤宝路西侧，由布吉污水处理厂工程、布吉污水处理厂配套污水管网工程、布吉污水处理厂配套粤宝路河段改造工程，以及公众休闲（街心）公园 4 部分组成，占地面积 5.95 hm²，采用地下式污水厂方案，污水处理厂地下最深处与地面距离达到 18 m，地上街心公园占地面积约 4.6 hm²，其有效缓解了布吉片区公共娱乐文化设施匮乏的状况②。

2. 立体交通与节地模式典型案例

1）福田交通综合枢纽换乘中心

深圳市福田交通综合枢纽换乘中心是深圳市第一个具备车港功能的综合交通枢纽，是国内最大的"立体式"交通综合换乘站，是集城市公共交通、地下轨道交通、长途客运、出租小汽车及社会车辆于一体的、与地铁竹子林站无缝接驳的立体式交通枢纽换乘中心（图 9.9）。该枢纽换乘中心占地面积 7.86 万 m²，建筑面积 13.7 万 m²，整幢大楼主体结构分为六层，地下二层、地面四层。其中，地下二层主要为停车区，设计公交停车位 92 个，社会停车位 581 个；地下一层与地铁竹子林站无缝接驳，是公交与地铁的主换

---

①本地宝. 2015. 深圳福田亚洲最大地下火车站建成，最快 15 分钟抵香港"血拼". http://sz.bendibao.com/news/ 2015820/721165.htm [2015-08-20]

②筑龙网. 2013. 布吉污水处理厂工程获中国鲁班奖. http://bbs.zhulong.com/104010_group_3000030/detail19170268[2011-01-21]

图9.8　布吉地下污水处理厂①

图9.9　福田交通综合枢纽换乘中心②

乘区；一层与深南大道相接，北区为服务区和候车区，西区为公交上客区，南区为长途发车区，规划 15 条公交线路，19 条长途班线；二层北区为服务区和候车区，南区为旅游、城际巴士及长途发车区，规划 12 条城际公交线路、7 条旅游巴士线和 13 条长途班线；三、四层为公用停车区，主要供私家车主停车换乘使用。项目在建筑结构上表现为

①筑龙网. 2013. 布吉污水处理厂工程获中国鲁班奖. http://bbs.zhulong.com/104010_group_3000030/detail19170268 [2011-01-21]
②深圳乐居网.2014.中心向西竹子林执掌财智高地.http://sz.leju.com/scan/2014-04-24/07374089337.shtml [2014-04-24]

3 个区域：人流区、缓冲区、车流区、从根本上实现人车分流[1]。

2）华强立体交通街区

上步片区发展规划的重点是打造核心商业区内"环状加放射"的地面步行系统，形成以华强北两侧内街"口"字形步行环为主体，若干东西向次级步行休闲通道为分支的步行系统，在中航、华强、赛格几个街区内结合改建、增建项目合理构建二层步行平台，由过街天桥加以连接，形成完整的二层步行系统，实现人车分流。

已建成的华强北步行商业街长 830 m，地上、地下建筑空间由原 460 万 m^2 增至 600 万 m^2（图 9.10）。地面部分建设街心花园、旱喷泉、屋顶花园、观景平台，还种植了观赏性的异木棉；地下部分共有 3 层，分为商业层、地铁层和设备层，总建筑面积 92724 m^2，其中商业面积集中在负一层，约 4600 m^2。华强北地下商业街为地下三层三柱四跨结构，呈南北走向，标准段宽 28 m，局部盾构扩大段宽 30 m，基坑平均深 28 m，连通 4 条地铁线，地铁 7 号线华强北段与 1 号线、2 号线、3 号线均呈垂直关系（三横一纵），4 个地铁站厅接驳口、3 个过街出入口、13 座出入口同时解决地铁换乘客流、商业客流、办公客流、过街客流等商圈客流的需求[2]。

图 9.10　华强立体交通街区[3]

3）深圳湾大街

深圳湾大街位于深圳市南山中心区海德二道上方，高 6 m，全长 725 m，宽 20 m，西起文心广场，东至后海滨路，跨过后海大道、文心三路、文心四路、文心五路和文心六路，未来还将跨过后海滨路向东部填海而成的后海中心区延伸（图 9.11）。作为一条高

① 中装新闻. 2012. 深圳市福田交通枢纽中心. http://www.cbda.cn/html/qiyez_zuopin/20120406/213.html[2013-04-06]

② 网易财经. 2016. 地下空间 42 个出口连通华强北商圈. http://money.163.com/16/0906/07/C08TM83J002580S6.html [2016-09-06]

③ 深圳新闻网. 2017. 华强北"变形记"：涅槃四年待重生. http://www.sznews.com/mb/content/2017-03/07/content_15594910.htm [2017-03-07]

架的商业步行街，深圳湾大街连接南北两侧的甲级写字楼大型购物中心、星级酒店和公共广场（海德广场），并与南北两侧建筑的二层商场部分无缝连接，深圳湾大街底层是南山中心区海德二道，既供往来车辆通行，又是临近商场地下停车场的出入通道，商场实现了南山中心区的人车分流[①]。

图9.11　深圳湾大街步行街[②]

3. 立体绿化与节能宜居生活典型案例

1）深圳国际低碳城

2012年5月，深圳国际低碳城作为"中欧可持续城镇化合作旗舰项目"应运而生，开启了"集约、智能、绿色、低碳"的新型城镇化探索的道路，通过垂直城市设计，利用网络花园、高空中平台和屋顶花园，将商业、研发、总部等不同功能复合起来，提供了10万平方米以上的空中花园（图9.12）。深圳国际低碳城项目总规划面积53.4 km^2，以高桥园区及其周边5km^2范围为拓展区，总建筑面积达180万 m^2，以97 hm^2 的核心区域为启动区，其中综合服务中心总建筑面积2.5万 m^2，客家围屋改造建筑面积1.5万 m^2，旧厂房改造面积2.5万 m^2，建设周期为7年。通过对低碳技术的集成利用，国际低碳城孵化出立体绿化与幕墙结合部件、立体绿化土壤基质和育种、立体绿化微灌系统、立体绿化结合LED照明联动系统等产品。国际低碳城中新建建筑100%为绿色建筑，集成运用低成本、成熟度高、推广性好的绿色建筑技术，通过屋顶绿化、平台花园、墙面绿化等方式实现建筑的立体绿化，在0~10 m、10 m、40 m三个建筑高度营造绿色生态的室

① 新浪博客. 2014. 海岸城：深圳湾大街. http://blog.sina.com.cn/s/blog_429f39980101hfaa.html[2014-01-27]

② 蜂鸟网.2010.街拍深圳湾大街、海岸城、大冲周边. http://m.fengniao.com/forum/slide_1792335_2.html#p=2 [2010-08-09]

外环境，并将其作为园区内创新交流平台①。

图 9.12　深圳国际低碳城①

2）深圳建科院大楼

深圳建科大楼定位为本土、低耗、可推广的绿色办公大楼，是全国首个通过验收的绿色建筑和低能耗建筑"双百示范工程"，位于深圳市福田区，占地面积 3000m²，容积率为 4，覆盖率为 38.5%，总建筑面积 18170m²，建筑高度 57.9m，主体层数地上 12 层、地下 2 层（图 9.13）。为实现与周围环境的协调和绿色社区共享，首层、六层和屋顶均设计为架空绿化层，大楼每层均种植攀岩植物，其中中部楼梯间采用垂直遮阳格栅，北侧楼梯间和平台组合种植垂吊绿化，场地各类绿化面积达到建筑占地面积的 2 倍，同时通过设计半地下室、下沉庭院、采光井等设施实现"地下绿化"②。

4. 片区统筹下地上地下综合开发典型案例

1）前海合作区

前海合作区规划总用地面积 1492 hm²，总建设规模 2600 万~3000 万 m²，其中 2600 万 m² 为基准规模，3000 万 m² 为上限规模（图 9.14）。前海合作区开发单元鼓励采用功

①深商联. 2015. 王滨：深圳国际低碳城开发建设的经验. http://www.sz-gcc.cn/news-5982.html[2015-06-25]

②深圳市建筑科学研究院有限公司.2011.深圳建科大楼绿色建筑技术. https://wenku. baidu. com/view/0dbd7730eefdc8d 376ee3298. html[2011-12-02]

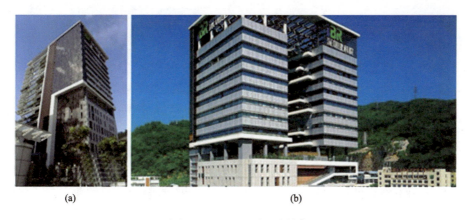

(a)　　　　　　　　　　　　　　(b)

图 9.13　深圳建科院大楼①

图 9.14　深圳前海合作区蓝图②

能混合、集约立体的用地空间使用方式；提倡建筑空间的高度复合，构筑多样化和系统化的城市空间；开发单元应设置立体的步行网络，高效连接公共交通站点，有序组织开发单元的空间结构；形成网络化的地下空间布局结构，地下空间相互连通形成网络和体系，并与地面功能相衔接。例如，前海综合交通枢纽及上盖物业项目是集交通枢纽和物业开发为一体的大型建设项目，该项目位于深圳前海深港合作区桂湾片区一单元，是整个前海地区的核心区域，总用地面积 20 hm²，计容建筑面积 127.8 万 m²，总建筑面积约 215.9 万 m²。前海枢纽由地下五条轨道线路站点（1 号线、5 号线、11 号线、穗莞深城际线及深港西部快线）及地面交通接驳场站共同构成，包括远期海关口岸功能。项目上盖综合体部分由办公、酒店、公寓及大型购物中心组成②。

①中国在线.2010. 深圳选出影响特区 30 年 10 大跨国公司和 10 大港商领袖. http://www.chinadaily.com.cn/dfpd/2010-08/20/content_11183263_3.htm [2010-08-20]

新浪地产.2014. 深圳建科大楼. http://news.dichan.sina.com.cn/2014/07/14/1156769.html [2014-07-14]

②深圳市前海深港现代服务业合作区综合规划.2013. http://www.szqh.gov.cn/ljqh/ghjs/ghgl/ghjs_zhgh/[2013-08-25]

2）深圳湾超级总部基地

总部基地是城市在全球经济产业链条中最终级地位的典型代表，也是未来深圳市发展成为世界城市的一个功能中心（图9.15）。深圳湾超级总部基地位于滨海大道、深湾一路、深湾五路、白石三道、白石路之间，总用地面积 117.40 hm²，预计建设规模总量达到 450 万~550 万 m²。《深圳湾超级总部基地控制性详细规划》秉持"深圳湾云城市"的核心理念，打造基于智慧城市和立体城市、虚拟空间与实体空间高度合一的未来城市，拟通过①高强度集约开发土地空间，控制总量、预留适度弹性空间，鼓励功能混合利用；②采用地上地下结合的立体开发模式，形成网络化、综合化、一体化、舒适化的地下空间；③通过开发地下交通通道、建设空中连接通道、完善立体交通体系等方式进行片区综合开发。规划中确定"一个立体城市中心+两片特色顶级街区+N个立体城市组团"的空间结构："一个立体城市中心"主要包括 DU01、DU02 单元，以大型城市综合体组群为主要特征形成区域中心；"两片特色顶级街区"为 DU07 单元及 DU04 单元东部两个地块（DU04-04、DU04-05），以超小尺度的建筑形态与特色趣味街道空间为主要特征，满足超级总部未来发展的特殊需求；"N个立体城市组团"为除了上述地块以外的超级总部开发建设用地，以立体城市为理念，提供更多的交往空间与互动场所[1]。

图 9.15　深圳湾超级总部基地[2]

①深圳湾超级总部基地控制性详细规划.2013. http://bbs.szhome.com/0-0-detail-153435354-0-0-1.html[2013-09-09]

②家在深圳.2014.【深圳湾】超级总部基地550万平方米 深圳未来最高楼680米.http://m.szhome.com/30-53601-detail-163353264-1415002-0-1.html[2014-06-09]

9.3 土地立体化利用规划及管理实践

深圳市由于土地资源的紧缺，是我国土地立体化利用规模较大、实践较深入的城市，在规划与管理上也展示了丰富的成果与实践。

关于地下空间利用，深圳市发展较为迅速，以地铁、地下交通枢纽、地下商业及公共空间、地下市政设施等多种形式推进。根据《深圳市轨道交通线网规划（2016-2030）》，至 2030 年轨道交通网规模超过 1000 km，绝大部分位于地下，建设密度达 0.5 km/km^2。此外，前海地下空间开发规模超过 600 万 m^2，包括地下轨道交通及综合枢纽、道路、商业街、公共休闲空间等。2010 年 12 月，全市地下空间开发面积为 1317 万 m^2，人均地下建筑面积约为 1m^2（顾新和于文，2014）。在地下空间利用的规范管理方面，2008 年深圳市政府颁布实施《深圳市地下空间开发利用暂行办法》，是国内第一部全面规范地下空间开发利用管理的地方政府规章。2016 年，深圳市政府制定《深圳市地下综合管廊管理办法（征求意见稿）》并公开征询意见，目前进入办法修订阶段。该管理办法对地下管廊的规划、建设、用地管理进行了规定，旨在实施地下管线建设的统筹规划与管理，提高地下空间集约利用与管线安全管理。在地下空间利用规划方面，深圳市是国内较早开展相关规划的城市，除在城市总体规划编制中将地下空间作为独立专题进行研究外，还编制了《深圳市地下空间利用发展规划》，以及分片区分类型的专项规划，包括《福田中心区地下空间规划（2004）》《宝安中心区地下空间综合利用规划（2008）》《罗湖金三角地区地下空间资源开发利用综合规划（2009）》《华强北片区地下空间资源开发利用规划研究（2009）》《福田区公共绿地地下空间综合利用研究（2008）》《深圳市共同沟系统布局规划（2008）》等。在完善地下空间规划管理的同时，如何加强地上地下空间的统筹开发管理、加强多部门对地下空间的协同管理，是目前深圳市地下空间开发利用面临的主要问题之一。

随着地下空间利用管理实践的开展，地上空间立体开发建设与管理也逐步得到实施，高耸的摩天大厦、功能密集复合的综合体等都彰显了深圳市在土地立体化利用方面的实践。2017 年 6 月，《福田区中心区空中连廊详细规划（草案）》公开征询意见，计划建设连贯、便捷、舒适及充满活力的空中连廊系统，构建立体步行系统的无缝衔接，在福田中心区 4km^2 的区域范围内规划空中连廊超 20 座。深圳前海在土地立体化利用规划与管理制度方面进行了探索与创新，一是通过地上地下立体空间规划统筹，构建了三维立体规划体系，地上开发规模约 2600 万 m^2，地下空间开发规模超 600 万 m^2，地下地上融为一体，实现多功能复合利用；二是引入三维地籍理论与技术，实施三维地籍的管理理念和技术手段，研究制定符合前海发展特点的一整套土地立体化管理政策，推动土地的立体化管理（叶红玲，2017）。

在土地空间权管理方面，2005 年深圳市于全国首次公开出让丰盛町地下商业街两宗地下空间使用权，标志着深圳市成为全国首个将城市地下空间纳入产权交易行列的城市，并以公开出让的方式明确了城市地下空间以一个单独的不动产权利而存在，表明土地空间使用权的分层设立开始进入土地管理的实践范畴，土地分层分空间出让已逐步成为土地管理的形式之一，是土地空间权在土地管理业务中的实践。此后在三维地籍理论与技术的支撑下，深圳市探索实践三维宗地的管理，主要包括：①对于涉及地下空间的招拍挂出让，在招拍挂公示中采用三维宗地图来说明出让地块的空间位置；②在协议土地出让中，试点利用地籍信息系统产生三维宗地图，将三维宗地图作为合同附图；③在楼盘表审核、发布、变更、灭失，以及综合查询环节中，集成地楼房一体化的二三维查询展示功能，在楼盘表示意图显示选定房屋的三维户型图（肖海波等，2015）。

参 考 文 献

顾新, 于文. 2014. 城市地下空间利用规划编制与管理. 南京:东南大学出版

刘芳, 邹霞, 姜仁荣. 2014. 深圳市城市化统征(转)地制度演变历程和解析. 国土资源导刊, (5):17-20

王卫城, 戴小平, 王勇. 2011. 减量增长:深圳规划建设的转变与超越. 城市发展研究, 18(11):55-58

肖海波, 赵志刚, 贺彪. 2015. 三维地籍在深圳市土地立体化管理中的应用. 测绘科学, 40(7): 83-85

叶红玲. 2017. 深圳前海土地制度创新成效初显. 中国国土资源报, 4874: 4-26

第10章 土地管理三维思维的展望

10.1 价 值

从高层建筑到综合体，从地铁、地下管线到地下商场、地下公共休闲空间，从单个建构筑物的立体开发到片区的综合立体开发，土地立体化利用活动不断发展，呈现出更多更丰富的利用形态，充分展现了基于土地表面但不限于土地表面、对于土地表面之上或之下空间的一种利用，甚至有脱离土地表面的空间利用设想。例如，近期纽约云端建筑工作室设计出一幢被挂在天空的建筑，称为现代版的"天空之城"，它通过超强度缆绳悬挂在一颗围绕地球旋转、距地球约 5000 km 的小行星上，居住或工作在"天空之城"中的人们通过降落伞等飞行工具往返于地球之间[①]。土地立体化利用改变了人类行为方式、居住体验等，包括使人的平面迁移流动向三维多向迁移流动转变。这种变化带来了无限的想象，或许也引起了不适或质疑。但是在人类利用空间的能力已实现如此的突破时，我们不能简单无视或否定，应秉持客观、理性的科学态度，去认识与管理这种利用活动，从而使之成为更有益于自然与人类的活动。

纵观人类发展历史，几百年的城市空间扩张均是一种基于平面城市发展理论的平铺模式（sprawl mode），在此背景下发展成熟的秉承二维思维的土地管理理论方法支撑了人类的快速城市化进程。在人类未来发展中，这种理论方法将继续发挥其作用，但在面临城市的立体化发展时显现出法律、制度、技术等多方面的局限性，其以土地平面表层资源及所衍生的人权地管理为主要对象的相关技术及制度，难以描述、分析、管理土地立体化利用活动所产生的不同于地表的三维空间存在，迫切需要拓展蕴含三维内涵的土地思维模式。本书的研究基于三维思维的城市发展理念轨迹、土地资源紧缺现状及土地立体化利用发展趋势，结合土地思考的三维转变剖析，提出构建土地管理三维思维模式，从土地的表层资源认知拓展至土地的空间资源认知，探索三维思维下的土地立体化利用管理理论方法。这既是符合社会发展与土地利用的现实需求，也是土地认知的一次演绎发展与探索突破，引发土地管理领域在理念、制度和技术上进行三维思维化的重构与创新，具有重要的科学意义和实践价值。

秉承三维思维，本书探索了土地立体化利用活动涉及的数据调查与管理、功能评价与配置、产权表达与管理等方面的技术，实现从平面到立体、从土地表层到土地空间的土地利用管理技术突破，是三维思维下土地立体化利用管理技术的初步尝试，对于今后系统研究土地立体化利用管理技术具有基础性支撑意义。《"十三五"资源领域科技创新专项规划》提出研究低度消耗土地资源的节约型开发利用途径和模式（杨旋，2017），可见土地管理三维思维及土地立体化利用管理技术的探索对于我国节地战略实施、土地资源领域科技创新的重要意义。在三维思维下开展土地立体化利用管理技术的研究，实现

---

① Rudakevych O. 2017. Analemma Tower. http://www.cloudsao.com[2017-08-23]

了在空间视角下剖析土地立体化利用对象的三维空间异质性，在空间资源的认知下探索资源配置技术，在土地空间权的认知下探索三维产权体的界定与表达，是三维视角下对土地立体化利用活动的审视，部分在技术可行的前提下实现三维的定量表征，相比平面管理技术，其对于描述表达土地立体化利用的特征、管理调控土地立体化利用活动等具有一定的科技创新意义。

以立体绿化的评价为例，本书的研究尝试秉承三维思维，从人体效用出发，提出既反映绿化数量、结构及质量的差异，又能直接用于引导绿化资源配置的指标。示范应用研究表明，本书的研究所提出的三维绿量指数这一评价指标具备以下特征及应用价值：①是一种全面考虑了城市中绿地绿化、屋顶绿化、垂直绿化等所有绿化情况的评价指标。可有效识别出绿地与非绿地之间、绿地内部及非绿地内部的绿化差异，定量表征了建设空间立体绿化的贡献，有助于推动城市中垂直绿化、屋顶绿化等运用，增加城市绿色空间，优化城市居住环境。②是一种融入了人体效用的绿化评价指标。除自身位置的绿化外，还将一定范围内人体所能获取生态效益的绿化计量在内，并且考虑距离等因素，相比人均绿地面积等指标而言，更客观地反映了绿化对于城市居民的价值。③是一种基于空间度量且体现绿化结构差异的评价指标。将绿化差异及人体效用转化为基于空间度量的评价指标，且可实现基于栅格单元的评价技术，表明该指标可用于指导绿地、居住及活动区的空间规划，是一种能运用于现行平面规划的指标，并可为精细化的绿化空间规划提供技术支撑。如图 10.1 所示，绿地面积及空间分布、建筑空间数量及分布、绿化资源类型结构等因素的变化，都将会直接反映到三维绿量指数的变化，而三维绿量指数的高低与人体绿化感受直接相关，因此通过模拟调控三维绿量指数的变化情况，可得出较宜居的绿化配置及整体空间规划方案。

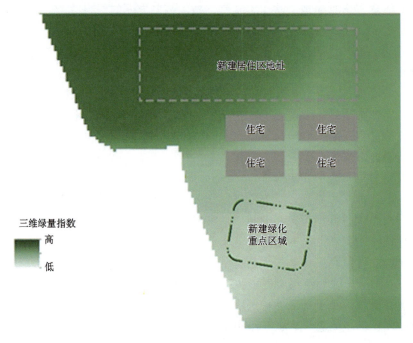

图 10.1　三维绿量指数用于指导空间规划的展示

10.2 挑 战

土地管理三维思维蕴含了视角、内涵、思维的全新转变，需要在进一步认识三维管理的需求、对象与内容的基础上，创新有关理论认识及科技方法，在本书初步剖析的基础上进行系统性研究与发展。

首先，加强土地管理三维思维的内涵认知、理论研究与技术体系构建。在由土地资源向土地空间资源认知提升的基础上，深化关于土地空间资源的认识，剖析其内涵与特性，梳理空间资源与土地资源的关系，梳理其与内部物质存在的关系，如水、气、生物等。理论上，需要探讨秉承三维思维的土地空间资源利用管理的基础理论，即基于土地分区理论、地租理论、地域分异理论、土地产权理论等，构建体现空间特质的理论体系。对于三维思维下提出的土地空间资源管理，本书界定为以土地空间资源为管理对象、以调控土地空间利用效益及调整空间关系为管理目标的管理活动，是三维思维下土地资源管理的延伸。进一步构建土地空间资源管理技术体系，是土地管理三维思维技术创新面临的一项重要的基础性挑战。

其次，深化思考关于二、三维利用与管理的权衡与选择问题，加强认识关于土地立体化利用的适宜环境、三维土地管理的对象、内容、技术需求等，从宏观层面强化关于三维土地利用与管理的选择路径与实施模式。

最后，加强三维思维下管理技术的探索研究。重点探索从土地平面资源配置向土地空间资源配置转变的支撑技术与管理制度，分析立体空间发展模式下城市要素运行机制与空间机理，研究城市立体开发模式下土地空间资源配置的管理要点与技术需求、与土地平面资源配置的衔接等，研究立体利用对象的效益评估、优化调控、权籍管理等基础技术，探索地上地表地下空间深度、精细化、协调的立体开发与节地规划技术，构建适应于土地立体化利用的三维国土管理机制，探索符合我国城市发展阶段及社会实际的节地模式。关于评价规划，当土地资源外延至土地空间资源后，将从平面土地分类功能的数量管理拓展至空间混合功能的综合管理。例如，现行土地利用规划中关于耕地规模、绿地面积、土地利用结构等管理内容，在土地空间资源的认知下，将外延至耕地生产力、绿量、空间利用结构等内容。需要在思考土地立体化利用适宜性、空间资源禀赋等问题的基础上，研究适用于立体空间异质性、管理内涵综合性等特征的评价规划技术，包括构建赋予三维空间内涵的评价指标体系，研发面向空间结构与布局的调控模型，发展以三维空间为基本单元的空间规划指标、标准及技术。

以秉承三维思维的土地立体化利用评价技术为例，本书的研究提出了体现立体空间形态与综合质量内涵的数量化指标，可定量评估土地立体化利用的形态及效益。其虽受限于三维空间分析技术，目前仅实现了三维思维下的二维表达，但这代表了三维思维下土地利用评价技术的一个尝试，而如何通过三维空间分析技术实现指标定量核算与应用有待进一步研究。具体研究内容主要包括：①土地立体化利用评价需要三维数据获取、大数据分析等技术的支持。现有土地利用评价数据以平面调查或统计数据为主，如遥感影像数据、建筑物普查数据、人口普查及经济普查数据等，这些数据基本可满足平面土地利用评价需求。但在土地立体化利用评价中，由于其纵向分层利用的特点，需获取评价对象的三维空间信息及内部微观利特征及综合效益，才能满足评价需求。例如，通过倾斜摄影测量技术，采用航空遥感手段，对城市地物进行三维成像及建模，通过空间分析等方法快速获取建筑表面模型，基于 BIM、大数据分析、多源空间数据融合、空间与非空间数据的关联等技术，构建面向立体利用对象的内部信息数据库及空间模型，才能满足土地立体化利用评价的三维表达与分析的需求。②土地立体化利用评价是一种三维思维下的评价方法，立体化评价指标的核算需要三维空间分析技术提供支撑。在三维思维下，评价对象自身的利用形态、与其他对象的拓扑关系与平面视角相比变化较大，因此构建土地立体化利用的空间形态、空间功能配置模型，实现立体空间评价指标的核算与表达，需要拓扑学、景观学、生态学等多学科空间化研究的技术支持。

制度上，需重点研究三维思维下土地空间资源权属、规划、供应管理制度的构建。权属管理包括土地空间资源的权利类型、权利归属、分类处置、权属纠纷调处等，核心是在《物权法》等法律法规的基础上，界定三维空间存在的权属管理规则，如地铁与上盖物业的权利分割、分割后与现行平面宗地的关系、权属变更规则等。关于规划管理，需研究构建适用于空间混合利用特征、面向空间利用综合管理的规划制度，如天桥、地铁等地表上下空间的建设活动如何进行用途管制，以及不同于地表的空间结构与功能如何进行管理等。关于供应管理，核心是如何构建适用于立体空间的三维审批与监管制度。

参 考 文 献

杨旋. 2017. "十三五" 资源领域科技创新专项规划出炉. 中国国土资源报, 4893: 5-21